인비저블

INVISIBLES

: The Power of Anonymous Work in an Age of Relentless Self-Promotion

by David Zweig

Illustration credits
Page 40: Courtesy of Entro Communications
53(right): Mijksenaar Wayfinding Experts
78: David Apel
109: Courtesy Thornton Tomasetti
244: Pete Clements
291: David Zweig
312: © 2000 AIGA Design for Democracy

자기 홍보의 시대,
과시적 성공 문화를 거스르는 조용한 영웅들

데이비드 즈와이그 박슬라 옮김

Invisibles
인비저블

민음인

"그러나 어린 시절 우리가 열광하던 영웅들은 진짜 영웅이 아니었다. 그것은 허구였다. 고매한 언동, 선택의 기로와 생사의 고비, 거대한 외부의 적, 그리고 모든 갈등이 해소되는 최후의 전투에 이르기까지 그 모두는 관객들에게 기쁨과 감동을 주기 위해 지어 낸 영웅담일 뿐이다. 여러분, 현실 세계에 온 것을 환영한다. 여기에는 관객이 없다. 박수갈채도 없고 선망의 시선도 없다. 당신은 보이지 않는다. 무슨 뜻인지 알겠는가? 진실을 말해 주겠다. 진짜 영웅은 기립 박수를 받지도 않고 즐거움을 주지도 않는다. 그들을 보려고 줄 서서 기다리는 이들도 없다."

—『창백한 왕*The Pale King*』, 데이비드 포스터 월리스David Foster Wallace

"누가 공을 인정받든 상관하지 않는다면 우리는 무엇이든 성취할 수 있다."

— 랠프 월도 에머슨Ralph Waldo Emerson

차례

서론

타인의 인정을 받는다는 것은 그 실제 가치보다 훨씬 과장되어 있다.

레드 제플린Led Zeppelin, 롤링 스톤스The Rolling Stones, 비틀스The Beatles, 에릭 클랩튼Eric Clapton, 그리고 반 헤일런Van Halen.

간단한 퀴즈로 이 책을 시작해 보자. 위 다섯 가지 보기 중에서 다른 한 가지는?

가장 먼저 떠오르는 대답은 아마도 에릭 클랩튼일 것이다. 나머지는 여러 명이 모인 밴드지만 에릭 클랩튼은 솔로 싱어니까. 어쩌면 반 헤일런일 수도 있다. 반 헤일런의 전성기는 1980년대였지만 다른 가수들은 그보다 10년 혹은 20년 전에 전성기를 누렸기 때문이다. 하지만 정답은 둘 다 아니다. 위 명단에서 이질적인 존재는 바로 비틀스다. 비틀스를 제외한 다른 가수들은 앤디 존스Andy Johns라는 공통분모를 갖고 있기 때문이다.

텅 빈 동굴에서 울려 퍼지는 듯한 묵직한 사운드, 어찌 보면 약간 으스스하기까지 한 레드 제플린의 「둑이 무너져 내릴 때^{When the Levee Breaks}」의 시작 부분은 시대를 막론하고 가장 사랑받는 드럼 전주일 것이다. 이 노래, 특히 드럼 인트로는 록 역사상 가장 성공적인 공연을 남긴 몇몇을 비롯해 그 뒤로 수많은 밴드들에게 영감을 주거나 그들이 궁극적으로 추구하는 음악적 기준이 되었다. 음향 전문 잡지《사운드 온 사운드^{Sound on Sound}》는 드럼 녹음에 관한 기사에서 그것은 "록 음악이 궁극적으로 추구하는 사운드"라고 평하기도 했다. 이 반복적인 드럼 파트는 비스티 보이스^{Beastie Boys}에서 비요크^{Bjork}, 에미넴^{Eminem}에서 이니그마^{Enigama}에 이르기까지 온갖 장르를 불문하고 숱하게 샘플링되었다. 이 곡을 모르는 사람이라도 유명한 드럼 부분이나 이와 비슷한 소절은 분명 들어 본 적이 있을 것이다.

지금이야 흔하지만 레드 제플린의 네 번째 음반이 출시된 1971년만 해도 레드 제플린 드러머인 존 본햄^{John Bonham}의 드럼 소리는 매우 독특하고 파격적이었다. 당시 빠른 속도로 발전을 거듭하고 있던 스튜디오 녹음 기술은 마이크의 숫자를 늘리고 많은 장비를 사용하는 방향으로 이동하고 있었다. 많은 밴드들이 드럼을 녹음할 때 여러 대의 마이크를 사용했는데, 대개는 베이스드럼 가까이에 한 대를 따로 배치했다. 그와 더불어 비틀스의 후기 음악에 힘입어 드럼 사운드를 '죽이고' 더 가까운 곳에서 들리게 하는 기법이 인기를 얻고 있었다. 하지만 레드 제플린의 녹음 기사였던 존스는 상식을 뒤집은 획기적인 방식으로 유달리 크고 중후한 사운드를 만들어 냈다. 드럼을 치는 본햄의 머리 위 까마득한 곳에 있는 계단 난간 너머로 마이크 두 대를 설치한 것이다. (레드 제플린은 평범한 녹음실이 아니라 18세기풍 시골 저택에서 음반을 녹음했는데 덕분에 계단통처럼 다양한 시설물을 음향 도구로 활용할 수 있었다.) 그뿐만 아니라 존스는 음향 신호를 압축해 에코 유닛으로 처리했는데 그렇게 하면 사운드를 전반적으로 증폭시키고 멀리서 들려오는 듯한 효과를 낼 수 있었다. 그것이 바로 이 음반이 그토록 환상적일 수 있었던 비결이다.

좋아하는 음악을 생각할 때, 우리는 대개 가수가 노래를 부르는 모습을 떠올린다. 그보다 좀 더 진지한 음악광이라면 누가 프로듀싱을 했는지 정도는 알고 있을 것이다. 하지만 실제로 음악을 녹음한 녹음 기사를 떠올리는 사람은 없다. 그들은 철저하게 간과된다. 퀘벡 라발 대학교Laval University의 음악 기술 교수인 아론 리우 로젠바움Aaron Liu-Rosenbaum은 《음반 제작 기술 저널Journal on the Art of Record Production》에 기고한 글에서 「둑이 무너져 내릴 때」의 색다른 제작 방식은 **"이 곡이 오래도록 변치 않는 인기를 누리는**[*] 가장 중요한 요인 중 하나"라고 말한 바 있다.

물론 존스가 혼자서 그런 사운드를 만들어 낸 것은 아니다. 일차적으로 본햄의 연주가 있었고, 레드 제플린의 모든 음악 뒤에 밴드의 기타리스트이자 프로듀서인 지미 페이지Jimmy Page가 있었음을 감안한다면 그

---

[*] 이 책의 볼드 서체 부분에 대한 추가 설명은 말미의 참고 자료에 있다.

또한 크게 칭송받아 마땅하다. 하지만 존스가 여기서 얼마나 중요한 역할을 했는지 인정한다고 해서 본햄과 페이지에게 해가 되지는 않을 것이다. 존스는 고도로 숙련된 장인이자 기술자였고 음향 기술에 대한 탁월한 지식은 물론, 각각의 수많은 곡에서 '올바른 사운드'를 잡아 내는 예술적 감각마저 겸비하고 있었다. 존스는 레드 제플린 4집뿐만 아니라 그들의 가장 성공적인 음반을 거의 전부 녹음했으며, 고전의 반열에 오른 롤링 스톤스의 「스티키 핑거Sticky Fingers」와 「엑자일 온 메인 스트리트Exile on Main Street」를 비롯해 무수한 명반들을 작업했다. 그 세대가 공유하는 일부 문화적 대명사에는 문자 그대로 존스의 이름이 새겨져 있다. 그런데도 2013년 4월 그가 사망했을 당시 잠시 출렁였던 추모의 물결을 제외하면, 대다수 사람들에게 그의 이름과 업적은 보이지 않는 자취에 불과하다.

*

오후 7시 30분, 피터 칸비Peter Canby는 책상 높이 쌓여 있는 교정쇄를 한 번 들춰 보고 스탠드를 끈 다음 아이맥 컴퓨터의 전원을 껐다. 그는 유독 민감한 기사에 대해 기자가 남긴 메모를 주의 깊게 살펴보았고, 전직 CIA 직원이라는 '익명' 제보자의 말을 두 번씩 꼼꼼하게 검토했으며, 이 기사가 명예 훼손으로 고발될 위험은 없는지 회사 법률팀 및 필자와 논의했고, 신입 사원에게는 SF 영화 「프로메테우스Prometheus」의 시사회에 가기 전에 유전자 코드와 관련된 전문 용어들을 미리 익혀 두도록 지시했다. 나중에 그녀가 검토해야 하는 영화 평론 기사 중 인간형 생물체의 "DNA가 포함된 염색체"가 물속에 가라앉는다는 표현이 있기 때문이다. 《뉴요커 *The New Yorker*》에서 일하는 사실 검증 전문가 *fact checker*에게 사실관계를 확인하지 않고 넘어가도 될 만큼 사소한 것은 없다. 칸비의 사실 검증 부서에서 일하려면 웬만한 석학 수준의 치밀함과 꼼꼼함은 물론, 대단히 엄격한 자격 요건을 갖춰야 한다. 사실 검증 팀원들 열여섯 명 가운데 절반 이상이 제2외국어에 능하며 비교적 흔한 프랑스어나 스페인어 외에도 북경어와 히브리어, 아랍어, 우르두어, 러시아어에 능통한 이들도 있다. 대다수는 석사 이상의 학위 소지자이고 언론학과 비교문학 박사와 런던 정경대 졸업생, 옥스퍼드 박사 과정 중퇴자도 있다. 칸비의 말에 따르면 "많은 이들이 무시무시한 작업 강도 때문에 몇 년도 버티지 못하고 떠나 버린다."

사실 검증 부서는 이름난 필자들의 글을 이 위상 높은 잡지의 명성에 걸맞게 잡아매 주는 보이지 않는 닻이자 지주(支柱)다. "우리가 하는 일은 기자들의 보도 방식과 편집팀의 편집 방식에 영향을 미칩니다." 1994년 이후 사실 검증 부서를 이끌고 있는 칸비의 말이다. 하지만 칸비와 《뉴요커》의 사실 검증팀은 잡지에 그들의 이름이 나오지 않는다는 것을 알고 있다. 그들은 기사 첫머리에 이름이 언급되지도 않고 저자들처럼 '필자 소개란'에 실리지도 않는다. 그들은 독자들에게 보이지 않는 투명 인간이다. 정확히 말해서 그들이 실수를 저지르지만 않는다면 말이다.

칸비와 그의 팀원들은 어느 모로 보나 매우 똑똑하고 성실하며, 굳이 언론계가 아니더라도 어디서든 성공을 거둘 수 있는 자질을 갖추어서 독자나 소비자들로부터 충분한 인정과 찬사를 받을 만한 사람들이다. 하지만 칸비는 커튼 뒤에서 일하는 것을 좋아한다. "사람들이 우리 이름을 몰라도 우리는 결과물을 통해 자부심을 느낍니다. 왜냐하면 우리는 사람들에게 중요한 사회적 쟁점들을 생각하게 하는 과정에 기여하고 있거든요." 그는 이렇게 덧붙인다. "우리는 거기에 만족합니다."

아쉽게도 우리는 눈에 보이는 화려한 무대 뒷면에서 피터 칸비나 앤디 존스 같은 이들이 열심히 일하고 있다는 사실을 너무 자주 잊어버린다. 그들 일의 본질적인 특성 때문에 그들은 외부에 잘 알려져 있지 않다. 그리고 오늘날에는 여러 가지 이유로 인해, 특히 자신과 노동의 결실이 남의 눈에 띄지 않는다는 이유로 그들과 같은 길을 선택하는 이들이 점점 줄고 있는 형편이다. 하지만 칸비와 존스, 그리고 그와 비슷한 부류들은 당신이 알면 깜짝 놀랄 진실을 알고 있다. 타인의 인정을 받는다는 것에 대한 평가가 실제 가치보다 훨씬 과장되어 있다는 진실 말이다.

＊

성공이란 무엇인가? 만약 당신이 외적 보상과 끝없는 자기 홍보라는 무한 경쟁, 그리고 이른바 '빨간 셔츠 입히기' ─ 어린 자녀가 또래들 사이에서 대장이 될 수 있게 일부러 일 년 늦게 유치원에 보내는 것 ─ 같은 교묘한 술책에 기반한 성공을 원한다면, 대개는 헛발질로 끝날 그런 저돌적인 길을 추구한대도 별 상관은 없다. 그러나 지난 천 년 동안 종교와 철학이 외쳐 온 것처럼 남들의 관심이나 칭찬이 아닌 일 자체에서 느끼는 만족감으로 성공을 정의하고 싶다면, 존스와 칸비처럼 보이지 않는 곳에서 일하는 보이지 않는 사람들, 즉 인비저블^{Invisible}은 당신에게 훌륭한 본보기가 되어 줄 것이다. 가슴에 손을 얹고 한번 물어보라. 당신은 영원히 멈추지 않을 러닝머신 위에서 뛰며 남들과 경쟁할 것인가, 아니면 스스로에게 도전하여 영원한 보상을 얻을 것인가.

내가 '인비저블'이라고 이름 붙인 이들을 탐구하게 된 것은 고도의 전문 지식과 훈련을 갖추고 조직 내에서 중대한 역할을 수행하고 있지만 외부 세계로부터 공을 인정받기는커녕 무명으로 남는 데 만족하는 이들에게 크게 매료되었기 때문이다. 인비저블의 가장 흥미로운 점은 평범한 사람이라면 샘이 날 정도로 일에서 성취감을 느끼면서도 일에 대한 접근법에서는 전반적인 사회 문화와 선명한 대조를 이루고 있다는 것이다. 그렇다면 그들은 정확히 무슨 일을 하고, 어떻게 직업적 성취감과 내적 만족감을 동시에 얻을 수 있는 삶을 '살고' 있는 걸까?

인비저블의 특성은 풍요로운 삶을 구성하는 기본 원리와 일치할 뿐만 아니라, 숱한 연구 조사에서 볼 수 있는 성공적인 비즈니스 및 리더십 자질과도 일치한다. (나아가 인비저블의 특성을 보유한 이들은 자기 발전에 능할 뿐만 아니라 그가 속한 조직까지 개선한다.) 탁월함을 성취하고 싶은 사람은 전문성을 증진하고, 일 자체에서 즐거움을 찾고, 기꺼이 무거운 책임을 질 용의가 있어야 한다. 우리 사회에서 돋보이는 사람들도 보이지 않는 곳에서 하는 일이 성공의 필수 요인이다. 가령 유명한 NFL 선수는 엄청난 시간을 들여 지난 경기의 녹화 영상을 연구하고, 혜성처럼 나타난 신인 가수는 실은 오랫동안 허름한 술집에서 공연을 하며 실력을 갈고 닦은 베테랑이다. 앞으로 여러분이 만날 인비저블은 그러한 사람들의 특유한 사고방식을 엿볼 수 있는 창문이다. 이 책은 흥미로운 사례들을 통해 이 조용한 고수들로부터 무엇을 배울 수 있는지 제시하는 한편, 궁극적으로 우리가 무슨 일을 하고 무엇을 추구하든 스스로를 솔직하게 조망할 수 있는 사고의 틀을 고양시킬 것이다.

여기서 잠깐. 이 책에서 말하는 추상적 개념이나 학구적인 통찰력도 물론 중요하지만 거기에 너무 신경쓰지는 말기 바란다. 인비저블의 진짜 매력은 바로 그들의 이야기에 있다. 이 책을 이끄는 주인공들은 각자 자기 분야에서 가장 뛰어나고 유능한 이들이다. 이 책을 쓰면서 나는 평소에는 가까이 다가가기도 힘든 곳에 일행이 되어 합류하고, 때로는 외부인으로서 거의 최초이자 유일하게 업계 내부에 발을 들여놓기도 했다. 나와 함께 라디오헤드Radiohead의 백스테이지로 들어가 전설적인 기타 테크니션을 만나 보자. 일반인에게는 철저하게 출입이 금지된 문을 지나 최고의 구조 공학자와 함께 중국에서 건설 중인 세계에서 가장 높은 초고층 건물을 둘러보자. 진짜 촬영 현장에서 촬영 감독을 지켜보기도 하고 세계 최고의 동시통역사와 함께 비공개 UN 군축 회의에 참가할 수도 있다. 그에 비해 별 제한 없이 접근할 수 있는 세계도 있긴 하지만 어쨌든 인비저블에 대해 배우는 것은 황홀한 일이다. 왜냐하면 우리는 이제껏 그들이 존재하는지조차 몰랐기 때문이다. 그들이 하는 일은 우리가 사는 세상, 곧 보고, 듣고, 냄새 맡고, 만지고, 경험하는 것을 형성하고 구축하는 것이지만 소수의 업계인들을 제외하고는 잘 알려져 있지 않다. 아니, 적어도 지금까지는 그랬다. 나는 독자 여러분이 이 책을 통해 감동받을 뿐 아니라, 내가 그랬듯이 두 눈을 크게 뜨고 이제껏 보이지 않는 곳에서 보이는 것을 지탱해 온 그들의 전문성과 열정을 볼 수 있길 바란다.

*

완벽함은 보이지 않는다

인비저블이라는 기본 개념의 발단은 내가 잡지사에서 사실 검증 담당자로 일하던 시절로 거슬러 올라간다. 당시에 나는 긴박한 마감 시한에 맞춰 하루 종일 눈알이 빠지도록 기사를 꼼꼼하게 검토했지만 내 존재를 알아주는 사람은 아무도 없었다……. 적어도 내가 실수를 저지르기 전까지는 말이다. (잡지 기사를 읽다가 '와우, 이 기사는 정말 모든 사실을 완벽하고 꼼꼼하게 점검했는걸!' 하고 생각한 적이 한 번이라도 있는 사람?) 대부분의 사람들은 일을 잘할수록 칭찬과 인정을 받지만 나는 완전히 정반대였다. 내가 일을 잘할수록 나라는 존재는 더욱더 보이지 않았다. 하지만 그런 익명성에도 불구하고 나는 그 일에 자부심을 느꼈고, 그것이 워낙 독특한 경험이었던 탓에 어느 순간부턴가 사실 검증 전문가와 비슷한 속성을 지닌 다른 직종에 대해 궁금해지기 시작했다.

이 책의 시발점이 된 《애틀랜틱*The Atlantic*》의 기사를 쓰기 위해 사람들을 만나고 조사에 임하면서, 나는 인비저블의 고유한 특성들이 차츰 뚜렷한 형태를 갖추기 시작하는 것을 느낄 수 있었다. 흥미롭게도 모든 인비저블은 다음의 세 가지 특성을 공통적으로 갖추고 있었다.

1) 타인의 인정에 연연하지 않는 태도
2) 치밀성
3) 무거운 책임감

놀랍게도 이 같은 특성들은 인비저블과 대화를 나눌수록 더욱 명확해졌다. 내가 만난 거의 모든 사람들은 자신이 일하는 방식을 묘사할 때 동일한 단어, "치밀하다.*meticulous*"를 사용했다. 가끔은 개인적인 삶을 설명할 때에도 마찬가지였다. 처음에 몇몇 인비저블들을 경험하고 나자 나는 곧 면담 때마다 이 세 가지 특성들이 튀어나오는 순간들을 고대하게 되었다. "슬슬 나올 때가 됐는데…… 그렇지!" 이 책을 집필하면서 더 많고 다양한 인비저블을 만났을 때에는 이 세 가지 한 세트가 얼마나 견고한지 재차 확인하게 되었다. 그들과 더 많은 시간을 보낼수록, 그리고 이 조용하고 한결같은 이들이 우리 문화 전반의 흐름을 얼마나 크게 거스르고 있는지 확인할수록, 나는 우리가 개인 또는 사회 전체로서 그들로부터 얼마나 많은 것을 배울 수 있는지 깨달았다. (모든 인비저블이 공통적으로 지니고 있는 세 가지 특성은 책 전체에 걸쳐 끊임없이 논의될 것이며,

무대에 오르는 삼인조 댄서처럼 첫 세 장에서 차례대로 조명된다.)

어쩌면 여러분은 이렇게 물을지도 모른다. 크게 보면 우리들 대부분이 무명으로 일한다는 점에서 모두 인비저블이 아닌가? 내가 말하는 '인비저블'은 단순히 평범하고 대접받지 못하는 일을 하는 사람이 아니다. 이 책에서 정의하는 '인비저블'은 고도로 숙련된 기술을 지니고 자신이 속한 조직이나 회사에서 매우 중대한 역할을 맡고 있는 사람이다. 미국의 빈곤층이나 개발도상국에서 힘겹게 일하는 무명의 노동자들과는 달리 인비저블은 대부분 직업적으로 크게 성공하고, 탁월한 전문성과 실적에 힘입어 관련 업계와 동료들 사이에서 높은 평가와 인정, 존경을 받는 사람들이다. 여기서 가장 주목할 만한 사실은 인비저블이 직업적으로 다른 길을 선택할 능력을 갖고 있지만 '일부러' 외부 세계나 최종 소비자들로부터 인정받지 못하는 직업을 선택하거나 우연한 기회에 업계에 흘러들어왔다가 계속 머무르기로 결심했다는 점이다. 그들은 포상이나 찬사를 내키지 않아 하며, 심지어 대다수의 사람들이 그토록 갈망하는 친밀한 격려나 칭찬조차 바라지 않는다. 그럼에도 인비저블은 대단히 만족스러운 삶을 영위한다.

자기 브랜드화와 과시욕의 시대

사회적 지위, 명성을 추구하기보다 인비저블의 가치관을 수용한다면
우리 사회는 어떻게 변화할 것인가?

세상이 점점 더 시끄러워지고 있다. 고막을 자극하는 영화 음악, 잘난 정치 평론가들의 고함 소리, 무례하고 상스러운 휴대 전화 사용자들. 아무리 귀를 막아도 소용이 없다. (보이시 주립 대학교$^{Boise State University}$의 생명과학 교수 제시 바버$^{Jesse Barber}$는 내게 그의 최근 연구에 대해 설명하며 실제로 "세상이 점점 더 시끄러워지고 있다는 증거가 무수히 많습니다."라고 말했다. 그는 소음이 환경에 미치는 영향을 연구 중이다.) 하지만 현대의 시대정신 중에서 가장 요란한 소리를 내는 것이 무엇인지 알아차린 이들은 거의 없는 듯 보인다. 그것은 바로 '자기 증폭$^{self-amplification}$'이다. 우리는 이제 모든 생각이나 행동을 페이스북^{facebook}과 트위터^{Twitter}로 과시하는 문화 속에 살고 있다. 도발적이거나 논란이 되는 기사의 온라인 댓글란은 대부분 기사

자체보다도 더 길다. 우리는 포스퀘어Foursqure처럼 내가 어디 있는지 남들에게 알려 주는 스마트폰 애플리케이션을 찬양하며, 아무리 창피한 경험이나 트라우마도 텔레비전에서 방송하지 못할 만큼 창피하거나 사소하지는 않다. 점점 더 세분화된 뉴스와 예능 프로는 사적인 경험들을 마구 떠벌리는데, 연구에 따르면 이는 유아적이고 자기중심적인 사고를 강화한다. 무엇보다 다양한 소셜미디어 프로필과 아바타로 자아의 온라인 버전을 키우고 그 속에서 시간을 보낼수록 우리는 스스로가 홍보 가능한 상표라는 개념에 익숙해진다. 이처럼 디지털 부부젤라가 불어 대는 자기중심주의의 불협화음은 마치 수업 시간마다 제일 앞줄에 앉아 선생님의 관심을 끌기 위해 쉴 새 없이 손을 치켜드는 얄미운 동급생과 흡사하다. 그리고 그것은 우리를 위태롭게 만들고 있다.

미국은 치열한 노력가들과 독창성의 나라로 알려져 있다. 이 땅에 도착한 이들은 모두 강렬한 동기와 열망을 지니고 있었다. 이는 오랫동안 우리의 문화에, 어쩌면 우리의 유전자에 새겨져 있었고 실은 많은 면에서 지금도 그렇다. 이런 미국의 국민성은 두 가지 요소로 구성되어 있다. 배가 똑바로 나아가려면 두 개의 노를 똑같은 힘으로 고르게 저어야 하듯이 국가가 발전하려면 이 두 요소가 평형을 이뤄야 한다.

첫 번째 요소, 즉 좌현은 미국의 전통인 프로테스탄트 윤리관이다. 성실하고 부지런히 일하는 근면함과 조용하고 단호한 강직함. 우리는 서부로 전진한 청교도들에게서, 1900년대에 절정을 이룬 이민의 물결 속에서, 그리고 지난 세기에는 거대한 기계 장치 부품에 안주해 일을 훌륭히 해냈다는 증거로 주어지는 퇴직 축하 금시계와 연금에 감격하는 '충직한 회사원'에게서 그것을 본다. 데이비드 포스터 월리스David Foster Wallace의 표현을 빌리면 이 "평범한 미국인의 조용한 존엄성"은 우리의 사업 수완에 필수적이었을 뿐만 아니라, 자기감(自己感)에서도 대단히 중요했다. 두 번째 요소인 우현도 첫 번째 요소 못지않게 중요한데, 그것은 바로 과시욕이다. 세상 곳곳에 미치는 밝고 눈부신 할리우드의 불빛, 다시 말해 미국인 특유의 '소음' 말이다. 벼락부자들의 휘황찬란한 저택과 코넬리어스 밴더빌트Cornelius Vanderbilt의 근사한 구레나룻, 엘비스의 움찔거리는 엉덩이에서부터 힙합 가수들의 화려한 패션을 생각해 보라.

조정(漕艇)에는 선수들이 동경하는 거의 환상에 가까운 순간이 있다. 어느 순간 모두가 한마음 한뜻이 되어 양쪽 노가 완벽하게 동일한 힘과 기술로 맞춘 듯이 움직인다. 선수들은 무아지경에 빠져들고 보트는 멈춘 듯한 시간 속에서 수면 위를 쏜살같은 속도로 우아하게 미끄러진다. 조정 선수들은 그 상태를 '스윙swing'이라고 부르는데, 아메리칸 스윙도 그와 같다. 미국을 구성하는 두 가지 요인이 동시에 똑같은 힘과 방향으로 움직이면 우리는 경제·문화적으로, 그리고 개인적으로 번영을 누리게 된다. 그러나 최근에는 우현의 노가 너무 흥분해 혼자 앞서 나가려는 탓에 배가 항로에서 벗어나 성공 가능성을 위협하고 있는 듯 보인다.

다른 사람에게 나라는 존재가 있음을 알리고 의식하게 만들고자 하는 자기 과시. 하지만 그것이 허황된 신화에 불과하다면 어떨까? 그리고 거시적인 관점에서 우리의 직업 선택이 실은 이런 사회 풍조의 영향을 받고 있는 것이라면?

드보라 리베라Deborah Rivera는 세계 최대의 은행들을 고객으로 보유한 뉴욕의 헤드헌팅 회사 석세션 그룹Succession Group의 설립자이다. 그녀의 전문 분야는 다국적 투자은행을 운영하는 데 필요한 계량 분석 능력을 갖춘 경영인을 찾는 것이다. "미국에는 요즘 월가에 수요가 늘고 있는 계량 분석이나 기술적 분석을 할 인재가 부족합니다. 명문대 수학이나 공학 학위가 필요하거든요." 리베라는 말했다. "이건 확실히 문화적 특징과 관련이 있어요." 그녀는 이렇게 평가한다. "미국 사람들은 남들한테 인정받는 직업을 갖고 싶어 합니다. 성공했다는 내 친구들도 모두 월가에서 일하거나 의사나 변호사고, 그들 자녀 가운데 상당수가 예술이나 엔터테인먼트 분야에서 일하고 있지요.(그래서 생계를 유지하기가 힘들어요.)"

리베라는 업계에서 이른바 '퀀트quant'라고 불리는 계량 분석가들 역시 상당수가 "돈과 명성, 그리고 그것을 얻을 수 있는 대형 프로젝트를 원하지만 그것을 달성하기 위해 힘들고 지루한 일을 하는 것은 꺼려 한다."고 지적한다. "심지어 우리 회사 직원들도 그래요. 계약을 따내기 위해 무한정 전화를 돌려야 하는 일 따윈 질색이죠. 대박을 쳐서 콧대를 세우고 싶은 사람들뿐이에요."

무대 뒤에서 일하는 보이지 않는 직업은 외부의 인정이나 주목을 받는 경우가 드물고(동료들 사이에서는 높이 평가받을지 몰라도), 꼼꼼하고 치밀한 능력이 필요하며, 종종 엄청난 책무를 져야 한다.(인비저블의 세 가지 특성) 예를 들어 점점 일자리가 줄고 있는 요즘 같은 때 수요가 넘쳐나는 프로그램 개발자나 기술적 분석가를 생각해 보라. "세상은 점차 디지털화되고, 그런 변화를 촉진하는 소프트웨어 기술자들 역시 그에 상응하는 혜택을 얻고 있다. 연봉과 고용 수요는 천정부지로 치솟고, 근로 조건은 그 어느 때보다도 유리하다." 커리어캐스트닷컴^{Careercast.com}의 연구 결과이다. 《월스트리트 저널^{Wall Street Journal}》은 2011년 후반 한 기사에서 이렇게 지적했다. "엔지니어를 비롯한 기술직에 대한 수요는 많은 회사에서 빠르게 증가할 것이다."

보이지 않는 직업에 대한 수요가 증가하는 데에는 다양한 요인이 있지만, 이 같은 현상이 자기 홍보의 상승 기류와 일치하는 것은 분명한 사실이다. 인터넷과 모바일 애플리케이션으로 무장한 현대인들은 그 어느 때보다도 자신의 행동과 생각을 주목받고 싶어 하며, 그렇게 할 수 있는 수단도 갖추고 있다. 다시 말해 우리는 "마이크로 유명인^{microcelebrity}"의 시대에 살고 있는 것이다. 클라이브 톰슨^{Clive Thomson}이 《와이어드^{Wired}》에 썼듯이, 만약 블로그나 페이스북 또는 트위터 계정을 갖고 있다면(최근의 연구 조사에 의하면 오늘날 대다수 사람들이 해당된다.) "전혀 낯선 사람들이 당신에 대해 알고 있고 어쩌면 당신에 대해 '얘기'하고 있을지도 모른다." 이와 관련해 "자기 브랜드화" 현상 역시 넓게 퍼져 나가고 있다. 털사 대학^{University of Tulsa}의 인류학 교수 피터 스트롬버그^{Peter Stromberg}는 《사이콜로지 투데이^{Psychology Today}》에 기고한 글에서 현대의 브랜딩 전문가와 경제 기사들이 "자신의 장점을 파악하고 마케팅하는 방법을 알아내 자기

이미지를 PR하라."고 가르친다고 지적했다. 스트롬버그는 이렇게 말한다. "이제 페이스북은 자신을 브랜드화하는 거대한 플랫폼에 불과하다. 영화들이 점점 더 명랑하고, 시끄럽고, 폭력적이 되어 가는 이유도 이 때문이다. 관심을 끌기 위한 경쟁이 치열해지고 있는 것이다."

타인의 관심을 갈망하는 풍조와 대조를 이루는 인비저블의 사고방식이 개인적으로(사적으로나 직업적으로나) 유익하고 중요할 뿐만 아니라 사회적, 경제적 측면에서도 필수적이라면 어떨까? 뛰어난 경제학자이자 사회학자인 소스타인 베블런Thorstein Veblen은 과시적 소비(그가 1899년에 『유한계급론The Theory of the Leisure Class』에서 제시한 용어) 및 부와 지위를 과시하는 행위를 비난했고 "제작 본능과 한가한 호기심을 지닌" 장인과 기술자 계급(간단히 말해 인비저블)을 "경제, 사회, 그리고 과학 발전을 위한 원동력"으로서 높이 샀다. 간단히 말해 지금보다 더 많은 사람들이 현재 우리 사회를 지배하는 가치인 사회적 지위나 명성을 추구하기보다 인비저블의 가치관을 수용한다면, 우리의 경제, 사회는 어떻게 변화할 것인가?

나는 저명한 경제학자인 제임스 갤브레이스James Galbraith에게 연락을 취했다. 그는 바드 대학Bard College의 레비 경제 연구소Levy Economics Institute의 선임 학자이며, 평화 및 안보를 위한 경제학자 위원회Board of Economist for Peace and Security의 위원장이자 파리 베블런 연구소Veblen Institute의 부소장이다. 그는 이렇게 대답했다. "베블런이 제시한 제작 본능이라는 개념은 매우 뛰어난 기준점입니다. 우리는 평범한 노동자들이 맡은 바 일을 훌륭하게 해내는 데서 기쁨을 느낀다는 그 간단한 사실에 사실상 아주 깊이 의존하고 있지요. 그리고 그들에게 그런 기쁨을 만끽할 자유를 주는 것이야말로 경제 효율성을 높이는 비결입니다."

베블런이 본인의 철학에 따라 살았음을 알고 나면 더더욱 안심이 될 터이다. "제가 찾은 기록에 의하면 베블런은 자신의 성과를 대수롭지 않게 여기는 경향이 있었습니다." 하버드 역사경제센터Harvard Center for History and Economics의 연구원이자 베블런에 관한 논문을 쓴 바 있는 프란체스카 비아노Francesca Viano의 말이다. "예일에서 박사 학위를 따고 두 번째 박사 학위를 얻기 위해 코넬대에 지원했을 때, 베블런은 자신의 철학 연구와 칸트에 대한 중요 논문을 제시하며 그 분야에 관한 '약간의 글들'이라고 칭했어요. 또 유언장에 누가 됐든 자신을 기념하는 어떤 기념물도 세우지 말 것을 명시했고요." 비아노는 지적했다. "사실 베블런은 당신이 말하는 '인비저블'의 범주에 들어갑니다. '타인의 인정이 아닌, 일 자체에서 만족감을 느끼는 사람' 말이죠. 그가 이상적으로 여기던 장인과 기술자들도 마찬가지고요."

"소원을 빌 때는 조심하라."는 말처럼, 남에게 '인정'받고자 하는 문화는 과도한 감시 문화와 일치한다. 우리가 하는 거의 모든 일에 대해 인정받기를 기대한다면, 사생활에 대한 우리의 인식은 어떻게 바뀔까? 특히 고용주와 회사, 그리고 우리를 감시하고 있을 정부를 생각해 보라. 갤브레이스는 더욱더 강력해진 디지털 도구에 대해 이렇게 말한다. "이처럼 보편화된 감시 체계는, 내가 보기에는 대단히 유해합니다. 직장 생활에서는 더더욱 그렇고요. 그런 갈등이 가장 뚜렷하게 나타나는 곳이 학교

인데, 교사의 자율적인 권한과 점수를 따기 위한 교육이라는 두 사고방식의 충돌은 이미 공립학교 깊숙이 침범해 있지요."

더 많은 관심을 두고 다투는 우리의 경쟁은 직접적으로나 간접적으로, 또 개인적으로나 사회적으로나 심상치 않은 결과를 가져왔다. 그러나 인정받고자 하는 욕구에도 분명 해독제는 존재한다.

*

록 음악계에서 나름 최고의 엘리트이자 은밀한 성소에 합류했던 (어쨌든 그도 프랑스 남부에서 키스 리처드 Keith Richards 와 함께 숨어 있었으니 말이다) 앤디 존스와, 맨해튼 미드타운 사무실에 처박혀 출중한 아이비 리그 졸업생들과 함께 유명 잡지의 사실 관계를 수호하는 피터 칸비. 이 두 사람을 연결하기는 그리 쉽지 않은 일이다. 하지만 결정적인 측면에서 두 사람은 상당히 비슷하다. 사실 인비저블은 세상 곳곳에 널리 포진해 있다. 그들을 하나로 묶어 주는 것은 일에 대한 '접근법'이다. 남들의 인정이나 찬사가 아니라 자신이 하는 일의 가치를 통해 기쁨과 만족감을 얻는 마음가짐 말이다.

우리는 수많은 소설과 영화 속 주인공들에게 그러듯이 인비저블에게 감정을 이입하고 우러러볼 점을 발견한다. 실로 우리 중 대다수는 자신이 하는 일에 대해 (가정에서나 일터에서나) 충분한 관심이나 인정을 받지 못하고 있다. 그렇기에 인정받기를 갈망하기보다 일 자체에서 순수한 만족감을 얻는 인비저블의 특성은 우리 모두가 염원하는 것이다. '특별한 사람만이 인비저블이 될 수 있는 것은 아니다.' 그들은 그저 우리가 살고 있는 스펙트럼의 한쪽 끝에 있을 따름이며, 우리 모두는 다양한 맥락과 환경하에 있는 다양한 수준의 인비저블이다. 다만 내가 이 책에서 조망한 유능하고 특출난 전문가들은 인비저블의 정점에서 세 가지 특성을 완전히 구현하여 이를 성공과 성취감으로 연결시켰을 뿐이다. 나는 명성은 부질없는 것이라거나 굳이 유명해질 필요는 없다고 장광설을 늘어놓을 생각도 없다. 사실 내가 만난 인비저블은 대부분 각자 그들의 분야에서 엄청난 유명인이다. 그저 다른 점이 있다면 그들은 남의 관심이나 이목을 바라지 않는다는 것이었다.

타인의 인정에 연연하지 않는 태도

나의 길을 찾는다

이곳은 세균이 바글바글하다. 사람들이 자주 화를 내고, 지쳐 나가떨어지고, 당혹스러워하며 바빠 죽겠는데도 끝이 보이지 않는 긴 줄 끝에 서서 기다리며 지겹도록 걸어야 하는 곳이다. 어떤 사람은 예의도 없이 숨소리가 닿을 만큼 바싹 달라붙어 온몸을 훑어 본다. 게다가 방사선 검사 문제도 있다. 맛도 없으면서 쓸데없이 비싸기만 한 음식도 있다. 그렇다. 나는 지금 공항에 와 있다. 세계에서 가장 북적거리는, 애틀랜타주 하트필드 잭슨Hartsfield Jackson 공항이다. 더군다나 나는 여기서 하루 종일 죽치고 있을 계획이다. 비행기를 타지 않을 요량이면 과연 이런 끔찍한 곳에서 시간을 보내고 싶은 사람이 있을까?

짐 하딩Jim Harding은 50대 초반의 남성으로, 아내와 두 딸을 부양하는 가장이다. 머리는 조금씩 벗겨지고 있으며 턱에는 염소수염을 길렀다. 그는 내 눈을 들여다보며 환한 미소를 짓더니 내슈빌 억양이 실린 따스한 목소리로 말한다. "크면서 '길 찾기^{wayfinding} 분야에서 일하고 싶어!'라고 말하는 사람은 아무도 없을 겁니다."

공항에 가서 탑승 수속을 밟고 검색대를 지나 탑승 게이트를 찾고 화장실에 갔다가 샌드위치를 산 다음 비행기에 타는, 이 모든 절차를 헷갈리지도 않고 길을 잃지도 않고 당황하지도 않고 완벽하게 해낸 적이 있는가? 물론 비행기 여행을 자주 하는 사람이라면 그렇겠지. 하지만 '와, 여기는 길 안내가 정말 잘되어 있는데! 완전 간단하게 찾았잖아.'라고 생각하는 사람이 몇이나 될까? 만약 하딩이 그의 일을 완벽하게 해내면 당신은 그 사람이나 그가 하는 일을 머릿속에 떠올릴 필요조차 없다. 그가 일을 성공적으로 마무리하면 우리는 다른 생각을 할 수 있다. 사실 우리가 그가 하는 일을 떠올리는 경우는 결과가 형편없을 때뿐이다. 간단히 말해 가고자 하는 길을 찾을 수가 없어 안달이 날 때 말이다. 하딩의 전문 분야인 '길 찾기'는 사람들이 시설물 안에서 용이하게 이동하는 데 필요한 모든 신호들, 곧 간판과 표지판에서부터 조명, 색, 나아가 건축 양식에 이르기까지 모든 것을 디자인하는 것이다. 나는 우리가 늘 보면서도 알아차리지 못하는 것을 창조하는 기예(技藝)를 직접 확인하기 위해 이곳에 왔다.

우리는 지금 '공항 전철'을 타고 있다. 공식 명칭은 무인 자동 여객 수송 시스템인데(대개는 모노레일처럼 보이지만 엄밀히 말해 모노레일은 아니다.), 국내선과 국제선을 연결하는 일종의 셔틀 전철로 중간에 다양한 탑승동에서 정차한다. 그레샴, 스미스 앤드 파트너스Gresham, Smith and Partners 디자인 회사의 대표인 하딩은 환경 그래픽 디자인 팀을 이끌고 있으며, 그들의 주요 업무는 복잡한 대규모 시설물의 길 찾기 시스템을 설계하는 것이다. 그리고 그중 한 곳이 바로 최근에 완공된 이곳 애틀랜타 메이너드 H. 잭슨 주니어 국제 터미널이다. (앞으로는 그냥 공항, 혹은 ATL이라고 지칭하겠다.) 나는 왜 하딩이 그가 설계한 터미널이 아니라 공항 전철에서 오늘의 여정을 시작하자고 했는지 모른다. 하지만 그에게도 계획이 있었다.

전철이 국제선 터미널로 향하는 동안 우리는 차량 안쪽에 부착된 공항 지도를 들여다보았다. "어째서 내가 설계한 터미널에 곧장 가는 게 아니라 전철을 탔냐고요? 파급 효과를 보여 주고 싶어서 그랬습니다." 하딩이 말한다. 거대한 구조물 또는 환경 속에서 길 찾기는 항상 다른 구역의 길 찾기에 영향을 끼치며 또 영향을 받는다. "거미줄과 비슷하죠." 그가 말한다. "한 곳을 건드리면 거미줄 전체가 흔들리는 것과 똑같습니다." 이를테면 하딩의 팀이 작업한 것은 국제선 터미널이지만, 새 탑승동과 터미널이 완공되고 나면 공항 전체에 있는 수천 개의 옛날 지도들, 즉 다양한 탑승동과 국내선 터미널, 공항 전철(지금 우리가 보고 있는 것과 같은), 주차장, 웹 사이트 등에 걸려 있는 모든 지도를 변경하고 수정해야 한다.

메이너드 잭슨 터미널과 같은 대형 길 찾기 프로젝트를 수행할 때에는 지도의 파급 효과에서도 볼 수 있듯이 중심 구역 외에 있는 다른 모든 것들도 기본 설계와 결부되어야 한다. 가령 메이너드 잭슨으로 이어지는 도로의 모든 터미널 관련 도로 표지판은 위쪽 면이 둥그스름한데, 이는 터미널 지붕의 부드러운 물결 모양을 본뜬 것이다. 이것은 아주 미묘하고 거의 무의식적인 길 찾기 단서로, 당신이 국제선 터미널에 가까이 와 있다는 신호다. 건물 안에 설치되어 있는 표지판들도 그 독특한 형태를 공유하고 있다. 이는 국제선 터미널을 모든 안내판과 표지판이 평범한 직사각형인 국내선 터미널과 구별하기 쉽게 만들어 준다. 공항이나 대학교 캠퍼스, 병원, 또는 다른 복잡한 건물 단지에서 갑자기 낯선 감각이 엄습하면서 길을 잘못 든 것 같은 느낌이 든다면 그건 무슨 신기한 마법에 걸리거나 당신의 방향감각이 뛰어나기 때문이 아니라 표지판 형태가 변화하는 것과 같은 이런 무의식적 신호에 반응한 것일 가능성이 크다. "안내 체계는 단순히 표지판의 용어나 활자체를 통일하는 게 아닙니다." 하딩이 말한다. 그것은 특정한 규칙에 맞춰 생태계 전체를 배치하는 일이다. 그러한 신호들은 장소에 대한 감각을 확립해 준다.

ATL은 생선뼈와 비슷한 구조를 하고 있다. 국내선 터미널이 생선의 머리, 새로 지은 국제선 터미널이 꼬리이고 이 둘을 긴 등뼈가 잇고 있다. 등뼈에서는 공항 전철과 일곱 개의 탑승동이 가시처럼 수직으로 뻗어 나와 있다. 국내선 터미널 바로 옆에는 T로 시작되는 탑승동이 있고 그 다음은 A부터 F까지 주욱 이어지는데 새로 지은 F동은 국제선 터미널과 인접해 있다. 우리가 전철 안에서 발견한 공항의 평면도는 F 탑승동이 국제선 터미널과 겹쳐 있었다(마치 꼬리 위에 올려진 가시처럼). 문제는 실제로 F 탑승동은 이 그림처럼 터미널과 겹쳐 있는 게 아니라 그냥 옆에 붙어 있다는 점이다.

"뭘 새로 추가했을 때 흔히 생기는 문제죠."

하딩이 말한다. 전철 차량 내에 평면도를 붙일 공간이 부족하자 상부에서 지도의 정확도를 포기하고 그냥 압축해 버리라고 지시한 것이다.

"높은 사람들이 늘 우리 조언을 따르는 건 아니니까요."

아주 사소한 오류임에도 하딩이 얼굴을 살짝 찌푸리는 것이 느껴진다. 하지만 그는 모든 것을 달관한 듯한 태도로 받아들인다. 완벽하고 이상적인 길 찾기 시스템을 고안하기 위해 투입된 연구 분석 및 비용, 고된 노력을 고려하면 약간의 타협과 절충은 어쩔 수 없다.

우리는 비행기를 환승하는 여행객인 양 국제선 터미널에서 내렸다. 이 낮고 좁은 공간에서 우리를 맞이한 것은 천장에 가로로 길게 걸려 있는 커다란 안내판이었다. 금속성 재질에 굵은 흰색 글씨로 탑승동과 게이트, 그 외에 기타 정보들이 적혀 있다. 안내판은 공항과 고속도로 표지판처럼 깔끔하고 세련된 모양이었는데, 이는 결코 우연이 아니다.

공항, 박물관, 병원, 도시 등 널따란 공공장소를 걷다 보면 거의 모든 표지판이나 안내판이 산세리프체^{sans serif}(가로획과 세로획의 굵기가 비슷한 서체. 한글 고딕체를 연상하면 비슷하다. — 옮긴이)로 쓰여 있음을 알게 된다. 전 세계의 공공장소 표지판은 거의 대부분 산세리프체로 되어 있다.

(산세리프체의 일종인 헬베티카[Helvetica]체의 잦은 이용과 편재성에 대해서는 많은 연구와 논의가 이뤄진 바 있다.* 헬베티카체는 표지판뿐만 아니라 회사 로고에도 자주 사용되는데, BMW와 아메리칸 어패럴[American Apparel], 3M 같은 글로벌 브랜드에서부터 루프트한자[Lufthansa]와 유명한 아메리칸항공[American Airlines] 로고도 헬베티카체를 쓴다.)

오늘날 거의 모든 분야에서 압도적으로 산세리프체를 사용하는 이유는 전 세계를 강타한 미니멀리즘의 유행과 관련이 있다. 헬베티카체가 지닌 무난하고 중립적인 느낌 때문이다. 하지만 길 찾기 시스템 전문가가 표지판에 산세리프체를 쓰는 데에는 한 가지 타당한 이유가 있다. 먼 거리에서도 가독성이 유난히 탁월하기 때문이다. 많은 연구 조사가 이 같은 사실을 뒷받침하긴 하지만, 사실 가독성은 단순히 산세리프체를 사용하는 것보다도 훨씬 복잡다단한 문제다. 예를 들어 어떤 서체의 'a'는 멀리서 보면 'o'로 착각할 수도 있다. 그래서 길 찾기에서는 주로 사용 목적에 따라 거리와 가독성을 최대한 고려한 특정 산세리프체를 사용한다. 전 세계 공항의 4분의 3 이상에서 단 세 개의 서체, 즉 헬베티카, 프루티거[Frutiger], 클리어뷰[Clearview]를 사용하고 있다. (지금 우리 앞에 있는 표지판을 비롯해 메이너드 잭슨 공항에 있는 대부분의 표지판에 사용

---

* 신기하게도 헬베티카체의 발상지라 할 수 있는 스위스의 작은 항공사 헬베틱 항공사(Helvetic Airways)는 로고에 헬베티카체를 사용하지 않는다. 이 책의 뒷부분에서 만나게 될 그래픽 디자이너 마크 레빗(Marc Levitt)은 이 항공사의 로고를 보여 주자 이렇게 평했다. "이게 디자인 역사에서 가장 큰 실수인지 아니면 뻔한 건 피하자는 대담한 결정인지 모르겠군요."

되는 프루티거체는 1975년에 샤를 드골 공항에서 사용하기 위해 디자인한 것이다.)

서체 외에도 텍스트 결정 시 고려할 사항들의 목록은 도무지 끝이 없는 듯 보인다. 가독성을 높이기 위해 자간, 행간, 단어간 등 온갖 사항들을 철저하게 숙고하고 시험하며, 심지어 가독성이 가장 높은 화살표 기호를 찾아내기 위한 연구도 있다. 그다음에는 그 화살표가 텍스트 사이에 어떤 크기, 어떤 위치에 있을 때 가장 잘 보일 것인지도 감안해야 하고…… 공항 표지판을 만들 때에는 아무리 눈곱만큼 작고 사소한 부분이라도 결코 소홀히 취급해서는 안 된다.

하지만 표지판 하나에 아무리 어마어마한 공을 들인다 한들, 이를 알아채는 사람은 없다. 물론 우리는 하딩이 만든 표지판을 '본다.' 그렇지만 그것들은 우리 뇌의 표면(무의식이라도 해도 무방하겠다.)을 순간적으로 스치고 지나갈 때, 그래서 일부러 생각할 필요 없이 정보가 저절로 주입될 때 가장 효과적이다. 하딩은 말한다.

"우리가 일을 잘하기만 하면 길 찾기는 사람들이 미처 눈치채지도 못하는 사이에 그들의 경험을 향상시킵니다."

대부분의 사람들에게는 남들에게 인정받거나 유명해지는 것이 성공의 평가 기준이지만, 하딩에게는 무명으로 남는 것이야말로 영예의 훈장이다.

하딩은 좀 더 넓은 맥락에서 고려해야 하는 숱한 세부 사항들(하지만 대중들은 잘 알아채지 못하는)을 하염없이 나열하기 시작했다. 그것들은 모두 3C를 기반으로 한다.

첫 번째 C는 연결성Connectivity이다. "길 찾기는 끝없이 이어진 사슬과 같습니다." 그는 말한다. 어떤 사람이 표지판을 따라가다 모퉁이를 돌았다고 하자. 그럼 그다음에는 무엇을 어떻게 해야 할지 말해 주는 새로운 표지판이 있어야 한다. "그중 하나라도 놓치면 사슬이 끊어지게 되죠." 다시 말해 길 찾기는 순차적인 과정이다.

연속성Continuity은 하딩이 앞에서 말한 거미줄이다. 많은 공항들이 거미줄의 한 부분을 변경하면서 시스템의 나머지 부분은 그대로 유지하려 하는데, 그렇게 하면 결국 연속성에 공백이 생긴다. 더불어 프로젝트의 규모가 커질수록 비선형적이고 비직관적인 상황들이 생겨난다. "'저기로 가서 좌회전하시오.'처럼 간단하지 않은 거죠." 하딩은 말한다. "그리고 목적지까지 가는 방법도 여러 가지고요."

비선형적 길 찾기의 한 가지 예는 하딩의 팀이 최근 작업하고 있는 필라델피아 공항에서 찾아볼 수 있다. 필라델피아 공항은 터미널 A-F로 구성되어 있는데, 미국 항공사는 그중 A, B, C, F 터미널에서 출발한다. 사람들은 보통 C 터미널에서 내리면 F 터미널까지 걸어서 환승할 수 있다고 생각하지만, 현재 E와 F 터미널은 A, B, C 터미널과 연결되어 있지 않다. 따라서 F 터미널로 가고 싶은 승객들은 터미널 밖으로 나갔다가 다시 검색대를 통과해야 한다. 미국 항공사들은 승객들이 밖으로 나갈 필요가 없도록 다른 터미널로 곧장 갈 수 있는 셔틀버스를 운행하고 있지만 모든 여행객이 그런 정보를 아는 것은 아니다. 자, 내 설명이 수능에 나오는 골치 아픈 수학 문제처럼 들린다면 하딩이 어떤 문제에 봉착해 있는지 이해할 수 있을 거다. 그는 말한다. "그런 셔틀버스가 운행되고 있고, 그것이 무슨 일을 하며 또 어디서 찾을 수 있는지 승객들에게 빠르고 확실하게 알려 주는 건 정말 어려운 일입니다."

세 번째는 일관성Consistency이다. "공항 길 찾기 시스템의 근간은 일관성입니다." 하딩은 말한다. 승객이 주차장에 도착하는 순간부터 비행기에 탑승할 때까지 모든 표지판의 용어, 서체, 기호, 형식, 색깔 등은 일관되게 구성되어야 한다.

유용한 길 찾기 시스템을 설계하려면 아주 세심한 주의를 기울여야 하는 만큼 잘못된 단서나 신호는 사람들의 눈길을 끌기가 쉽다. 내가 ATL의 구조를 설명하면서 T탑승동을 가장 먼저 언급하고 그다음에야 A, B, C, D, E, F 알파벳 순으로 설명한 것이 기억나는가? "과거의 유산이랄까요." 내가 T탑승동에 대해 묻자 하딩이 대답한다. 그것은 새로운 시스템에 남은 과거의 낡은 유산이다. 이런 현상은 대개 경제적인 문제 때문에 발생한다. 모든 안내판과 표지판을 교체하면 과도한 비용이 들기 때문에 지나치게 심각한 문제가 발생하지 않는 한 간혹 T탑승동처럼 어울리지 않는 요소들이 그대로 남는 것이다. 하지만 새로운 터미널이 완성되고 나면 어차피 표지판은 모두 교체해야 한다. 그렇다면 왜 모든 것을 올바른 자리에 배치하기 위해 그 많은 비용과 노력을 들여놓고도 이 이상한 T는 계속 남겨 놓은 걸까? 하딩은 경제적인 이유 외에 정치적인 이유가 있다고 시인했다. 그리고는 거기에 대해서 다시는 생각하고 싶지 않다는 양 멋쩍은 미소를 띠었다.*

다소 부정확한 평면도와 고개가 갸웃거리는 알파벳은 사소한 문제처럼 보이고, 실제로 많은 여행객들에게는 그렇다. 하지만 이런 특이점이 하나둘씩 모이면 그리 똑똑하지 못한 여행객이나 방금 대양을 건너 낯선 대륙에 처음 발을 들여놓은 피곤한 승객들은 이유도 모르는 채 묘한 불안감을 느끼게 된다. 하딩의 목표는 승객들이 공항 안에서 길을 잃지 않게 하는 것이 아니다. 승객들이 머리를 굴릴 필요 없이 목적지까지 빠르고 정확하게 단번에 도착할 수 있게 돕는 것이다. 약간의 실책을 접어둔다면, 그는 이 부문에서 진정한 대가다.

왜 하딩과 같은 몇몇 사람들은 자신이 속한 분야에서 대가가 되는 반면 다른 사람들은 그러지 못하는 걸까? 흥미롭게도 '익명성', 즉 남들로부터 인정이나 관심을 받지 못한다는 사실 자체에 해답의 일부가 있을지도 모른다. '외재적' 동기라 불리는 보상 제도나 타인의 의견 같은 외적 요소가 실제로는 섬세하고 정교한 작업의 수행 능력을 저하시킬 수 있

---

* 하지만 나는 포기할 수 없었다. 그래서 나중에 ATL 설계 계획 및 개발 부서의 조지 코테스(Jorge Cortes)에게 여러 차례 이메일을 보내 애초에 왜 알파벳 'T'가 사용되었고 어째서 지금까지 사용되는지 문의했다. 맙소사, 그 연유는 정말이지 너무 괴상하고 모호했다. 내가 이해할 수 있는 내용이라고는 그저 그것이 1980년대 이후 반복된 재건축과 설계, 추가 작업, 명칭 변경의 결과이며, "포커스 그룹의 의견에 따라 'T탑승동'이라고 부르기로 합의했다."는 것뿐이었다. 별로 만족스러운 대답은 아니었다. 그렇지만 나는 왜 하딩이 그의 합리적인 논리 체계에서 벗어난 사항들에 대해 거의 경이로운 수준의 너그러움을 발휘할 수 있는지 이해할 수 있었다.

다는 연구 결과가 있다. **자주 인용되는 유명한 실험을 예로 들자면,** 현재 프린스턴 대학에 재직 중인 심리학자 샘 글럭스버그Sam Glucksberg는 참가자들에게 창의적 발상이 필요한 복잡한 과업을 완수하는 데 대해 금전적 보상을 제시하면 그렇지 않은 참가자들보다 더 많은 시간이 걸린다는 사실을 발견했다. 외적 보상이 집중력의 범위를 제한함으로써 창의적 사고에 필요한 폭넓은 시각을 좁힌다는 이론도 있다. 위 실험에서는 금전만을 보상으로 주었지만, 돈과 명성은 모두 중요한 외재적 동기 요인으로 간주되며 하나가 다른 하나를 대체할 수도 있다. (연구에 의하면 많은 문화권에서 돈과 지위, 외모는 외재적 동기 요인으로서 같은 범주로 묶이는 경향이 있다.) 어렵고 창조적인 일을 탁월한 수준으로 해내고 싶다면, 한가지 비결은 외적 동기를 어느 정도 무시하는 것이다. 그 점에서 하딩은 유리한 고지에 있는지도 모른다. 왜냐하면 그는 외적 보상이나 인정받는 것에 대해 걱정할 필요가 없기 때문이다. 하딩을 비롯해 당신이 이 책에서 만나게 될 인비저블이 외부의 보상에 무관심하다는 얘기가 아니다. 다만 내적 동기와 보상보다 우선순위가 떨어질 뿐이다.

길 찾기 구축은 비교적 새로운 분야다. '길 찾기'라는 용어는 1960년대 MIT 건축 및 도시계획과 교수인 케빈 린치Kevin Lynch의 저서 『도시환경 디자인The Image of the City』에서 처음 사용되었다. "현대 도시에 거주하는 대부분의 사람들에게 길을 잃고 헤매는 것은 매우 드문 경험이다." 그는 이렇게 쓰고 있다. "우리는 주변 사람들은 물론 지도, 거리 이름, 표지판,

버스 안내판 등 특수한 길 찾기 도구들의 도움을 받는다. 그러나 자신이 어디 있는지 한번 혼동하게 되면 당혹감과 함께 공포심이 엄습해 오고, 그제야 우리는 방향감각이 우리의 안녕과 평온에 얼마나 밀접하게 연관되어 있는지 실감한다." 린치는 현대 도시처럼 복잡한 환경 속에서 길을 찾는다는 것이 얼마나 중요한지 이해하고 있었다. 시간이 지나면서 길 찾기 개념은 공항과 병원, 박물관 같은 크고 정교한 실내 공간을 포함하게 되었고 기업체나 대학교 같은 야외 공간까지 확대되었다. 오늘날 길 찾기의 하위 범주에는 웹 사이트와 비디오 게임 같은 가상 공간까지 포함된다. 대규모의 길 찾기 프로그램은 1만 개 이상의 표지판과 환경 단서로 구성된다. 따라서 길 찾기의 핵심은 고도로 조직화된 시스템을 계획하고 실현하는 것이다. 그 점에서 하딩은 풍부한 연구 조사와 도식, 그리고 도표로 채워져 있는 255쪽짜리 『공항 터미널과 출국 게이트를 위한 길 찾기 및 표지판 안내서*Wayfinding and Signage Guidelines for Airport Terminals and Landside*』의 주 저자라는 이점을 지니고 있다. 사람들은 흔히 디자이너는 매우 창의적이고 예술적이라고 생각하기 쉬운데 사실 디자인 업계에서 성공을 거두려면 양면적 특성을 지니고 있어야 한다. "[대개 길 찾기 시스템과 같은 범주로 분류되는] 환경 그래픽 디자이너는 양쪽 뇌를 모두 사용할 줄 알아야 합니다." 하딩이 말한다. "많은 디자이너들이 창조적인 재능을 갖고 있죠." 그렇지만 복잡한 대규모 프로젝트를 체계적이고 조직적으로 구성하려면 "분석적 해결 능력, 이른바 뇌의 다른 영역을 사용하는 능력"이 필요하다. 이 두 가지 능력에 모두 뛰어난 사람은 흔치 않다.

창의력과 분석력의 결합은 훌륭한 길 찾기 시스템을 설계하는 데 필수적이다. 공항 길 찾기 구축이라는 대규모 프로젝트에 착수하려면 설계에 앞서 방대한 데이터 수집부터 시작해야 한다. 여행객들을 대상으로 하는 설문 조사, 다양한 픽토그램pictogram 테스트, 동선 연구와 모델링은 산더미 같은 사전 연구 가운데 극히 일부분일 뿐이다. 소소한 세부 사항까지 얼마나 꼼꼼하게 따져 보는지, **렌트카 안내 표지판** 이해도에 대한 테스트 결과를 보라.

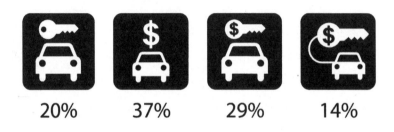

| 20% | 37% | 29% | 14% |

얼핏 보기에는 아무렇게나 고른 듯한 것들도 실제로는 무수한 분석을 거친 결과다. 나는 암스테르담 스키폴 국제 공항을 비롯해 전 세계 수많은 공항의 길 찾기를 구축한 네덜란드 회사 메이크세나르Mijksenaar의 임원인 허버트 시빙크Herbert Seevinck와 대화를 나눴다. 메이크세나르는 스키폴 공항 주차장에 일반적인 알파벳과 숫자 대신(일주일 동안 파리에서 휴가를 보낸 뒤에 공항 주차장 B23에 주차를 해 뒀다는 걸 기억할 사람이 어디에 있겠는가?) 등불, 나막신, 풍차, 튤립 등 네덜란드 문화를 뜻하는 상징들을 사

용했다. "주차장 이용객들을 조사하니 대부분 네덜란드인이더군요. 그래서 그 사람들이 쉽게 기억할 만한 그림을 사용했습니다." 그 결과 대부분의 여행객들, 특히 아이들이 주차 장소를 쉽게 기억할 수 있었다.

메이너드 잭슨 터미널의 지하층에서 우리는 전철에서 본 것과 똑같은 지도를 보았다. 안내판의 한쪽에는 "탑승동 T, A, B, C, D, E ↑", 그리고 다른 쪽에는 "게이트 F1-F14 ←"라고 적혀 있다. 엄밀히 보자면 "탑승동"과 "게이트"는 서로 다른 것이지만, 이 경우에는 의미도 보다 확실하고 일관성 원칙에도 충실하게 "게이트 T, A, B, C, D, E"라고 적는 편이 나았을 것이다. 왜냐하면 어차피 여행객들의 목적지는 그곳이고, 이해하기도 훨씬 쉽기 때문이다.

공항 길 찾기의 가장 기본적인 문제는 경우에 따라 용어의 쓰임새가 다르고 현재 당신의 위치에 따라 단어를 대체할 수 있다는 점이다. 정확히 말하자면 터미널은 들어가서 탑승권을 받고 짐을 검사받고 보안 검사대를 통과하는 곳이고, 탑승동은 해변가 부두처럼 생긴 긴 복도로 각각의 게이트가 개인 계류장처럼 차례대로 뻗어 있는 곳이다. 하지만 일부 작은 공항들은 터미널이 하나밖에 없기 때문에 터미널과 탑승동이 통합되어 있다. 어떤 공항은 '터미널'과 '탑승동'을 혼용한다. 또 다른 공항들은 지금 하딩과 내가 보고 있는 안내판처럼 '게이트'와 '탑승동'을 번갈아 사용한다. 하딩의 안내서에서도 이 같은 사실에 대해 다루고 있는데, 길 찾기 전문가라고 항상 주장을 관철할 수는 없는 법이다.

아마 대형 공항에서 길 찾기의 플라톤적 이상(理想)향을 실현할 수는 없을 것이다. 공항은 비용 문제 때문에 과거의 유산을 남기는 편을 좋아하고, 건축가들은 기능 면에서는 떨어져도 미학적으로 아름다운 것을 선호하는 등등 완벽한 구조를 구현하는 데 필요한 비용과 다양한 이해관계가 항상 그것을 가로막을 것이기 때문이다. 항공사와 공항 관리, 운영, 보안, 건축 설계, 그리고 길 찾기 부문은 프로젝트의 설계 단계에서부터 서로 경쟁하는 동시에 협력해야 한다. 다른 모든 이들처럼 하딩의 팀도 다른 부서와 필연적으로 타협하고 어느 정도 모습을 숨겨야 하며, 다른 이들의 아이디어 속에 그들의 일이 자연스레 녹아들어야 한다. 하지만 하딩의 목표는 다른 이들과는 달리 그들의 일이 보이지 않게 하는 것이다. 다른 관계자들의 이해관계 속에 함몰되거나 이리저리 휘둘리거나 실권을 잃는 것이 아니다. 그의 일이 가장 완벽한 형태로 실현되려면 사용자들의 머릿속에 남지 않게 만들어야 한다.

우리는 살면서 거의 모든 분야에서 열악하거나 수준 이하의 서비스나 제품, 경험을 기대하도록 훈련 받았다. 그러므로 어쩌다가 예상과 달리 훌륭한 것들을 마주치면 금세 눈치 채기 마련이다. 유능한 웨이터는 팁을 많이 받고 좋은 영화는 별 다섯 개를 받는다. 제시간에 착륙하는 비행기는 승객들로부터 안도의 한숨을, 때로는 박수갈채를 받기도 한다. 하지만 하딩에게 기대하는 것은 '완전무결함'이다. 그가 하는 일의 미학은 만약 그가 올바르게 일을 해낸다면 그 결과가 다른 사람들의 눈에 보이지 않는다는 데 있다. '고객의 소리' 상자에 완전무결한 길 찾기 시스템을 칭찬하는 쪽지를 넣는 사람은 없다. 하딩이 하는 일은 매일같이 수천, 수만 명의 사람들에게 영향을 미치지만 그들은 그가 맡은 일을 훌륭하게 해냈다는 사실을 알지도 못하고 고마워하지도 않을 것이다.

조용한 긍정은 대다수 사람들이 바라거나 기대하는 것과는 정반대다. (이런 교육은 아주 어렸을 때부터 시작한다. 두 살짜리 내 아이가 계단을 기어오를 때, 아이가 한 발 내딛을 때마다 나도 모르게 "옳지, 옳지, 잘한다!"고 중얼거리곤 했다.) 나는 하딩에게 최종 소비자가 완벽한 시스템을 바라면서 막상 그 완벽함을 인지하지 못한다면 그가 얻는 보상은 무엇이냐고 물었다. "프로젝트를 끝내고 그 결실을 눈으로 보면 말로는 형용하기 힘든 엄청난 뿌듯함이 밀려오죠. 난 아직도 부모님한테 내가 무슨 일을 하는지 제대로 설명도 못합니다. 이 일을 다른 사람의 관심이나 찬사를 얻고 싶어서 시작했다면 진즉에 때려치웠죠." 그는 대답했다. 또 그는 "길 찾기 퍼즐을 맞추는 것"을 즐긴다. "모든 프로젝트는 다 같으면서 또 다 다릅니다. 사람들이 길을 헤매는 건 똑같은데 해결책은 늘 다르거든요. 난 새로운 지평을 탐구하는 걸 좋아합니다. 어떤 프로젝트든 예전에는 본 적이 없는 새로운 경험을 할 수 있게 해 주거든요." 하딩은 잠시 내 질문을 곰곰이 생각해 보더니 대답했다. "플로리다에 18만 제곱미터나 되는 커다란 병원이 하나 있습니다. 길 찾기 시스템을 빼면 모든 면에서 평판이 아주 좋은 병원이죠. 그런데 길 찾기 만족도는 겨우 26퍼센트였어요. 하지만 우리가 설계를 다시 하고 일 년 후에는 만족도가 84퍼센트로 올랐더라고요! 그걸 보니 엄청 기분이 좋더군요. 하지만 그런 피드백을 받는 경우는 정말 드물어요." 하딩이 아직까지도 정확한 비율을 기억하는 걸 보니 그런 반응이 매우 드문 일이라는 말을 믿지 않을 수가 없었다. "내가 이 일을 하는 건 이걸 잘한다는 걸 알기 때문이죠. 일하는 과정 자체를 좋아하기도 하고요."

인비저블을 접할 때마다 세 가지 특성 중 첫 번째, 곧 타인의 인정을 받는 데 있어 양면적인, 혹은 무관심한 태도를 반복적으로 맞닥뜨리게 된다. 앞에서도 말했듯이 이는 철학과 종교, 심리학이 공통적으로 뿌리를 두고 있는 개념이다. 사람들은 그 말이 옳다는 것을 대부분 본능적으로 알고 있지만, 인기와 명성의 의미가 '중요한 것'으로 확장되면서 이제 이런 정석과 같은 메시지는 사회적 분위기와 불안감에 잠식되어 점차 희미해지고 있다. (이에 대해서는 5장에서 더 자세히 살펴본다.) 이 책의 주제를 한 문장으로 요약하면 '일을 통해 인정받기보다 일 자체에서 보람을 얻는 것이야말로 가치 있는 일이다.'가 될 것이다.

캘리포니아 대학 리버사이드 캠퍼스의 심리학과 교수이자 베스트셀러 『행복도 연습이 필요하다*The How of Happiness*』의 저자 소냐 류보머스키 박사 Dr. Sonja Lyubomirsky는 외부의 인정을 추구하지 않는 것은 매우 뛰어난 능력이며, 서로 마주 보고 사는 삶을 영위할 수 있게 해 준다고 말한다. "그런 특성은 많은 사회 비교 이론 논문에서 두드러지게 나타납니다." 내게 보낸 이메일에서 그녀는 이렇게 썼다. "많은 연구 조사가 행복한 사람들은 남들과 비교를 덜 하고, 내적 기준에 따라 만족감을 얻는다는 것을 보여 주지요." 한때 풀브라이트 장학생이었으며 노스다코타 주 비스마르크에 있는 메리 대학University of Mary의 성서학 교수인 리로이 휘젱가Leroy

Huizenga는 이렇게 지적했다. "행복이 외적 포상(褒賞)이 아닌 내면에서 비롯된다는 것은 많은 종교의 핵심 요소입니다. 특히 기독교를 윤리 강령으로 격하시킨 일부 계몽주의 사상가들은 더욱 그렇게 여겼고요. 하지만……." 그는 말을 이었다. "기독교[의 보다 엄격한 해석에 따르면]에서 가르치는 것은 현대 심리학과 상당히 유사합니다. 세속에 속한 것들, 흔히 말하는 돈, 섹스, 권력은 지상에서조차 심원하고 영원한 행복을 안겨주지 못하지만 이웃을 돕고 내재적 보상을 추구하는 사람들, 즉 인비저블은 늘 흡족하고 행복할 것이라고 말이지요."

《성격 연구 저널Journal of Research in Personality》에 발표된 한 연구에서 심리학자 마이클 스티거Michael Steger, 토드 캐시단Todd Kashdan, 시게히로 오이시Shigehiro Oishi는 에우다이모니아eudainonia적 행위가 미치는 심리적 영향을 연구했다. '에우다이모니아'란 고대 그리스 철학에서 비롯된 개념으로 보다 심오한 행복의 상태, 즉 풍족하고 융성한 삶 정도로 해석할 수 있다. "개인의 안녕에 대한 에우다이모니아 이론은 본질적으로 뜻깊은 노력을 통해 개인의 완전한 잠재력을 성취하는 것이 얼마나 중요한지 역설한다." 저자들은 별개의 두 연구를 통해 "에우다이모니아적 행위와 쾌락이나 물질적 재화를 얻기 위한 행위 중 어느 쪽이 개인의 안녕과 더욱 밀접하게 연관되어 있는지 실험했다. 두 실험 모두 에우다이모니아적 행위가 향락적 행위에 비해 개인의 안녕과 좀 더 깊은 연관성이 있음을 일관되게 보여 주었다." 그들의 연구는 짐 하딩이 이미 알고 있는 사실을 뒷받침한다. 물질적이나 외적 향락이 아니라 자신에게 의미 있는 일이야말로 깊고 진실되며 오랫동안 유지되는 행복을 선사해 준다는 사실 말이다.

이 책의 의도는 여러 인비저블의 이야기를 들려줌으로써 독자 여러분이 무수한 소음을 헤치고 이 메시지에 공명하게끔 하는 것이다. 자신이 하는 일의 모든 면모를 속속들이 즐기는 사람은 드물다. 그러므로 가능하다면 일을 하면서 스스로 격려하고 자긍심을 느끼고 만족할 수 있는 요소를 찾아 거기에 초점을 맞추고 증폭시키는 것이 중요하다. 만약에 아무리 뒤져 봐도 지금 하는 일에서 그런 면을 찾을 수 없고 그럴 수 있는 상황이 아니라면, 하루라도 빨리 내재적 보상을 얻을 수 있는 다른 일자리를 찾아보는 편이 낫다. 그로써 당신이 얻을 수 있는 이로움은 어마어마할 것이다.

"전국에 일감이 널려 있기 때문에 우리가 한 일을 오래 확인하지는 못합니다." 하딩은 말한다. "꽃을 피우는 일과 비슷하죠. 물을 주고, 잡초를 뽑아 주고, 그러다 꽃이 피면 한 며칠 감상하고 끝입니다." 프로젝트가 완료되면 팀원들이 현장을 추후 검증하긴 하지만 하딩이 현장을 다시 방문하는 경우는 거의 없다. (이 14억 달러짜리 터미널은 4년의 공사 기간을 거쳐 2012년 봄에 문을 열었는데, 우리가 그곳을 방문한 것은 이듬해 겨울이었다.) 하딩이 나를 데리고 메이너드 잭슨을 다시 찾은 것은 대단히 이례적인 일이다. 그는 주위를 둘러보더니 미소를 지으며 고개를 끄덕인다. "내가 한 일을 둘러볼 핑계거리가 생겨서 참 좋네요."

"난 어렸을 때부터 칭찬을 받으면 이상하게 쑥스러웠어요." 하딩이 말한다. 그는 학교에서 그림을 잘 그린다는 칭찬을 들었지만 그런 이목을 끄는 것 자체가 끔찍했다. "사람들의 주목을 받는 게 싫었죠." 하지만 그는 디자인에 관심이 있었고 남들과 소통하길 원했다. 길 찾기는 그에게 조용하고 눈에 띄지는 않지만 주변에 큰 영향력을 끼칠 수 있는 시각적 소통 방법을 제공해 주었다. 녹음 기사인 앤디 존스도 무수한 사람들에게, 정확히 말하면 수백만 명의 사람들에게 그의 이름을 내세우지 않고도 방대하고 직접적인 영향을 끼쳤다. 「엑자일 온 메인 스트리트」를 녹음하던 어느 날 밤, 그는 믹 재거^{Mick Jagger}에게서 빌 와이먼^{Bill Wyman} 대신에 베이스 주자가 되어 달라는 이해하기 힘든 제안을 받았다. "어, 그게 말입니다. 당신한테는 이 일이 아무것도 아닐지 모르지만……. 당신이 빌 와이먼을 쫓아내면 난 집에 가 버릴 겁니다." 그는 믹 재거에게 이렇게 대꾸했다. 생각해 보라. 때는 1970년이었고, 당신은 피가 뜨겁게 들끓는 한창때의 사나이다. 그런데 방금 롤링 스톤스 멤버가 되어 달라는 제의를 거절한 것이다! 그건 마치 호메로스의 『오디세이^{The Odyssey}』에서 인간이 올림포스의 신으로 만들어 주겠다는 제안을 거절한 것과도 같다. 자기가 하는 일을 어지간히 좋아하지 않고서는 상상도 못할 일이다.

빛! 공기! 햇빛! 그리스 신화 이야기가 나와서 말인데, 우리는 방금 에스컬레이터를 타고 지상으로 올라왔다. 여기는 F탑승동인데, 이제야 여기가 새로 지어진 건물이라는 게 실감난다. 널찍한 공간으로 올라오니 머리 위로 높이 솟은 천장과 두 개 층에 걸쳐 멀리까지 길게 늘어선 면세점이 시야 가득 들어온다. 에스컬레이터 뒤쪽에는 거의 10미터나 뻗은 유리창 너머로 바깥 활주로에 대기 중인 비행기가 보인다. 이 아름다운 풍경은 우리가 방금 뒤로 하고 떠나 온 음울한 아래층의 분위기와 대조되어 더욱 눈부시게 느껴진다. 드넓은 유리창 너머로 장엄한 제트 여객기를 내다보고 있으려니 여행 중에 낯선 이와 사랑에 빠지는 고전적인 로맨스 스토리가 상상의 나래를 편다. (이런 배경과 분위기에서라면 잠시 길을 잃고 헤매도 괜찮겠다는 생각이 들었다.)

창문을 등지고 서니 쇼핑몰에 온 기분이다(천장에 네온등이 물결치고 있긴 하지만). 승객들은 국제선 항공기를 타려면 공항에 넉넉한 시간 여유를 두고 도착해야 한다는 것을 알고 있으며, 그 말인즉슨 검색대를 통과하고 나면 한동안 여기서 시간을 죽여야 한다는 뜻이다. 공항이 쇼핑몰처럼 보이는 것은 바로 그런 이유에서다. 이러한 사실은 아직 우리가 논하지 않은 길찾기의 아주 중요한 요소를 끄집어낸다. 바로 돈이다. 나는 처음 ATL에 도착했을 때부터 어딜 가나 넓고 뚜렷한 시야를 확보할 수 있다는 것을 깨달았다. 이는 여행객들이 한 자리에서 최대한 많은 상점을 볼 수 있게 하기 위해서다. 앞으로 10시간 내내 건조한 재활용 공기로 가득한 알루미늄 원통 안에 꼼짝없이 앉아 있어야 한다는 생각에 사로잡힌 여성 여행객이라면 키엘Kiehl's 간판이 눈에 들어오자마자 곧장 '클리얼리 코렉티브 하이드레이팅 모이스처 에멀전'을 집어 들고 계산대로 갈 것이다.

공항의 관심사는 여행객들을 행복하게 만드는 데 있다. 곧 그들이 길을 잃거나 시간을 낭비하지 않도록 해야 한다. 하지만 효율적인 길 찾기 시스템은 또 다른 목적으로도 활용된다. 하딩의 고객은 공항 이용객들

인비저블

이지만(또는 병원 환자들이나 박물관 관람객), 그 점에서는 프로젝트의 의뢰인도 마찬가지다. 그 둘의 이해관계는 때로는 겹치고 때로는 상충된다. 라스베이거스 공항은 미국에서 가장 신속한 보안 검색 체제를 자랑하는데, 여행객들이 공항 검색대에서 줄을 서서 기다리기보다 어서 빨리 터미널에 있는 슬롯머신 앞에 앉기를 바라기 때문이다. 신속한 보안 검색 시스템은(물론 효율성이 저하되지 않는다는 전제하에서) 양측 모두에게 유익하다. 나는 하딩에게 최근에 플로리다의 포트 로더데일Fort Lauderdale 공항에 다녀온 이야기를 했다. 그때 아내는 돈을 아끼기 위해 공항 내에 있는 대형 렌트카 회사가 아니라 공항 부지 밖에 있는 현지 회사에서 차를 빌렸다. 우리는 비행기에서 내려 렌트카 안내 구역을 찾아갔지만 크고 잘 보이는 유명 렌트카 회사의 간판과 책상, 그들의 자동차는 있었으나 우리가 예약한 회사에 대한 정보는 어디에서도 찾을 수가 없었다. 그 주변을 샅샅이 뒤졌지만 헛수고였다. (두 살 반짜리 어린애를 데리고 그렇게 돌아다니는 게 얼마나 신나고 재미있는 일이었는지 상상이 갈 거다.) 우리는 한참 뒤에야 찾던 것을 발견할 수 있었다. 조그마한 간판 하나에 중소 렌터카 회사들의 이름이 한꺼번에 등록되어 있었다. 렌터카 주차장으로 가는 셔틀버스 정류장 설명도 애매모호하고 헷갈렸다. 우리는 문 밖에서 어디서 셔틀버스를 타야 할지 몰라 우왕좌왕하고 있는 가족을 둘이나 더 만났다. 한마디로 길 찾기 시스템이 형편없었다는 얘기다. 그 이유가 뭘까? "돈 때문이죠." 하딩이 잘라 말했다. "공항 외부에 있는 회사나 서비스한테서는 수익을 올릴 수가 없거든요." 공항 측은 경제적으로

도움이 안 되는 회사들을 홍보해 줄 이유가 없고, 그래서 수익을 안겨 주는 회사들을 찾기 쉽게 만드는 데 '주력'한다.

경제적인 문제 외에 정치적인 문제도 있다. 터미널로 이어지는 문 위에는 "메이너드 홀브룩 잭슨"이 커다란 대문자로 적혀 있고 그 아래에는 작은 글씨로 "국제 공항"이라고 쓰여 있다. "국제선 터미널"이 공항 이름보다 훨씬 더 중요한 정보임을 감안하면 별로 바람직하지 못한 선택이다. 하지만 의사 결정권을 가진 높은 사람들에게는 공항 이름이 더 중요한 모양이다. 적절한 훈련을 받은 사람의 눈에는 정치와 경제, 그리고 이용객의 이익 사이에서 서로 밀고 당기는 권력 다툼이 좀 더 명확하게 보인다. 하지만 다행히도 대부분의 길 찾기 시스템은 사용자의 편의에 맞춰져 있으며, 이것이 늘 정치 및 경제적 이해관계와 상충할 필요는 없다.

하딩과 나는 '도착' 출구를 통해 건물 밖으로 나왔다. '택시', '주차장 셔틀', '차터 버스', '호텔/나눠 타기 셔틀' 등의 지상 교통 표지판이 보인다. 각각의 표지판들은 고유의 색으로 구분된다. 택시는 노란색, 주차장 셔틀은 주황색이다. 그리고 인도를 내려다보면 바닥에 글씨뿐만 아니라 색깔까지 맞춘 정류장 표지가 붙어 있다. 그러니 정류장이 너무 멀리 떨어져 있어 글씨를 읽을 수 없다고 해도 색깔(먼 거리에서는 글자보다 더 알아보기 쉽다.)만으로도 충분히 어디로 가야 할지 알 수 있다. 만약 관계자들의 이해관계가 존재하지 않고 어떤 옵션을 사용하든 비용이 동등하다는 전제가 주어진다면 하딩의 일은 이처럼 견고하고 명확한 논리 체계에 충실할 것이다.

다시 건물 안으로 들어온 하딩과 나는 화장실에 가기로 했다. 어느 정도 시간이 지나자 나는 길 찾기에 사용되는 상징과 이미지에 대해 생각하기 시작했다. 응급 처치를 의미하는 십자가, 정보 안내를 뜻하는 굵은 물음표, 여자 화장실을 의미하는 치마 입은 사람과 지금 내가 보고 있는 남자 화장실 문에 그려진 특징 없는 '사람'의 형상. 이런 미니멀리즘 상징들은 어딜 가나 비슷하다. 미적 세계의 독재자라고 해도 과언이 아닐 정도다. 그렇다면 전 세계 남자 화장실은 어쩌다 이런 거의 똑같이 생긴, 손도 발도 목도 없는 막대기 위에 둥근 머리가 둥둥 떠다니는 표식을 사용하게 된 걸까? 너무 익숙한 나머지 깨닫기가 힘들지만 이런 이미지들, 특히 남자 화장실 기호는 전 세계에서 공통적으로 사용하는 가장 대표적인 이미지 중 하나다. (그건 그렇고 이 남자 화장실 이미지는 디자인 업계에서 "헬베티카맨"이라고 불린다. 왜냐하면 헬베티카체와 이 표식은 "유사한 미적 형태와 관념을 지니고 있기 때문이다." 뉴욕 시 쿠퍼휴잇 국립 디자인 박물관Cooper-Hewitt National Design Museum의 큐레이터 엘렌 럽튼Ellen Lupton의 설명이다.)

픽토그램(사물, 시설, 행위 등을 이해하기 쉽게 그린 상징 — 옮긴이)과 이데오그램ideogram(사물이 아니라 사고를 나타내는 기호)은 대략 3만 년 전 인류가 동굴에 그림을 시작했던 무렵부터 우리 옆에 존재했다. 하지만 오늘날 우리가 아는 단순한 시각적 상징들이 완성된 것은 지난 백 년 사이에 일어난 일이다. 20세기 초반에 자동차가 유행하면서 1909년에 파리에서 교통 신호에 대한 최초의 국제적 합의가 이뤄졌다. 1930년대에는 오토 노이라트Otto Neurath라는 오스트리아 경제학자가 누구나 쉽게 이런 이미지들을 이해할 수 있도록 도해 및 도표로 정리하고 국제 표준화를 위해 매진했다. 노이라트는 마치 인비저블에 대해 설명하듯이 "**각자의 개성을** 표출하는 19세기 디자이너들과는 달리 현대의 그래픽 디자이너는 개인의 개성과 독창성을 희생하고 전달하고자 하는 주제를 중시해야 한다."고 주장했다. 1936년 베를린 올림픽 때에는 최초의 올림픽 픽토그램이 사용되었고, 1964년 도쿄 올림픽 때에는 한 단계 더 발전하여 추상적이고 기하학적 상징을 이용하여 "방문객들에게 스포츠 및 일반 정보에 관한 사실들을 전달"했다. 그러나 현대의 상징 시스템이 본격적으로 자리잡은 것은 1972년 뮌헨 올림픽 때였다. 오틀 아이허^{Otl Aicher}의 단순하고 근사한 올림픽 픽토그램은 오늘날 우리가 흔히 접하는 상징 문자들의 전형적인 예시다. (그보다 몇 해 전인 1968년에는 독일 공항들이 픽토그램 문자를 통일하려는 시도를 한 적이 있었다. 독일인들은 일관되고 효과적인 안내 및 신호 체계를 확립하고자 하는 지나친 열정을 소유하고 있는 것 같다.) 근래 우리가 공항에서 볼 수 있는 기호와 상징들은 주로 미국 그래픽아트 협회^{American Institute of Graphic Arts, AIGA}가 1974년에 만든 '상징 도안 모음'에서 유래한 것이다. 그중에는 우리의 친구 헬베티카맨도 있다. 국제 표준화 기구 ISO의 상징 도안 모음 역시 광범위하게 사용된다.

물론 어떤 기호 체계도 중립적이지는 않다. 어떤 이들은 전 세계 어디서나 볼 수 있는 헬베티카맨과 그와 관련된 여러 상징들을 문화적 오만이라고 생각할지도 모른다. 하지만 이처럼 누구나 쉽게 알아볼 수 있는 이미지가 무척 유용하다는 사실에는 의심의 여지가 없다. 이런 그림들은 여행과 의사 소통, 상업 활동 등을 쉽고 간편하게 만들어 준다. 그렇다면 그 대가로 우리가 잃은 것은 무엇일까? '남자'를 뜻하는 픽토그램이 일반적인 '사람'을 의미할 때 우리는 어떤 메시지를 인식하게 되는가? 여자가 아닌 남자가 치마를 입는 문화권에서는 그들 문화가 반영되지 않은 이런 상징을 어떻게 받아들일까? 네덜란드 기업인 메이크세나르의 허버트 시빙크는 아부다비 공항의 길 찾기 구축을 맡게 되었을 때 화장실에 디슈다샤(중동의 전통 의복)를 입은 그림을 사용해야 할지를 놓고 회사 내부적으로 활발한 논의가 있었다고 말한다. 하지만 그들은 결국 공항 측에 국제 표준을 따르는 편이 낫다고 조언했는데 바로 외국 여행객 때문이었다. 영어가 세계 공용어 취급을 받고 아시아에서든 아프리카에서든 미국에서든 공식석상에서 서양식 정장이 자연스럽게 통용되는 요즈음, 우리의 픽토그램도 전 세계인이 이해하고 소통할 수 있는 상징이 된 것이다.

에브리데이 레이디

섹시 스위스

그러나 이런 국제적인 표준 이미지에도 어느 정도 해석의 폭은 존재한다. 이탈리아 나폴리 공항에서 사용되는 택시 표시는 피아트[Fiat]와 생김새가 비슷하다. 독일 프랑크푸르트 공항은 일반적인 '여성' 기호의 치마가 너무 짧다며 치마 길이를 늘렸다. 제네바에서는 여성의 몸매를 더 풍만하게 그려 달라는 요청을 하기도 했다.

문화 및 정치적 배경 외에도 기호나 상징은 만듦새에 따라 특정 결과를 야기할 수 있다. 가령 평면에서 위쪽을 가리키는 화살표는 대개 '직진'을 의미한다. 한편 네덜란드 고속도로는 도로 위 차선에 주목하라는 의미로 아래쪽을 가리키는 화살표를 사용했는데, 곧 그 표지가 자동차의 속도를 늦춘다는 사실을 발견했다. 마찬가지로 위쪽을 가리키는 화살표는 사람들이 자동차를 더욱 빨리 몰게 만들었다. 현재 그들은 아예 상향 화살표를 속도를 높이라는 의미로 사용함으로써 교통 흐름을 향상시키고 있다. 이는 시빙크의 지적처럼 표지판이나 기호가 예상 외의 심리적 영향을 끼친 한 사례라 할 것이다. 아래를 향한 화살표는 현재 당신이 위치한 지점, 위를 향한 화살표는 목적지를 의미하기도 한다.

단순하고 널리 사용되는 픽토그램과 어디서나 흔한 산세리프체가 합쳐지면 전 세계 모든 공공장소들은 서로 구분이 안 갈 정도로 비슷해 보인다. 다시 말해 지구상 어딜 가든 모든 안내판이나 표지판이 똑같아 보인대도 당신은 미친 것이 아니다. 대부분 정말로 똑같기 때문이다. 이는 하딩과 그의 동료들이 만든 신호들이 얼마나 효과적이고 동시에 얼마나 아이러니컬한지를 말해 준다. 어디에서나 볼 수 있는 보편성과 편재성 때문에 도리어 눈에 잘 띄지 않는 것이다. "내 아내는 내가 막대기 위에 삼각형 옷을 그리는 걸로 먹고 산다고 농담을 하죠." 하딩이 말한다. "사람들에게 내가 무슨 일을 하는지 말해 주면 보통은 고개를 갸우뚱합니다." 이런 단순한 표지와 상징들이 인지적 수준으로 기억에 남거나 인상적으로 느껴지는 경우는 관례에서 벗어났거나 독특할 때, 또는 직관적으로는 이해가 안 될 때다.

하지만 여기 한 가지 주목할 점이 있다. 사실 표지판은 길 찾기 시스템을 구축하는 이들이 가장 마지막에 사용하는 방법이다. 길 찾기에 대한 가장 큰 오해는 그것이 안내 및 표지판 시스템과 동일하다는 것이다. 표지판은 물론 길 찾기의 일부분이긴 하나 무수한 구성 요소 중 하나일 뿐이며, 대개는 최후의 수단이다. "길 찾기에 가장 큰 영향을 끼치는 요소는 건축 설계입니다." 하딩은 말한다. 시빅크는 내게 "표지판이나 안내판은 적으면 적을수록 좋습니다."라고 말했다. 가장 이상적인 길 찾기는 안내판이나 표지판이 필요 없는 것이다. 『설계 이론 안내서*Decoding Theoryspeak: An Illustrated Guide to Architectural Theory*』에서 엔 오츠Enn Ots는 "표지판과 같은 공공연한 수단은 건축 설계가 사용자가 건물 혹은 야외 공간 내에서 길을 찾도록 돕는 데 실패했다는 의미다."라고 썼다.

그리고 바로 그 지점에서 길 찾기는 과학에서 예술의 영역으로 발돋움하게 되는 것이다. 길 찾기 설계자들이 건물의 설계에 관여하게 되면 이야기는 더욱 흥미로워진다. 안내판이나 신호들은 어디로 가야 할지 명시적인 정보를 제공하지만, 세심하게 계획되고 설계된 공간 안에서 우리는 스스로 깨닫지도 못한 다양한 새 방향으로 유도된다. 이런 점에서 하딩이 하는 일은 이용자의 눈에 띄어서는 안 된다. 적어도 의식적으로는 말이다.

하딩과 나는 방금 국제선 터미널로 들어왔다. 해외로 떠나는 승객들은 대부분 여기에서 여정을 시작한다. 순간 이상한 느낌이 들었다. 국제선에 사람이 별로 없는 한가한 평일 낮이라 눈에 띈 것 같다. 탑승 수속 카운터가 터미널 공간 내에 비스듬한 각도로 배치되어 있었다. 간단히 말해 터미널의 앞뒤 벽이 커다란 'Z'의 위아래 수평선 부분이라면 부스가 가운데 사선을 따라 배열되어 있었던 것이다. 보통 공항 터미널에 들어서면 작은 매점들 뒤쪽으로 카운터가 수평 혹은 수직으로 늘어서 있거나 아예 불규칙적으로 배치되어 있는데, 이곳의 탑승 수속 창구들은 사선으로 나란히 뻗어 있다. 어째서 이런 독특한 각도로 세워져 있는 걸까?

광활한 터미널의 오른쪽 끝에는 보안 검색대가 있다. "승객들은 결국 저쪽으로 가야 합니다." 하딩이 짧게 설명한다. "그래서 저절로 저쪽으로 움직이게 카운터를 배치한 거죠." 인간은 대다수 동물들과 마찬가지로 지리적 환경을 따라 이동하는 경향이 있다. 공항에서 바글거리는 비참한 인간 무리들을 어차피 저쪽으로 몰아야 한다면, 이동 속도를 촉진하는 것은 여러 모로 이로운 방법이다. 어쨌든 어디로 가야 할지 몰라 고개를 두리번거리며 방황하는 사람들이 탑승 시간에 늦어서 헐레벌떡 뛰어가는 승객의 앞길을 막는 것은 달갑지 않은 일이다. 그들은 다른 여행객들에게 길을 물을 수도 있다. 직원들에게 질문 공세를 퍼부어 그들의 귀한 시간을 빼앗을 수도 있다. 아니면 실제로도 자주 그렇듯이 터미널 한가운데 우두커니 서 있을 수도 있다. 하지만 통로를 사선으로 만들어 놓으면 당신은 결국 보안 검색대로 가게 될 수밖에 없다. 그리고 설사 그것만으로는 부족하다고 해도 사선의 시야는 보안 검색대를 좀 더 쉽게 포착해서 어디로 가야 할지 재빨리 깨닫게 해 준다. 나도 수많은 공항에서 탑승 수속을 해 봤는데, 항공권을 받은 다음 어디로 가야 할지 몰라 구석을 배회하거나 카운터 뒤를 수십 번 왔다 갔다 하곤 했다.

탑승 수속을 효율적으로 돕기 위한 또 하나의 탁월한 조치는 탑승 수속 창구에 항공사 표시가 없다는 것이다. 대신에 모든 카운터 위에 커다란 LCD 모니터가 설치되어 있어 어떤 창구에서 어떤 항공사의 수속을 밟을 수 있는지 알려 주기 때문에 효율성과 융통성을 최대로 거둘 수 있다. 이는 모든 항공사가 입구에서 가장 가까운 창구를 돌아가며 사용함으로써 출발 시간이 가까울 때 승객들의 접근성을 높이기 위한 취지다. 예전에는 여행객들이 바로 옆에 있는 텅 빈 델타 항공 창구를 놔 두고 저 멀리 보이지도 않는 유나이티드 항공사 창구를 찾아가야 했다.

나는 처음으로 안내판을 찾는 것을 멈추고 주위를 둘러보았다. 항상 거기 있었지만 전에는 미처 알지 못했던 세세한 정보들이 마치 카메라 렌즈에서 필터를 벗긴 듯이 한꺼번에 밀려들었다. 검색대가 있는 건너편 오른쪽 벽은 금색이지만 다른 벽들은 모두 차가운 회색이다. 나는 단순히 인테리어일 따름이라고 생각했으나 하딩은 배경색의 변화가 내가 가야 할 방향과 새로운 구역의 시작 지점을 알려 주는 미묘한 신호라고 일러 주었다. 검색대를 통과하려면 신발을 벗어야 한다는 생각에 빠져 있거나, 이메일을 보내려고 스마트폰을 들여다보고 있는 사람들은 벽의 페인트색이 변하든 말든 별로 신경 쓰지 않는다. 하지만 우리 뇌의 무의식적인 영역이 "어, 저기만 다르잖아."라고 깨달은 뒤에는 저쪽으로 가야 한다고 속삭이는 것이다.

길 찾기 시스템이 이런 은근슬쩍한 방식을 사용하는 주된 목적은 물론 고객들을 돕기 위해서다. 하지만 효율성을 높이기 위한 방법이기도 하고, 어느 정도는 경제적인 이유도 있다. 넓은 시야각을 확보해 한 지점에서 최대한 많은 것을 볼 수 있게 하는 것은 길 찾기의 가장 효과적인 수단 중 하나다. 하지만 이것이 항상 계획대로 실현되는 것은 아니다. 1970년대에 설립된 하얏트 리젠시 애틀랜타Hyatt Regency Atlanta는 최초의 아트리움atrium(건물의 중앙 홀. 보통 높은 천장 위에 유리를 덮은 넓은 공간 ─ 옮긴이) 호텔로 간주되는데 이후 호텔 설계 동향에 지대한 영향을 끼쳤다. "대형 호텔은 구조가 복잡해서 고객들이 헷갈리거나 길을 잃기가 쉽습니다." 워싱턴 DC에 있는 미국 건축 박물관National Building Museum의 선임 큐레이터 마틴 묄러Martine Moeller의 말이다. "아트리움을 기반으로 하는 건물은 설계만 제대로 하면 매우 탁월한 길 찾기 시스템을 만들 수 있습니다. 넓고 열린 공간인 호텔 '로비'에서 한눈에 호텔의 주요 장소들을 볼 수 있으니까요. 설계가 뛰어난 건물에서는 고객이 특정 장소에서 레스토

랑과 만남의 장소, 프런트 데스크, 콘시어지 데스크, 엘리베이터, 그리고 객실까지 한눈에 볼 수 있죠."

훌륭한 길 찾기 시스템은 특수한 용도로 활용될 수도 있다. 워싱턴 DC에 위치한 성 콜레타 학교는 학습 장애가 있는 아동들이 다니는 특수 학교다. "만화처럼 특이하게 생긴 형형색색의 부속 건물로 구성되어 있는데, 각각의 건물은 순환 통로로 연결되어 있습니다." 뮐러는 설명했다. "부속 건물들의 독특한 형태는 아이들이 자기가 어디 있는지 파악하고 그들에게 의미 있는 다양한 건물 요소들을 구분할 수 있게 해 주죠."

사람은 중력을 따라 이동하는 경향이 있기 때문에 2층짜리 쇼핑몰은 2층으로 연결되는 입구의 수를 최대한 늘리길 원한다. 힘든 일은 모두 엘리베이터와 에스컬레이터가 도맡아 주는데도 인간의 내적 성향은 여전히 무의식을 지배한다. 2층 입구의 숫자를 늘리는 데에는 시야각 요인 또한 고려해야 하는데, 올려다보는 것보다 내려다보는 것이 더 용이하기 때문이다. 2층에서는 우리가 원하는 가게를 훨씬 쉽게 찾을 수 있다.

격자 모양의 맨해튼 거리는 디자인계에서 가장 유명하고 모범적인 길 찾기 시스템이다. 거리들은 서로 직각으로 교차되고 도로명은 차례대로 숫자로 분류되며, 넓은 시야 덕분에 동서남북이 시각적으로 구분된다. (맨해튼 섬이 살짝 경사가 진 탓이다.) 반면에 다른 많은 대도시 거리는 동심원으로 배열되거나 아예 지리적인 배치가 되어 있지 않아 길을 잃기가 일쑤다.

이런 격자형 구조는 편리하기도 하지만 훌륭한 길 찾기는 주변 환경과 어우러져야 한다는 사실을 새삼 확인시켜 준다. 뉴욕의 도시 계획이 처음 제출되었을 때, 사람들은 기존의 익숙한 지형이 사라진다는 데 한탄했다. 심지어 혹자들은 오늘날까지도 도로의 각도와 통일성에 대해 비판하고 있는 실정이다. 다큐멘터리 영화 「뉴욕 크루즈The Cruise」에서 영화의 주인공이자 뉴욕의 전설적인 투어 가이드 티모시 "스피드" 레비치Timothy "Speed" Levitch는 이렇게 말한다. "격자식 도시 계획은 우리의 나약함에서 비롯된 거지." 그의 말에 따르면 그것은 지나치게 획일적이고, 뉴욕을 구성하는 "다양한 민족 및 집단들의 끝없는 변화, 다양한 수준의 의식과 사상을 반영하지 못한다."

짐 하딩은 대부분의 사람들처럼 '뒷문으로' 길 찾기 분야에 발을 들여놓았다. 길 찾기 회사들은 그래픽 디자이너, 산업 디자이너, 건축가, 인테리어 디자이너 등 다양한 전문가들로 구성되어 있는데 메이크세나르에는 직원 중에 심리학자도 있다. 하딩은 대학 시절 두 명의 사장이 운영하는 건축 표지판 회사에서 일했다. 그는 그들이 고용한 최초이자 유일한 직원이었다. 그는 이 일을 하며 상당한 자율권을 누렸고, 풍부한 경험을 얻었으며, 당시 급성장 중이던 길 찾기 분야를 조금이나마 엿볼 수 있었다. "모든 걸 다 조금씩 배워야 했지요. 우린 간판을 제작하고 조립했지만 이미지를 직접 디자인하지는 않았어요. 그런데 디자이너들이 내놓은 결과물을 보곤 '나도 이거보다는 잘하겠다!' 하는 생각이 들더라고요." 1986년에 대학을 졸업한 후 그는 그레샴, 스미스의 신입 디자이너로 입사했고 그 뒤로 줄곧 그 회사에서 일하고 있다. 하딩은 말한다. "그땐 길 찾기라고 부르지도 않았어요." 현재 길 찾기 전문가들이 모인 환경 그래픽 디자인 협회Society for Environmental Graphic Design, SEGD에는 1,600명 이상의 회원들이 있다.

길 찾기 분야가 처음 걸음마를 시작했을 때에는 안내 및 신호 체계와 크게 관련되어 있었다. 그러다 시간이 지나자 보다 광범위하고 통합적인 방향을 추구하기 시작했다. 내가 "은근슬쩍한 길 찾기"라고 감탄한 것에 대해 하딩은 이렇게 설명했다. "표지판을 최소한으로 사용하는 이유 중 하나는 사실 경제적인 데 있습니다. 하지만 그보다 더 큰 이유는 여행객들이 직관적인 경험을 할 수 있게 하기 위해서죠. 내키는 대로 아무렇게나 걷다 보면 자연스레 가야 할 곳에 도착해 있게 말입니다. 훌륭한 건축 설계는 훌륭한 길 찾기 시스템을 구축하게 해 줍니다." 오늘날 일부 길 찾기 회사들은 기존의 용어를 사용하는 것을 꺼려 한다. 그들이 하는 광범위한 일들의 의미를 너무 제한한다고 여기기 때문이다. SEGD를 소개하는 50장의 슬라이드에도 '길 찾기'라는 단어는 찾아보기 힘들다. 허버트 시빙크는 그의 회사가 이제 길 찾기와 안내 및 신호 체계에서 두 단계 위에 있는 '흐름과 경로'에 보다 초점을 맞춘다고 말했다.

암스테르담에 있는 한 지하철역에서, 메이크세나르는 승강장으로 내려가는 인파의 흐름과 위로 올라가려는 흐름이 서로 충돌한다는 사실을 발견했다. 지하철에서 하차한 승객들은 승강장을 가로질러 계단을 올라야 했고 그 과정에서 계단을 내려오는 사람들과 부딪치곤 했던 것이다.

그러나 이런 '흐름의 충돌'을 예방하는 데에는 한 가지 작은 변화만으로도 충분했다. 바로 에스컬레이터의 방향을 바꾸는 것이었다. 건축 설계와 관련된 것도 아니고 그리 중요한 사항도 아니건만, 이 사소한 차이는 상반된 방향으로 이동하는 인파가 서로를 방해하지 않고 순조롭게 흐를 수 있게 도와주었다. 건축 설계의 초기 과정에 개입하는 길 찾기의 목적은 흐름을 바꾸는 것이 아니라 설계 구조가 가장 효율적으로 작동할 수 있는 경로와 동선을 디자인하는 것이다. 이상적인 길 찾기는 누구도 의식적으로 알아차리지 못해야 하며, 그 기능과 형태 또한 전반적인 구조에 완전히 스며들어야 한다. 하지만 하딩과 시빙크 같은 이들이 쉼없이 매진하고 있건만 완벽한 길 찾기 시스템의 구축은 아직도 요원해 보인다.

얼마 전 시빙크는 암스테르담에 있는 세계 무역 센터에서 약속이 있었다. 무역 센터의 주차장은 지하에 있었는데, 천장은 낮았고 건물 안으로 들어가려면 엘리베이터를 타야 했다. "사람들은 밝은 곳을 향해 가는 경향이 있습니다." 시빙크가 말했다. 그의 회사는 흔히 조명 설계팀과 함께 일하는데, 조명은 사람들이 길을 찾기 쉽게 도와주기 때문이다. "난 차를 주차한 다음 엘리베이터를 찾기 시작했죠. 그런데 아무리 찾아도 엘리베이터는 없고 비상구뿐이더군요." 그는 어두운 지하 주차장에 조명이 밝혀진 곳은 비상구뿐이었다고 설명한다. "엘리베이터는 심지어 그보다도 더 천장이 낮은 곳에 있었어요. 문은 짙은 파란색이었고요. 그 엘리베이터를 찾는 데 자그마치 20분이나 걸렸습니다."

＊

짐 하딩은 주어진 일을 멋지게 해내는 것에서 보람을 찾고 도전 의식을 느낀다. 비록 그가 최고의 성과를 냈다 할지라도 다른 사람은 이를 알아차리지 못하지만 말이다. 대다수의 사람들은 적어도 부분적으로는 외적 기준에 의해, 특히 금전과 타인의 인정을 받는 데 고무되고 자극받는다. 하지만 흥미롭게도 그 두 가지 요소를 쟁취하는 이들, 곧 가장 눈에 띄는 사람은 본질적으로 인비저블과 많은 공통점을 지닌다. 다시 말해 인비저블의 특성을 얻기 위해 반드시 인비저블이 될 필요는 없다는 얘기다. 얼핏 보기에는 모순으로 느껴질지도 모르지만, 타인의 인정이나 높은 보수처럼 외적 보상을 얻는 가장 좋은 방법은 그것들을 겨냥하기보다 오히려 내적 목표를 지향하는 것이다.

세계 정상급 운동선수에 대해 얘기하다 보면 흔히 '경쟁의 짜릿함'이라는 진부한 표현이 딸려오는 법이다. 하지만 진정으로 뛰어난 코치나 선수들은 내적 동기에 따라 행동한다. 이러한 현상은 특히 농구나 테니스가 아닌 비주류 스포츠 분야에서 더욱 두드러지게 나타난다. 1970년 중반부터 1980년대 초반 사이, 빌 로저스Bill Rogers는 보스턴 마라톤과 뉴욕 시 마라톤 경기에서 숱한 기록을 세웠고《스포츠 일러스트레이티드Sports Illustrated》의 표지를 두 번이나 장식했으며 그의 고향을 기리는 의미에서 "보스턴 빌리"라는 별명을 얻었다. 또 그는 그 후로 30년이 지난 지금까지 미국의 거리를 휩쓸고 있는 달리기 열풍의 선두주자이기도 하다.

(아버지가 마라톤을 좋아하는 우리 집에서 로저스는 '누구나 아는 이름'이었다.) 하지만 1970년대 초반 로저스가 거리에서 고된 훈련을 할 때만 해도 장거리 육상은 비주류에 속했고, 그가 보스턴 거리를 달리고 있노라면 사람들은 야유를 던지곤 했다. "이봐, 누가 쫓아오기라도 하는 거야?" "어디 불이라도 났나 보지?" 혹은 "어이, 예쁜이! 속옷 멋진데!" 맥주 깡통에 맞을 뻔한 적도 부지기수였다. 로저스는 그의 회고록 『마라톤맨*Marathon Man*』에서 당시의 분위기를 이렇게 전한다. "미식 축구는 스포츠였다. 육상은 괴짜나 동성애자가 하는 짓이었다." 부자가 될 리도 없고 명성을 얻을 리도 없건만, 로저스는 대관절 왜 달렸던 것일까?

그때 당시 많은 사람들이 내가 마라톤에 너무 많은 시간을 허비한다고 말했다. 그들은 이렇게 물었다. "왜 그런 짓을 하지? 돈이 나오는 것도 아니잖아." [하지만] 나는 경제적 보상이 따르지 않는 활동은 아무 가치도 없다는 의견에 동의하지 않는다. 나는 그저 내가 좋아하는 일을 하는 것이 좋았다……. 이 점을 이해하기 바란다. 육상 선수에게 앞으로 나아가는 것은 곧 기쁨의 근원이다.

로저스는 그 뒤로 명성을 얻었지만 그가 초기에 계속 달릴 수 있었던 것은 육상에 대한 열정과 사명감 덕분이었다. 가끔 찌그러진 맥주 깡통이 날아오긴 했지만 그도 기본적으로는 인비저블이었다.

하지만 주류에 편입해 성공한 이들에게도 돈과 명성이 궁극적인 목표인 경우는 대단히 드물다. 노련한 작가인 대니얼 페이스너*Daniel Paisner*

는 이른바 유령 작가로, 우리 시대의 유명한 운동선수와 정치가, 그리고 연예인들과 함께 많은 책을 출간했다. 지난 25년간 덴젤 워싱턴^{Denzel Washington}과 에드 코흐^{Ed Koch}, 세레나 윌리엄스^{Serena Williams}를 비롯해 크게 성공한 유명인들을 도와 그들의 이야기를 널리 퍼트린 페이스너라면 그들의 동기와 보상에 관해 말할 자격이 충분할 것이다. 페이스너는 내게 말했다. 각자 하는 일은 다양했지만 그들은 모두 "최고가 되기를 추구했을 뿐 명성을 바란 게 아니었습니다. 그들이 원한 것은 명성도, 값비싼 반지도, 조건 좋은 계약도 아니었습니다. 내가 같이 일한 사람들이 추구한 목표는 대부분 그런 게 아니었죠."

짐 하딩과 앞으로 이 책에서 만나게 될 인비저블은 페이스너가 아는 유명인이나 막후의 실세들과는 거리가 먼 듯 보인다. 하지만 눈에 띄는 분야든 그렇지 않은 분야든 그들 모두가 지금과 같은 성공을 일궈 낸 것은 일에서 느끼는 가치와 동기, 성취감이 서로 밀접하게 연결되어 있기 때문이다. 페이스너는 그의 작업 과정에 대해 친절하고 싹싹하게 설명해 주었을 뿐만 아니라 내 책의 기본 전제에 대해서도 길고 자세한 이야기를 들려주었다. 내 책의 표지에 저자로 표기될 나는 동료 작가로서 그가 몸담고 있는 특이한 분야에 대해 호기심이 일었다. 페이스너가 공동 저자라는 지위를 인정받는다고 해도 어쨌든 독자들은 '코흐'나 '윌리엄스'에 정신이 팔려 그의 이름에는 눈길조차 주지 않을 테니 말이다. 그래도 나는 그가 프로젝트를 시작할 때마다 어떻게든 공동 저자라는 권리를 따내기 위해 협상을 벌였고 그 싸움에 졌을 때에만 '유령 작가'로 활동했을 것이라고 미뤄 짐작했다. 약간이라도 공을 인정받는 편이 아예 없는 편보다는 나을 테니까. 하지만 페이스너는 별 차이를 느끼지 않았다. "어쨌든 대필은 대필이니까요." 그는 말했다. "공동 저자든 아니든 하는 일은 똑같습니다." 공동 저자로 인정되느냐 마느냐는 대개 마케팅을 어느 쪽으로 하느냐에 달려 있다. "우피 골드버그는 내게 무척 고마워했지만 출판사는 표지에 그녀의 이름만 있으면 책이 훨씬 더 잘 나갈 거라고 생각하더군요. 나도 괜찮다고 했고요. 솔직히 별로 상관없었거든요. 어쨌든 중요한 건 그 일이 얼마나 재미있으며 그 과정에서 내가 뭘 했는가 하는 겁니다. 난 「데일리 쇼The Daily Show」에 출연하고 싶지도 않고 서점에 내 이름이 없어도 개의치 않아요."

페이스너의 바람은 그의 글이 각광받으면서도 자신은 무명으로 남는 것이다. "늘 이런 상상을 해요. 비행기를 탔는데 옆 사람이 내가 쓴 책에 푹 빠져서는 한마디도 안 하는 겁니다." 그가 말했다. "난 사람들이 내 책을 읽는 걸 보는 게 좋아요. 표정이랑 몸짓을 관찰하면서 어느 부분이 특히 마음에 들었는지 짐작해 보기도 하고요. 해변 같은 데서 내가 쓴 책을 읽는 사람들을 자주 보는데, 그때마다 아내나 친구들이 내 비밀을 폭로해 버리더라고요. 내 꿈은 그냥 녹아드는 겁니다. 아무도 알아보지 못하게요."

②

치밀성

'타인의 인정에 연연하지 않는 태도'와 '치밀성'이 결합되면
'탁월성'을 지향하는 여정에 가속도가 붙는다.

고등학교 졸업반 때 에이미라는 여자애와 짧게 사귄 적이 있다. 나는 에이미를 꽤 오랫동안 좋아했는데, 마침내 용기를 내어 데이트 신청을 했을 때 놀랍게도 "좋아."라는 대답을 들은 것이다. 하지만 우리 사이는 고작 몇 주일밖에 가지 못했다. 흔한 얘기지만 얼마 가지 않아 내가 에이미를 진짜로 좋아한 게 아니라 그 애를 좋아한다는 생각 자체를 좋아했다는 사실을 깨달았기 때문이다. (아마 에이미도 마찬가지였던 것 같다.) 하지만 에이미에게는 내가 상상도 하지 못한 점이 한 가지 있었다.

그로부터 20년이 훌쩍 지난 지금도 첫 데이트 날 그 애의 집 현관 앞에서 기다리던 내 모습이 눈에 선하다. 에이미가 나를 향해 걸어오고 있었다. 흥분해서 눈앞이 아찔할 정도였다. 항상 멀리서만 좋아했는데 겨

우 몇 센티미터도 떨어지지 않은 곳에 그 애가 있다니. 에이미한테서는 정말이지 가슴이 아릴 정도로 좋은 향기가 났다. 불붙은 석탄이 열기를 뿜어내듯 향기가 퍼져 나왔다. 나는 황홀경에 빠졌다. 그것이 그녀가 뿌린 향수이리라고는 짐작조차 하지 못했다. 그것은 그냥 '에이미'였다. 향기의 가장 놀라운 점은, 옷이나 다른 모든 장신구는 둘째치고 그 향을 내뿜고 있는 당사자와 합쳐져 하나의 이미지가 된다는 것이다. 그것이 바로 아내가 평소와 다른 향수를 뿌리면 내가 당황하고 처음 만났을 때 뿌린 향수를 뿌리면 편안함을 느끼는 이유다.

마법 같은 향을 제조하려면 특수한 능력의 조합이 필요하다. 바로 철저한 과학적 훈련과 추상적인 은유를 향기로 치환하는 예술적 감각이다. 내가 에이미한테서 나는 꽃향기를 들이마셨을 때 내 머릿속에는 오직 에이미밖에 떠오르지 않았다. 조향사(調香士), 즉 실제로 내 앳된 마음을 사로잡은 향기를 만든 진짜 대가는 공식에 포함되지도 않았던 것이다. 그뿐만 아니라 향수의 이름은 우리를 그 창조자로부터 더 멀리 떨어뜨려 놓는다. 본능적으로 향수에 붙은 유명인의 이름이나 형용사가 각인되기 때문이다. "내가 엘리자베스 테일러를 위한 향수를 만들었을 때 우리 어머니가 이러더군요. '하지만 엘리자베스 테일러는 자기가 직접 향수를 만드는걸!'" 데이비드 애펠David Apel이 웃음을 터트렸다. 애펠은 조향사다. 업계에서는 보통 그들을 '코쟁이'라고 부른다. 그가 일하는 심라이즈Symrise는 세계 향수 시장을 좌지우지하는 5대 기업 중 하나이며, 이들 회사들은 '고급 향수'(애펠의 전문 분야)는 물론 기본적으로 시중에 판매되는 모든 소비자 제품에 함유되는 향을 제조한다. 세탁용 세제에서부터 방향제, 향초, 그리고 '무향' 로션까지 말이다. (그렇다, '무향'은 인공적으로 만든 향기다.)

나는 지금 파크 애비뉴 한복판에 우뚝 솟은 고층 건물에 있는 애펠의 사무실에 와 있다. 창밖으로 보이는 맨해튼 상공 위로 가벼운 새털구름이 두둥실 흘러간다. 책상 위에는 컴퓨터와 두꺼운 서류들이 요즘 그가 개발 중인 향수가 담긴 색유리병들과 함께 서로 넓은 자리를 차지하려고 다투고 있다. 근사하게 다듬어진 잿빛 머리, 날렵한 짙은색 청바지와 빳빳한 흰 와이셔츠를 입은 애펠은 또렷하고 부드러운 목소리를 지녔다. 느긋하고 여유로우면서도 한편으로는 정밀한 과학과 태평한 예술의 조합으로 성공한 사람다운 신중함이 엿보인다. 애펠은 지난 20년 사이 가장 크게 성공한 향수들을 개발하고 제조했다. 이름만 대면 알 것 같은 캘빈 클라인Calvin Klein의 남성용 "에스케이프Escape", 휴고 보스Hugo Boss의 "휴고Hugo", 엘리자베스 아덴Elizabeth Arden의 "선플라워Sunflower", 그리고 블랙 오키드Black Orchid를 비롯해 톰 포드Tom Ford의 몇몇 히트작들까지. 애펠의 뛰어난 능력도 능력이지만 그가 유명 브랜드와 디자이너, 유명 인사의 이름 뒤에 숨어 활동한다는 사실은 더더욱 신기한 일이다. 애펠이 만든 향수에는 모두 숨겨진 뒷이야기가 있지만 내가 유독 알고 싶은 것은 그중 하나였다.

2004년 말, 유명 힙합 프로듀서이자 사업가, 가수인 퍼프 대디Puff Daddy, 일명 피 디디P.Diddy, 디디Diddy, 본명 션 콤스Sean Combs가 션 존Sean John이라는 브랜드로 패션계의 거물로 떠올랐다. 션 존의 소유주 겸 수석 디자이너인 콤스는 수천만 달러의 수익을 올렸을 뿐만 아니라 미국 패션 디자이너 협회Council of Fashion Designers of America, CFDA로부터 올해의 남성복 디자이너상까지 수상했다. 그런 그가 수익성은 높지만 어마어마하게 경쟁이 치열한 고급 향수의 세계에 뛰어들 준비를 하고 있었다. 향수 브랜드를 출시한 최초의 남성 유명 인사가 되는 것이다. 당시 데이비드 애펠은 그의 보이지 않는 코가 되기 위한 최고 조향사들의 난투극에 합류했다. 최고급 향수는 왠지 모르게 고상하고 화려한 세계를 연상시킨다. 그러나 실제로 그것을 창조하는 틈새시장, 그 어두운 커튼 뒤에서는 피 튀기는 경쟁과 심리 게임이 벌어지고 있으며, 당신도 적들도 싸움이 끝날 때까지는 자신이 어디에 와 있는지조차 알지 못한다. 당신이 사용할 무기는 뉴욕의 건물 숲 위로 떠다니는 구름처럼 만질 수도, 볼 수도 없다. 그 향수의 이름은 "언포기버블Unforgivable"이 될 터였다.

애펠의 어머니가 어떻게 생각하든 제이 로J Lo나 레이디 가가Lady Gaga 같은 유명인은 물론 심지어 캘빈 클라인이나 구찌 같은 디자이너들도 그들의 이름을 내건 향수를 직접 만들지는 않는다. 그들은 에스티 로더Estee Lauder나 코티Coty, 프록터 앤드 갬블Proctor & Gamble, 엘리자베스 아덴 같은 회사들과 손잡고 **심라이즈 같은 조향 회사**와 계약을 맺고 상품을 만든다. 조향 회사들은 먼저 코티 등 중개인 역할을 하는 회사의 '핵심' 목록에 오르기 위해 경쟁하고 그런 다음에는 새로운 사업을 따기 위해 다른 조향 회사들과 다퉈야 한다. 이 같은 절차는 핵심 목록 회사들에 '브리프 brief'를 배포하는 것으로 시작하는데, 브리프란 새로 만들 향수의 기본 개념과 발상에 대해 간단히 설명하는 것이다. "아주 길고 복잡한 브리프도 받아 봤고, 영상으로 된 것도 받아 봤습니다. 유명 가수가 기획하는 거라면 노래 CD를 받을 때도 있지요." 애펠이 말한다. "사진 한 장 없이 글만 적힌 한 장짜리 브리프도 받은 적이 있습니다."

"피 디디가 산 트로페즈San Tropez에서 열었던 유명한 파티가 생각났죠. 지중해의 그 상쾌한 분위기요. 브리프를 처음 받아들었을 때부터 뇌리에서 그 이미지가 떠나지 않았어요." 애펠이 기억을 더듬는다. "물론 다른 사람들은 다른 이미지를 떠올렸겠지만요." 션 존과 제휴한 에스티 로더에 제안서를 제출할 때까지 아이디어를 향기로 표현할 기한은 3주일이었다. 일반적으로 조향 회사는 샘플을 여러 개 제시하는데, 때로는 같은 회사에 근무하는 다른 조향사들이 한 프로젝트에 동시에 지원하기도 한다. 즉 일감 하나를 두고 외부뿐만 아니라 내부에서도 경쟁이 일어나는 것이다. 당시에 애펠이 일하고 있던 지보당Givaudan은 여섯 개의 샘플을 제출했다. "에스티 로더는 서른 개쯤 되는 제안서를 추려 열 개 남짓으로 줄인 다음, 예선을 통과한 팀들에게 변경 사안이나 보완점을 제시합니다. 지보당에서 제출한 샘플 중에서 1차전에 통과한 것은 제가 만든 것뿐이었죠." 애펠이 말한다. "에스티 로더에서 일하던 친구가 영 탐탁치 않다는 듯이 말한 게 기억납니다. '당신네들은 하나밖에 통과 못했어요.'라고 했죠. 그렇지만 나는 기분이 아주 좋았어요. 그래서 그 사람에게 이렇게 말했지요. '하나면 충분합니다.'" 합격 통보를 받았을 때 출장 중이었던 애펠은 곧장 뉴욕으로 돌아와 2차 심사를 준비하기 시작했다.

그 후로 2주일 동안 애펠은 에스티 로더의 수정 권고에 맞춰 6~8가지의 다양한 변형 샘플을 만들었다. 그는 마치 새로운 요리법을 고민하는 요리사처럼 가장 먼저 머릿속으로 향수를 조합한 다음 상상 속의 향기를 만들어 낼 공식을 종이에 적는다. 그것을 연구실에 보내면 연구원들이 공식에 맞춰 향수를 조제하고, 약 한 시간 후면 결과물이 돌아온다. "향이 마음에 들 때까지 몇 번이고 조합을 바꾸고 또 바꾸죠." 그가 말한다. "아마 하루에 서른 개쯤은 만들 겁니다. 2주일이면 '수백 개'죠." 애펠이 설명했다. "머릿속으로만 상상하던 향을 코로 직접 맡으면 다른 걸 시도할 새로운 아이디어를 얻거나 처음 만든 공식에서 마음에 안 드는 부분을 발견하게 됩니다. 아니면 고객에 관한 새로운 정보를 얻어서 ─ 이쯤 되면 그 사람들도 지중해나 다른 요구 사항에 대해 말하고 싶을지 모르니까요. ─ 그걸 토대로 변화를 줄 수도 있죠." 새로 수정한 버전의 향수를 완성했지만 애펠은 아직 디디를 만나 보지도 못했다. 어떤 유명 인사들은 조향사에게 직접 연락을 취하지 않는다. 모든 일은 중간에 있는 중개 회사를 통해 이뤄진다. 반대로 향수 조제 과정에 깊이 개입하거나 밀접한 소통을 원하는 사람도 있다. 두 번째로 제출할 향수가 완성되었을 때, 애펠은 디디가 어느 쪽에 해당하는지 아직 감을 잡지 못한 상태였다.

애펠에게 지중해의 상쾌함freshness이란 정확하게 무엇을 의미하는 걸까? 눈부신 흰색 양복을 걸친 디디가 리비에라 해안에 떠 있는 보트 위에서 샴페인을 마시는 이미지를 어떻게 향수로 표현할 수 있을까? "그걸 알고 싶다면 향수의 역사부터 설명해야 합니다." 애펠이 말한다. "근대의 향수 제조업은 지중해 유역을 중심으로 발달하기 시작했습니다. 어떤 면에서 지중해 연안은 향수에 쓰이는 모든 향료의 발상지죠. 비터 오렌지bitter orange도 그렇고, 베르가못bergamot도 그렇고요." 그러더니 덧붙였다. "또 내 아내가 프랑스 사람이에요. 그래서 지중해에서 많은 시간을 보냈지요. 개인적으로 그 지역을 자주 오고가기도 했고요. 그런 경험들은 내게 깊은 인상을 남겼습니다. 에스케이프와 휴고(애펠이 성공시킨 향수)에는 바다와 관련된 성분과 상쾌한 오존향, 해변의 느낌을 넣었죠. 그런 향은 독특한 감성을 자극합니다. 난 그런 노트note(하나의 원료, 혹은 여러 원료들의 배합에서 나오는 후각적 인상 — 옮긴이)들이 좋아요."

애펠은 션 존의 향수에 광귤나무와 시스투스, 드라이플라워, 유향나무, 그리고 백리향처럼 지중해 연안 관목 지대에서 발견되는 허브와 식물들을 사용했다. 그런 다음 가장 중요한, '오존향이 느껴지는' 짭짤한 바다 공기를 결합시켜야 했다. 애펠의 말을 빌리면 오존향은 "감전된 것처럼 짜릿하고 톡 쏘는 느낌을 줍니다. 그런 효과를 내려면 내가 뭘 원하냐에 따라 다양한 향료를 배합하는데" 1960년대 화이자Pfizer가 발견한 합성 향료로 일부 조류(藻類)가 분비하는 페로몬과 비슷한 구조의 "칼론은 특히 아주 강력하죠. 나한테는 방금 간 굴과 비슷한 향이 납니다." 이름에서 알 수 있듯이 꽃향기 오존 노트를 가진 플로라존[florazone]도 매우 중요하다. "그대로 쓰기도 하고 다른 향과 섞어서 쓰기도 합니다. 가령 플로라존을 비터 오렌지와 같이 사용하면 지중해 느낌을 낼 수 있죠." 시골길의 느낌을 내고 싶다면 오존향과 싱그러운 풀향을 배합한다. 흙이나 땅 냄새를 재현하고 싶다면 거기에 내 아내가 '흙 맛'이라고 표현하는 비트[beet]향이 나는 천연 물질인 지오스민[giosmin]을 더한다. "어떤 노트는 감촉이 느껴져요." 그는 마치 냄새를 만질 수 있기라도 하는 양 말한다.

다른 모든 예술가로처럼 조향사로서의 삶은 그의 창조성을 드러낸다. 애펠에게 여행은 무척 중요하다. 수년 전에는 마다가스카르에서 한 달간 야영을 했다. 그는 열대 우림 위에 떠 있는 비행선의 사진을 보여 주며 말했다. "정글 안팎을 날아다니며 꽃을 찾았죠." 정글 같은 외지에서 무언가를 반입하는 것이 금지되어 있기 때문에 조향사는 꽃이나 다른 식물의 향기를 보관하고 싶다면 밀폐된 용기에 공기를 담아 와야 한다. 대개는 식물 위에 종 모양의 유리 덮개를 씌운 다음 "향기가 고이도록 얼마 동안 기다렸다가 안에 있는 공기를 빨아들여 카본 트랩[carbon trap](숯이나 탄소덩어리의 기공에 냄새 분자를 가두는 장치 ─ 옮긴이)에 넣습니다. 그걸 밀봉하고 가져와서 분석하는 거죠." 그러나 기술적인 분석은 향기를 재창조하는 과정의 일부분일 뿐이다. 그만큼 중요한 다른 자료는 애펠의 현장 기록이다. 그는 꽃 옆에 앉아 이 향기를 똑같이 재현할 수 있을 것 같은 향료들의 배합을 적는다. 이는 어찌 보면 일종의 안전장치라고 할 수 있다. 때로는 유리 덮개가 제대로 작동하지 않을 수 있기 때문이다.

만약 그런 일이 생기면 나중에 그가 참조할 수 있는 것은 직접 작성한 기록뿐이다. 또 향료의 화학 구조를 안다고 해서 그 향을 반드시 재현할 수 있는 것도 아니다. 애펠이 향기에서 느낀 인상도 중요하다. 과학과 예술이 하나로 합쳐졌을 때에만 궁극적 결과를 얻을 수 있다.

"하지만 그런 여행은 자주 할 수 있는 게 아니죠." 애펠이 말한다. "대부분은 일상생활 중에서 포착합니다. 휴가를 가거나 근사한 해변에서 시간을 보내고 돌아올 때면 그 향기도 같이 갖고 오는 거지요." 지금은 허드슨 밸리에 살고 있지만 오랫동안 맨해튼의 어퍼 웨스트사이드에 살았던 애펠은 매일 출근할 때마다 센트럴 파크를 가로지르곤 했다. "일년 내내 센트럴 파크에서 얼마나 멋진 냄새가 나는지 알면 놀랄 겁니다." 나는 그의 과장된 표현을 깨닫고는 재빨리 겨울에도 냄새가 나느냐고 물었다. "그럼요! 그 차가운 언 향이야말로 모두가 만들고 싶어서 안달이 나 있는 건데요. 코끝을 찡하게 만드는 싸늘하고 밝은 금속성 느낌 있잖습니까. 그게 우리가 만들고 싶은 겁니다."

전화가 왔다. 디디가 새 샘플을 시험하러 직접 사무실에 들르겠다는 연락이었다. 디디는 비서와 에스티 로더의 연락 담당, 그리고 두 명의 카메라맨으로 구성된(당시에 그가 가는 곳마다 영상을 찍던 시기였기 때문에) 작고 소박한 수행단을 몰고 왔다. 힙합 거물은 1인 기업과도 같다. 그들은 한 번에 여러 꿀단지에 손가락을 담그고 있다. 애펠은 디디가 늘 여러 가지 일을 한꺼번에 처리하고 있다는 사실을 알아챘다. "거기에 익숙해지는 데 꽤 오래 걸렸습니다." 내가 아는 어떤 정보원(그는 들키면 사이가 나빠질지 모른다며 익명으로 남길 원했다.)은 힙합계의 거물인 러셀 시몬스 Russel Simmons와 일한 적이 있는데 회의하는 내내 다른 사업 때문에 블랙 베리를 만지작거리느라 그를 똑바로 쳐다보지도 않았다고 한다. 하지만 디디는 전혀 뜻밖의 행동을 했다. 모두가 회의 탁자에 자리를 잡은 뒤에도 전화 통화를 하느라 자기가 다른 이들의 소개말을 듣지 못했다는 것을 알고는 누가 입을 열기도 전에 사과 비슷한 말을 건넸다. "요즘 너무 할 일이 많아서 말입니다." 애펠에 따르면 아이러니컬하게도 그 후로는 디디가 회의에만 전념했다고 한다.

지보당 직원이 테스트용으로 자기 팔을 제공했다. "사람 피부에는 특유한 향이 있지만 시향지(試香紙)는 그렇지 않거든요." 애펠이 말했다. 지보당 직원은 각각의 향수마다 팔의 다양한 부위에 뿌린 다음 디디에게 다가가 평가를 받았다. "디디는 마음에 든 것들을 몇 개 골랐고, 그가 가고 나자 우리는 다시 보완 작업에 들어갔습니다." 이번에도 수백 번에 걸쳐 수정이 이뤄졌다. 애펠이 지중해의 상쾌함을 재창조하기 위해 노력하는 동안 디디는 다른 조향 회사들을 방문해 그들의 샘플을 확인했다. "정말 치열했죠." 애펠이 말한다. 그는 지보당에서 경쟁에 참가한 유일한 조향사였기 때문에 동료들과 팀을 이뤄 일했다. "모두가 힘을 합쳐 도와주었습니다. 우리 코쟁이들은 냄새를 맡는 방식이라든가 감식력 같은 게 다 다르거든요." 그는 말한다. 어쩌면 누군가는 애펠이 놓친 특이한 노트를 구분하거나 찾아낼 수 있을지도 모른다.

그 후로 몇 주일 동안 애펠은 에스티 로더와 세 번째, 네 번째 모임을 가졌고 그때마다 다르게 변형한 여러 개의 샘플을 선보였다. "고객은 이 향수의 '상쾌한' 느낌과 저 향수의 '따스함'을 좋아할 수도 있습니다. 그러면 그 두 가지 특색을 하나로 통합할 방법을 찾아야 하죠." 애펠의 말이다. "아니면 하나의 향을 두세 개나 그 이상으로 분리해야 할 때도 있어요. 성분 하나를 골라서 그걸 중심으로 새로운 향을 만드는 거지요." 새로운 샘플을 내놓을 때마다 애펠은 조제법에 대해 매우 세심하고 꼼꼼한 기록을 남기는데, 향수에는 대부분 50개 또는 그 이상의 향료가 포함되어 있다.

컴퓨터가 세상을 지배하기 전까지만 해도 애펠은 그 모든 원료와 배합을 종이에 손수 써서 간직했다. 그는 그런 종이가 빼곡하게 들어 있는 서류철을 하나 꺼내 수년 전에 쓴 조제법 하나를 보여 주었다. 거기에는 블랙커런트 봉오리와 복숭아 노트, 프룬 노트, 클로브 봉오리, 카네이션, 카모마일, 수선화가 포함되어 있었다. "이것들은 전부 전혀 다른 종류의 향료들입니다. 그렇지만 처음에 하나와 하나를 조합하고, 그 결과물에 다시 하나를 보태고, 거기에 또 하나를 조합하는 식으로 일을 합니다." 애펠이 하나씩 가리키며 설명했다. "그래서 모든 배합을 대단히 꼼꼼하고 세심하게 기록해야 합니다. 한 줄을 보탤 때마다 완전히 다른 비율의 조합이 이뤄지거든요." 애펠이 거의 결벽증에 가까울 정도로 각각의 성분들을 섞고 배합 비율을 바꾸고 수정하는 동안, 이런 종이들은 수백 장씩 쌓인다. 그가 심라이즈로 이직하기 전에 대부분의 경력을 쌓았던 전 회사의 고용주는 너그럽게도 그가 이 서류철을 갖고 갈 수 있게 해주었다.

애펠이 예전에 만든 배합표 중 한 장을 소개한다.

"이쪽에서 일하는 사람들은 이 바닥에서 태어나거나 아니면 우연히 들어온 경우죠." 애펠은 조향사라는 직업에 대해 이렇게 설명한다. "내 아내는 프랑스인인데 나랑 같은 조향사입니다. 이 바닥에서 태어난 사람이고요. 그 사람 아버지도 조향사거든요. 가족이 향수 회사를 운영하고 있고요. 그러니 타고났다고 할 수 있죠." 애펠은 우연히 들어온 경우다. 그는 대학에서 환경 화학을 공부했다. "환경 운동가가 돼서 환경 보호청이나 환경 보호국에서 일하고 싶었지요." 그는 지보당의 환경 안전 부서에 일자리를 구했지만 출근 첫날 그 자리가 이미 다른 사람에게 넘어갔다는 사실을 알게 되었다. 대신에 회사는 그에게 향료를 대량으로 합성하는 연구실 일자리를 제안했다. 그 일은 꾸준하고 지속적인 정확성을 요했지만 창의적인 일을 할 기회는 거의 없었다. 하지만 애펠은 새로 얻은 지식과 상황을 오히려 즐겁게 활용했다. "나만의 조합을 만들어서 집에 가져가곤 했죠. 냄새가 참 좋았거든요." 그가 말한다. 디자이너가 되기 전 관련 생산직에서 일했던 하딩처럼 애펠은 열망을 품고 있었을 뿐만 아니라 무엇보다 '다른 쪽'으로 옮겨 갈 수 있는 진취성을 지니고 있었다. "날마다 남들이 하는 일을 보고 있으면 전체 그림이 어떻게 생겼는지 이해할 수 있죠." 그는 설명했다. 하지만 그 후로 수년 뒤에야 애펠은 개인적으로 만든 향기를 즐기는 수준을 넘어 향수 제조의 창조적 영역에 들어설 수 있었다. 처음에 애펠은 "조향이 정확히 무엇을 뜻하는지도 몰랐다." 그는 그저 몇 년간 연구실에서 열심히 일하며 마음에 드는 향기를 만드는 것을 즐겼을 뿐이었다.

일 년 반 후, 연구실의 조향 분석가 — 실제 향수를 창조하는 조향사들을 위해 시중에 나와 있는 향을 분석하고 동향을 파악하는 사람 — 가 애펠의 성실성을 높이 사서 그를 견습생으로 삼았다. 이제 애펠은 기체 크로마토그래피 질량분석법$^{GC-MS}$을 이용해 모든 성분의 화학 구조를 분석할 수 있었다. 애펠은 그 복잡한 분석 과정을 내게 세세한 부분까지 신명나게 설명하기 시작했다.

먼저 오일을 기계에 주입합니다. 그리곤 주입부 온도를 높여 그 액체를 기화시키는 겁니다. 여러 성분이 섞인 기체가 극성 아니면 무극성 기질(基質)이 담긴 모세관을 따라 흐르다가……. 아주, 아주 정확하고 일정한 비율로 기울어진 오븐 안에 들어가 각각의 화학 물질로 분리되는 거죠. 그러면 나중에 그래프를 얻을 수 있습니다……. GC-MS가 하는 일은 그 각각의 물질들을 질량에 따라 분석하는 겁니다. 그러니까 간단히 말해 이온을, 기본 구조를 확인하는 건데…… 아까 하던 얘기로 돌아가서, 시료가 모세관을 통과하고 나면 투명하거나 불투명한 기체가 되어 나오는데 그때부터 검출이 시작되죠. 그 끝에 불꽃 검출기가 있거든요. 그러니까 말하자면 기체가 불꽃을 통과하면 불꽃이 거기에 반응해서 더 크게 타오르는 겁니다. 그러면 그래프가 튀어 오르고요. 우리가 하는 일은 그 지점 아래에 있는 영역들을 계산하는 겁니다…… 한 번 할 때마다 기계 앞에 앉아서 한 시간 반 정도 분석 결과가 나오기를 기다려야 해요. 계속 코끝을 자극하는 냄새를 맡으면서 결과가 나올 때마다 기록을 하는 거지요. '오, 이건 꼭 리나롤(오렌지, 레몬 류의 착향료 — 옮긴이) 같은 냄새가 나는군.' 같은 말을 중얼거리면서요…….

군데군데 말줄임표가 있다는 데 주목하라. 이건 그의 설명 중에서 일부 하이라이트 부분만 발췌한 것이다. 애펠은 복잡하고 머리가 깨질 것

　　　　　　　　　　　　　　　　　　　　　　　　　　　인비저블

같은 과학적인 내용들을 백과사전처럼 줄줄 읊어대다가 한참 뒤에야 "화학자가 아니라서 죄송"하다는 말을 덧붙이곤 했다. 그렇다면 만약 그 기계에 오렌지 주스 한 방울을 떨어뜨리면 어떨까? 그러면 오렌지 주스를 구성하는 화학 물질이 무엇인지 알 수 있나?

애펠의 대답은 이랬다.

오렌지 주스를 구성하고 있는 모든 물질들을 알 수 있지요. 아마 예순 가지쯤 될 겁니다. 리모넨limonene, 감마 테르피넨Gamma-Terpinene 등등. 하지만 골치 아픈 부분은 방향 화학물 하나 안에 리모넨과 똑같은 반응을 보이는 물질이 여섯 개나 들어 있을 수도 있다는 겁니다. 자연산 시트러스 오일인 테르피넨이 그렇고, 베르가못도 그렇고, 귤, 오렌지, 레몬, 탄제린, 포도…… 다들 리모넨을 주요 성분으로 하죠…….

결론만 말하자면 애펠의 스승은 조향사로 승진했고 애펠은 연구실에서 그의 자리를 물려받았다. 그리고 그제야 그 역시 조향사가 될 것을 고려하기 시작했다. 얼마 후 그는 원하던 일자리를 얻었고 25년간 그 자리에 머물렀다. 애펠은 소박하고 겸허한 길을 걸어왔다. 순수하게 보람을 느끼는 것 외에는 아무 이유도 없이 여러 해 동안 필요한 과학적 원리를 익히고 좋아하는 향을 만들었다. 거의 모든 조향사들이 연구실에서 경력을 쌓기 시작하지만 애펠은 그것을 조향사가 되기 위해 거쳐야 하는 통과의례가 아니라 과학 지식을 탐구할 기회로 여겼다. 그로써 오늘날 최고의 조향사가 될 수 있는 든든한 기초를 마련했다. 연구 조사에 따르면 애펠의 꼼꼼하고 치밀한 노력은 그가 성공을 거둘 수 있었던 이유와 밀접한 관련이 있다.

뉴욕의 그래픽 디자인 회사 MSLK의 스튜디오에 들어서면 가장 먼저 눈에 띄는 것은 최첨단 미래주의 양식처럼 보이는 에어록이다. 그 문을 열면 금방이라도 '슈욱' 하는 소리와 함께 공기가 빠져나갈 것만 같다. 사방은 병원에 온 것처럼 온통 흰색이고 보이지 않는 스피커에서는 인디 음악계의 총아인 플릿 폭스Fleet Foxes의 노래가 흘러나오는데 묘하게 정적에 감싸인 느낌이 난다. 애플Apple 대리점의 활약으로 늘어난 이런 깔끔하고 초현실적인 미니멀리즘 인테리어가 어쩌면 짧게 스쳐 지나가는 유행이 아니라 하나의 양식으로 길게 살아남을지도 모르겠다는 생각이 든다. 인쇄기와 잉크, 종이를 사용하던 과거의 식자공이나 디자이너는 이 스튜디오가 실은 그들과 똑같은 일을 한다는 건 짐작도 하지 못할 것이다. 커다란 맥 모니터를 빼면 몇 안 되는 물건들이 무균실처럼 보이는 이곳에 약간의 엉뚱함과 기발함, 밝은 색채와 개성을 부여하고 있다. 파이처럼 모서리가 딱딱 맞아떨어지는 쐐기 모양의 도자기 머그컵, 캐릭터 쥐가 치즈를 먹는데 팩맨처럼 생긴 덩어리들이 치즈 아래로 탈출하고 있는 일러스트 포스터, 형광색으로 칠해진 수동 카메라. 이 모든 것들이 깔끔하게 정돈되어 있다. 이것이 회사의 공동 창립자이자 크리에이티브 디렉터인 마크 레빗이 선호하는 방식이다.

레빗의 가장 놀라운 점은 실은 그가 그리 깔끔하거나 정돈된 사람이 아니라는 것이다. 아, 물론 그는 그럴싸한 디자이너답게 날카롭고 예리한 눈빛에 검은색 뿔테 안경을 쓰고 있다. 다만 스튜디오 밖에서 그는, 그 자신의 말을 빌리자면 "상당히 지저분한 사내"다. 그 말을 들으니 길게 삐친 지저분한 머리에 메리야스만 걸친 뚱뚱한 사내가 바닥에 빈 맥주 깡통이 널려 있는 거실에서 싸구려 소파에 몸을 묻은 채 텔레비전 리모컨을 쥐고 있는 《뉴요커》의 한 컷 만화가 생각난다. 그 밑에는 "집에서 뒹굴거리는 조르지오 아르마니"라는 캡션이 붙어 있었다. 우리가 레빗에게서 배울 수 있는 점은 인비저블의 두 번째 특성인 '꼼꼼함과 치밀함'이 후천적으로 학습이 가능하며, 필요할 때마다 그 능력을 끄고 켤 수 있다는 것이다. 우리는 꼼꼼함 같은 특성이 타고나는 것이라고 여기지만 실은 그런 특성 중 상당수는 후천적으로 배울 수 있다. 애펠도 연구실에서는 세심하고 꼼꼼하게 일하도록 훈련받았다. 심지어 그의 뛰어난 후각도 선천적으로 타고난 것이 아니다. "신체적 문제만 없다면 누구든 코를 훈련할 수 있습니다." 그는 이렇게 말하며 장 카를Jean Carles 방식을 언급한다. 업계 내에서 향료를 구분하는 분석적 방법으로 널리 인정되는 방식으로, 애펠은 조향사들이 대부분 약 1,200가지에 달하는 성분들을 구분할 수 있다고 말한다.

"사실 난 그래픽 디자인을 공부할 때까지만 해도 꼼꼼하다거나 세밀한 성격과는 거리가 멀었습니다." 레빗이 내게 말했다. "대학에 들어갔는데 교수들이 거의 강박 장애 수준으로 과제를 해 오라고 시키더군요. 하다 보니 나도 좋은 디자이너가 되려면 어떤 자질이 필요한지 알 수 있더라고요. 한번은 글자 네 개를, 컴퓨터도 없이 검은색 잉크만으로 완벽하게 똑같은 간격으로 그리는 데 한 학기의 절반을 보냈죠." 레빗은 대학 시절을 이렇게 회상한다. "또 디자이너라면 흑백 사진 정도는 찍을 줄 알아야 했어요. 그레이 스케일(백색에서 흑색까지의 명도를 10단계로 나눈 무채색 색표 — 옮긴이)도 정확하게 알고 표현할 수 있어야 했고요. 복잡한 노출도 시험해 보고, 화학 약품을 제대로 섞는 법도 알아야 했지요. 정말 세밀하고 고된 작업이었습니다. 그런 과제들을 지겹도록 했어요. 암실에서 사진학과 학생들이 우릴 보고 눈동자를 굴려댈 정도였죠. 하지만 필요한 기술을 익혀야만 했습니다. 디자인에 감성은 정말 중요한 요소죠. 그렇지만 먼저 그것을 표현할 수 있는 기술적 토대를 갖춰야 합니다." 레빗의 경험담은 애펠의 말과 일치한다. 창의력을 발휘하려면 먼저 지식과 기술을 배우고 익혀야 한다.

문법 교사에서 천체 물리학자에 이르기까지 치밀성은 대단히 중요한 소질이다. 놀라운 사실은 이러한 특성이 비즈니스 리더십과도 관련이 있다는 것이다. 노트르담 대학 경영학 교수 티모시 저지Timothy Judge와 동료 학자들은 직장에서의 업무 수행 능력과 성격 연구에 관한 메타 분석을 통해 그러한 성실성 —논문에서는 "신중하고 주의 깊고, 자제력이 강하며 깔끔하고 조직적인"이라고 표현한, 다시 말해 치밀성 — 이 사업가의 성공 여부를 내다볼 수 있는 핵심 예측 변수 중 하나임을 밝혀 냈다. 저지는 데이터의 위력을 강조하기 위해 개별적으로 수행된 25개 연구를 분석했는데, 후에 결과를 검토하기 위해 (이번에도 동료들과 함께) 전과 같은 주제에 대한 메타 분석을 재차 메타 분석했다. 데이터는 "종합하건대 성실성은 효과적인 리더십을 판단하는 가장 일관적이고 꾸준한 예측 변수"임을 보여 준다. 네바다 대학 경영대학원 교수이자 기업에서 리더십 및 경영 관리 교육 프로그램을 강연하는 브렛 시몬스Bret Simmons는 그의 고객들에게 직설적으로 충고한다. "제일 성실한 사람을 고용하십시오."

인비저블의 세 가지 특성 중 두 가지인 '타인의 인정에 연연하지 않는 태도'와 꼼꼼하고 '치밀성'이 결합되면 개인의 성취와 발전을 향한 여정은 더욱 강력하고 가속도가 붙게 된다. 스티븐 소어Stephen Sauer는 코넬 대학 존슨 경영대학원Cornell's Johnson School of Management과 클락슨 대학Clarkson University 경영대학원에서 학생들을 가르치며 전문 분야는 경영진의 리더십과 영향력이다. 소어는 학계에 발을 들여놓기 전 기갑 수색 부대의 장교로 복무했고, 그러한 배경은 일에 대한 그의 인식에 큰 영향을 미쳤다. "많은 사람들이 조직 내에 '알려지지 않은 영웅'이 되는 데 만족감을 얻습니다." 그는 내게 이렇게 말했다. "군에서 그런 사람들은 탱크 정비병이나 취사병, 연료 트럭 운전병 등 후방 지원 업무를 하는 경우가 많은데 자기 일에 매우 높은 자긍심을 느끼죠. 또 부대마다 병사들을 한데 묶는 '접착제' 역할을 하는 말단 사병이나 젊은이들이 있기 마련이고요." 이처럼 낮은 곳에서 일하는 이들은 조용한 영웅이 되는 데서 자부심을 느끼며, 그들의 성실한 태도는 동료와 상사들에게서 높은 평가를 받는다.

에스티 로더의 심사를 여러 차례 통과한 끝에 애펠과 그의 팀은 다시 콤스를 만날 기회를 얻었다. 이제 디디는 향수 제조 과정에 적극적으로 개입하고 있었다. '언포기버블'에 얽힌 이야기는 전체적으로는 매우 평범하지만, 유명인이 몇 번이나 조향사를 직접 만나며 작업에 밀접하게 관여하는 것은 아주 드문 일이다. "디디는 우리에게 기꺼이 시간을 내주었습니다." 애펠이 말했다. "가끔 불쑥 나타나서 우리가 만든 것을 킁킁거리곤 했어요. 우리가 그의 사무실에 가거나 뉴욕에 있는 녹음실을 방문하는 경우도 있었고요."* 그뿐만 아니라 콤스는 점점 더 열심히 회의에 참여했고, 그 과정에서 향료 및 향수 제조에 관해 늘어난 지식은 그의 열정에 박차를 가했다. "그는 무척 들떠 있었지만 동시에 불안해했습니다." 애펠이 말한다. "향수는 그가 전혀 모르는 분야였으니까요. 사람들이 그의 향수를 좋아하지 않으면 대대적으로 망신을 당할 터였죠." 애펠은 디디가 「태양 아래 건포도A Raisin in the Sun」라는 영화를 찍는 동안 향수 샘플을 가득 담은 가방을 들고 토론토행 비행기에 몸을 싣기도 했다.

그렇게 몇 개월이 지나갔다. 애펠은 콤스와 얘기를 나눈 적은 없지만 자신 말고도 아직 두 회사가 경쟁에 참여하고 있다는 것을 알았다. 지보당은 결과도 불확실한 계약을 따내기 위해 엄청난 돈과 시간을 투자하고 있었다. 만약 애펠이 이 게임의 승자가 되지 못하면 그걸로 끝이었다.

---

* 참고로 이는 오늘날 디지털 연락망이 끊임없이 증가하고 있지만 물리적 접근성과 그 이점이 얼마나 중요한지를 알려 주는 실례라 할 수 있다. 만약 애펠의 경쟁자 중 한 명이 콜럼버스나 아칸소 주에 있었다면 그는 디디와 이렇게 자주 만나지 못했을 것이다. 디디의 방문은 애펠이 언포기버블을 개발하는 동안 거의 일상적인 일이 되었다.

빈손으로 돌아가게 되는 것이다. 그렇지만 그것이 이 바닥의 방식이었고, 유일한 승자가 벌 수익금은 모든 패배자들의 투자금을 능가할 터였다. "우린 벌써부터 제품 포장 디자이너와 상의하고 있었습니다. 그 때문에 후각적 요소 몇 개를 바꾸기도 했지요." 애펠이 말했다. "목표에 다가가고는 있었지만 계약을 따낼 수 있을지는 여전히 알 수가 없었어요."

콤스가 여러 회사들을 다루고 조종하는 방식은 놀라웠다. 그는 애펠이 제출한 다양한 향수 샘플을 테스트할 뿐만 아니라 다른 회사들의 샘플들까지도 일일이 확인해야 했다. 거기다 물론 그가 전부터 운영하는 다른 수많은 사업들도 소홀히 할 수 없었다. "우리는 갈 때마다 디디에게 새로운 샘플을 건네 주었습니다. 나중에 주변 사람들한테도 의견을 물어볼 수 있게요." 때로는 녹음실에서 우연히 샘플 향수를 맡은 사람의 의견이 "향수의 승패를 좌우할 수도 있었다."

그러던 중 어느 날 콤스가 몇 주일 동안 마이애미 스타 섬에 있는 그의 저택에 간다는 소문이 퍼졌다. 새로운 향수의 개발과 보완이 지금처럼 신속하고 일사분란하게 진행될 수 있었던 것은 콤스가 그들과 지속적으로 접촉한 덕분이었기 때문에 애펠의 팀은 이 소식을 어떻게 받아들여야 할지 몰라 당황했다. 어쩌면 콤스가 개발 과정에서 손을 떼는지도 모르고, 어쩌면 그들이 탈락했다는 의미인지도 모른다. 그때 애펠이 전화를 받았다. 디디가 건 전화였다. 그는 애펠이 마이애미에 와 주길 바랐다.

"우린 디디가 다음 주에 중요한 결정들을 여럿 내릴 거라는 소문을 들었습니다." 애펠이 말했다. "그런 다음 본격적으로 일을 시작할 거라고요." 애펠은 마이애미로 출장을 가기 위해 이동 연구실을 꾸렸다. 세심하게 계량해 유리병에 담은 향료들을 챙기고, 마음속으로는 처음에 받은 브리프를 조심스럽게 검토했다. 디디가 회의에서 말했던 중대한 사항들을 상기하며 이제부터 향수가 어느 방향으로 가게 될지 상상했다. 그의 향수는 어디가 부족한 걸까? '지중해의 상쾌함'이란 진정 무엇일까? 고객들이 좀 더 가볍게, 맑게, 혹은 경쾌하게 만들어 달라고 주문할 때 그건 정확하게 어떤 '의미'일까? 추상적인 비유를 어떻게 진짜 향기로 구체화할 수 있을까?

어쩌면 여러분은 내가 잡지사에서 사실 검증 전문가로 일할 때에는 이런 골치 아픈 문제 때문에 걱정할 일이 없었다고 생각할지도 모르겠다. 하지만 사실 검증의 일차적인 목표는 바로 사실을 꼼꼼하게 점검하는 것이다. '모든 것'에 대해, 다시 강조하지만, 잡지가 인쇄되어 나가기 전에 기사에 언급되는 모든 사항들을 하나도 빠짐없이 — 그러니까 이런 후각적 표현도 마찬가지란 소리다. — 철저하게 확인해야 한다. 괜찮겠지 하며 무심코 넘겼다가 나중에 틀린 점을 발견하기보다는 차라리 신경 쇠약에 걸릴 정도로 안절부절못하다 편집자한테 "너무 그렇게 걱정하지 마!"라는 소리를 듣는 게 낫다. 가령 여행 전문 기자가 이탈리아 피렌체에서 제노바까지 운전하는 데 두 시간이 걸렸다고 쓴다면 나는 그게 사실인지 지도를 펴서 확인할 것이다.* 「닥터 필굿Dr. Feelgood」은 정말로 모틀리 크루Mötley Crüe의 최고 히트 음반인가? (그리고 이 밴드의 이름은 정말로 'u'뿐만 아니라 'o' 위에도 움라우트를 찍어야 하는가?)** 게리 카스파로프Gary Kasparov는 정말로 1985년부터 1993년까지 세계 체스 챔피언이었는가?***

나는 여러 잡지사들 중에서 패션계의 경전이라고 할 수 있는 《보그Vogue》에서 가장 오래 근무했는데, 어느 날 내 책상 위에 새로 출시된 향수에 대한 짧은 기사가 도착한 적이 있다. 바로 베라 왕Vera Wang의 '프린세스Princess'에 관한 기사였다. 기사는 이 향수가 다양한 플로럴 향과 더불어 '핑크 프로스팅pink frosting' 노트를 갖고 있다고 밝혔다. 그걸 읽자마자 나는 이렇게 생각했다. 뭐? 말도 안 돼. 핑크 프로스팅(분홍색 설탕 장식 ─ 옮긴이)은 향이 아닌걸. (게다가 어차피 흰색 프로스팅하고 똑같은 냄새가 날 거다. 거기다 색소를 넣었을 뿐이니까.) 핑크 프로스팅 향이 난다느니 하는 건 헛소리야! 나는 대단히 분개해했다. 당시 《보그》의 미용 및 패션 부문 편집자인 새러 브라운Sarah Brown은 매사에 분명하고 철저한 스타일이었고, 직원들이 최고의 실력을 발휘하도록 채찍질하면서도 인간적으

---

* 실은 두 시간 반에 가깝다.

** 그렇다. 그리고 그렇다.

*** 엄밀히 말하자면 그렇다. 그해에 그는 국제 체스 협회를 떠나 새로운 협회를 창설했지만 많은 체스 팬들이 2000년까지는 그가 세계 최고의 체스 선수였다고 여긴다. (바로 이런 것들이 사실 검증의 난제라 할 수 있다. '사실'도 논란의 여지가 충분히 있을 수 있기 때문이다.)

로 존중해 주었다. 새러는 내 말을 듣고는 잠시 생각에 잠겼다. 결국 우리
는 베라 왕에 전화를 걸어 그 표현을 놓고 한참 동안 논쟁을 벌였다.*

하지만 데이비드 애펠이 사는 세상에서 핑크 프로스팅 향이 존재한
다는 것은 논란의 여지조차 없는 명백한 '사실'이다. 그것은 해석의 문제
이기 때문이다. "요령을 익혀야 할 필요가 있죠." 그는 말한다. "어떨 때는
아주 간단합니다. 잠재 의식을 자극하는 방법이 몇 가지 있어요. 몇 년
전에는 뭔가 분홍색 향이 나는 걸 만들고 싶을 때면 살리신살메틸 성분
을 첨가했습니다. 윈터그린wintergreen(노루발풀. 상쾌하고 날카로운 민트 향이
난다. ─옮긴이) 같은 거 말이죠. 왜냐하면 그때 펩토비스몰Pepto-Bismol(어린
이용 분홍색 물약 ─옮긴이)이 유행이었거든요. 요즘에는 사용할 수 있는
성분들이 다양하지요. 자주색 향을 만들고 싶으면 포도 노트를 추가하
면 됩니다. 붉은색은 계피향을 넣으면 되고요. 붉은색은 매운 느낌을 주
거든요."

고객이 추상적 관념을 제시하면서 무슨 생각을 떠올리는지 감지하
는 것은 물론, 비유적인 언어를 향수로 번역하려면 ─ 대부분의 브리프
가 분량이 많고 사진과 영상, 그리고 보통 '분홍색'보다 훨씬 애매모호한
표현으로 이뤄져 있음을 고려하면 ─ 자신이 사용하는 원 재료에 대해
통달해야 한다. 조향사는 수천 가지 성분 목록을 샅샅이 알아야 할 뿐
만 아니라 ─ 애펠은 '겨우' 500가지 향료만을 주로 사용한다고 말하지

---

* 아쉽게도 핑크 프로스팅이라는 표현은 기사에 그대로 실렸다. 내가 왜 그런 결정을 내렸는지는 기억나지 않는다.

　　　　　　　　　　　　　　　　　　　　　　　　　인비저블

만 — 각각의 향료들이 서로 어떻게 작용하는지에 대해서도 익히 알고 있어야 한다. 어떤 향수들은 수백 가지 원료를 사용하기도 하고, 잘나가는 최고급 향수들은 고작 16가지 향료로만 이뤄져 있기도 하다. 애펠이 배스 앤드 바디웍스Bath & Body Works에서 엄청난 성공을 거둔 웜 바닐라 슈가Warm Vanilla Sugar 향수는 겨우 여덟 가지 향료만을 조합했다. 언포기버블의 여러 샘플들은 대략 50에서 60가지 향료로 구성돼 있다.

애펠이 플로리다로 떠나는 이동 연구실에 어떤 재료를 꾸렸는지 알아보기 위해 나는 뉴욕에 있는 심라이즈 연구실을 방문하기로 했다. 연구실은 애펠의 사무실이 있는 복도의 반대쪽 끝에 있었다. 하얀 실험복을 입은 향수 기술자들이 각종 책상들 앞에 서 있고, 그 사이사이에는 유리병이 빽빽이 놓인 1.5미터 높이의 선반들과 여과 장치통이 있었다. 향기의 불협화음 때문에 불쾌한 느낌이 들지 않을까 생각했는데 의외로 복잡미묘하면서도 기분 좋은 냄새가 났다. 포푸리와 약 냄새와 흙냄새가 섞여 있는 듯한 냄새였다. 안타깝게도 나는 애펠이 아니라서 그 냄새를 자세히 묘사할 능력은 없다. 신디라는 연구원이 말하길, 연구실 안의 냄새는 그날그날 어떤 향을 다루느냐에 따라 달라진다고 했다.

선반 위에는 놀라서 입이 떡 벌어질 정도로 어마어마한 숫자의 향료병이 늘어서 있었다. 간단히 비유하자면 꼭 향료 도서관 같았다. 대부분은 작은 갈색 유리병이었는데 옛날에 쓰던 골동품 약병을 연상시켰다. 나는 그중 하나를 집어 들었다. "레몬"이라고 적혀 있었다. "그럼 이건 레몬 향인 건가요?" 내가 물었다. "수많은 레몬 중 '하나'죠. 레몬 종류만

열 가지가 넘을 거예요. 지역에 따라 레몬 향도 다 제각각이거든요." 신디가 대답한다. 그 말을 들으니 어째서 이렇게 무시무시한 양의 병들이 있는지 이해할 것 같다. 지진이라도 나면 어느 쪽이 더 위험할지 모르겠다. 이 수많은 병이 깨진 파편일까, 아니면 깨진 병에서 흘러나온 각종 향기들일까.

연구원들의 책상 위에는 자주 쓰는 향료들이 따로 놓여 있었다. 커다란 술집에서 바 한쪽에는 갖가지 술병과 칵테일 용기가 놓여 있고 뒤쪽 벽에는 그보다 덜 자주 사용하는 병들이 전시되어 있는 것처럼 말이다. 온도에 민감한 원료들은 사람도 들어갈 수 있는 널찍한 냉장고에 보관되어 있었다. 예전에 웨이터로 일할 때 그런 냉장고에 갇힌 적이 있는 터라 나는 그 안에 들어가자마자 곧장 뛰쳐나오고 말았다. 향료를 눈대중으로 잴 수는 없다. 연구원들은 조향사가 적어 준 조제법에 따라 피펫을 사용해 원료의 양을 재고 조합한다.

일부 향료들, 특히 주로 강한 향이 나는 원료들은 보통 0.005그램을 채 사용하지 않는다. 신디는 아주 드문 경우긴 하지만 0.001그램을 사용한 적도 있다고 했다. 그런 향료는 '냄새 칸Stink Box'에 보관되는데, 그것은 독특한 통기 시설을 갖춘 방으로 아래쪽에 방폭(防爆) 냉장 장치가 설치되어 있다. 이처럼 우리의 후각 능력을 마구 휘젓는 향료 중에는 두 시간 동안 공연을 하고 난 토미 리Tommy Lee(모틀리 크루의 드러머 — 옮긴이)의 겨드랑이 냄새보다 더 지독한 것도 있다. 바로 사향고양이의 분비물이다. (사향고양이는 세계에서 가장 비싼 커피를 만드는 것으로도 유명하다. 커피콩을 주워 먹고 뱃속에서 반쯤 소화시킨 후에 똥으로 누는 것이다. 여기 제일 큰 컵으로 한 잔!)

일부 향료는 원료에서 추출한 천연 향료지만 나머지는 합성 향료다. 향수는 대부분 이 두 가지 물질을 모두 이용한다. 합성 향료는 대개 천연 향료의 공급이 제한되어 있거나 사용이 금지돼 있을 때 사용된다. 합성 향료라고 해서 반드시 천연 향료보다 질이 낮거나 급이 떨어지는 것은 아니다. "합성 향료 중에도 대단히 훌륭하고 눈이 튀어나올 정도로 비싼 것들이 있습니다." 애펠이 말한다. 그중에서 유명한 것 중 하나는 앰브록산ambroxan이다. 앰브록산은 향유고래에서 추출하는 용연향의 독특한 노트를 내는데 1킬로그램에 700달러쯤 나간다.

"우리는 부엌에 간이 연구실을 차렸습니다. 디디의 어머니가 와 있더군요. 뷔페 테이블도 준비돼 있었고요." 애펠이 말한다. 그는 세일즈 담당자와 함께 디디의 집을 방문했다. "작업실이 정말 엄청나게 컸어요. 굉장히 근사하고 분위기 있는 저택이었습니다. 옛날에 머라이어 캐리Mariah Carey가 살았다더군요." 애펠이 일을 하는 동안 디디의 집에는 그가 주관하는 패션쇼 면접을 보느라 사람들의 물결이 쉴 새 없이 밀려들었다. 옆방에서는 향수 포장 디자이너들이 프레젠테이션을 준비 중이었다. 콤스는 하루 종일 부엌을 들락날락거리며 애펠이 가져온 다양한 향수들을 맡아 보았다. 무더운 태양 아래 광활하게 펼쳐진 대저택은 나른한 휘황찬란함과 고상한 혼돈 사이에 있었다. "그는 우리를 보러 왔다가 포장 디자이너를 보러 갔다가 다시 홍보용 견본을 보러 가곤 했죠." 애펠이 말했다. 나는 혹시 다른 회사들도 그때까지 계속 경쟁 중이었느냐고 물었다. "정확히는 잘 모르겠습니다. 하지만 스타 섬에 있었던 건 '우리 팀뿐이었어요!' '망치지만 않으면' 승리는 우리 것이었죠."

그날 저녁, 콤스가 다시 부엌에 들러 또 다른 버전의 향수를 테스트했다. 애펠이 약간 과감한 변화를 시도한 향수였다. 이번에는 이례적으로 '순수한 베르가못'의 비중을 크게 늘렸다. 포장 디자이너들은 구석진 곳에서 빈둥거리고 있었고 뷔페 테이블의 과일들은 한참 전에 미지근해져서 쟁반 위에 반쯤 널브러져 있었다. 콤스가 마지막 향수를 킁킁거렸다. 애펠이 조용히 콤스의 반응을 기다리는 동안 방 안의 공기가 머리 위에서 부드럽게 소용돌이치는 것이 느껴졌다. 두 눈을 스르르 감은 콤스의 얼굴 위로 미소가 피어올랐다. "이거 좀 더 줘 봐요." 그가 말했다. "진짜 마음에 드는데!" 마침내 애펠은 비밀을 풀었다. "그 부분이 열쇠라는 걸 깨달았죠."

별장을 떠날 채비를 하는 도중 애펠은 콤스가 "아직도' 바로 이거야!"라고 말하지 않았음을 깨달았다. "하지만 이제는 교착 상태를 벗어난 셈이었죠. 그는 자신이 무엇을 원하는지 정확히 알고 있었고, 나는 뉴욕에 돌아가 향수를 어떻게 완성하면 되는지 알 것 같았습니다. 나는 사무실에 있는 동료들에게 내가 생각한 향을 설명했어요. 탑노트에 불꽃처럼 반짝반짝 튀는 부분이 있어야 할 것 같다고요. 그랬더니 그녀가 그 반짝이는 느낌을 만들어 냈죠. 그러자 우리가 해냈다는 걸 알겠더군요. 주먹을 휘두르면서 '됐어!'라고 외쳤죠. 다들 하이파이브를 하며 난리가 났어요."

몇 주일 뒤, 애펠은 뉴욕에서 콤스에게 마지막 완성품을 건네 주었다. "짜잔! 그렇게 승부가 끝났지요." 언포기버블에 그 반짝이는 생기를 불어넣은 동료는 지금 애펠의 부인이다.

그때가 첫 브리프를 받고 약 6개월이 지난 시점이었다. 그 뒤로 안정성 테스트와 포장, 운송 문제 해결 등을 거쳐 언포기버블이 시중에 풀리기까지는 또다시 6개월이 소요되었다. 언포기버블은 남성 유명 인사가 출시한 최초의 고급 향수였다. 처음으로 출시한 500달러짜리 한정판은 순식간에 매진을 기록했다. 오리지널 향수보다 저렴한 일반판은 두 달 뒤에야 전국에 깔렸다. 언포기버블은 눈에 띄게 짧은 기한 동안 남성용 향수로서 백화점에서 가장 높은 매출을 기록했으며, 콤스와 에스티 로더, 페더레이티드 백화점^{Federated Department}의 경영진은 뉴욕 증권 거래소에서 오프닝벨을 울리며 성공을 자축했다. 애펠은 그 후로 션 존을 위해 다섯 개의 향수를 조제했다.

이야기를 마친 애펠이 의자에 편안하게 기대앉았다. 책상 옆에는 그가 탄생시킨 최고의 향수들인 이스케이프, 선플라워, 휴고, 블랙 오키드의 광고 포스터가 붙어 있었다. 그가 자신이 거둔 성공에 자긍심을 느낀다는 사실은 자명해 보였다. 하지만 애펠은 향수를 만드는 창조적인 과정 자체에서 충족감을 느낀다. 지난 수년간 그가 만든 향수를 구매한 수백만 명의 소비자들은 그의 이름을 알지 못한다. 그의 어머니를 비롯한 많은 사람들은 디자이너나 유명 인사들이 직접 향수를 제조한다고 생각한다. 하지만 그는 보이지 않는 곳에서 묵묵히 자기 일을 하는 데 만족한다. "우리는 상업적 예술가입니다." 그는 말한다. "우리는 우리 자신의 이야기를 쓰지 않아요. 어차피 그럴 기회는 많으니까요." 조향사가 내키는 대로 마음껏 향수를 만들어 본인의 즐거움과 영감을 충족시킬 수 있을 때 "우린 그걸 '하늘 푸르른 날'이라고 부르죠. 하지만 대부분은 그 사람들 브리프고 그 사람들 프로젝트입니다. 나는 다른 사람의 이야기를 대신 짜 주는 일종의 대필 작가죠."

①

무거운 책임감
"책임자가 된다는 것은 명예롭고 즐거운 일이죠."

지상 위 600미터 상공, 바람은 거세고 종종 격렬하기까지 하다. 우리가 거니는 거리 위에 돌풍이 분다면, 저 위에는 그보다 두 배는 세고 강력한 바람이 몰아친다. 그런 거친 바람이 우뚝 솟은 건물 같은 장애물을 맞닥뜨리면 잘못 설계된 건물은 무너질 수도 있는 무시무시한 진동이 발생한다. 나는 인간에게 어울리지 않는 높이에서 그런 돌풍과 만날까 봐 걱정에 휩싸였다. 왜냐하면 잠시 뒤에 아직 공사가 덜 끝난 고층건물의 꼭대기에 오르게 될지도 모르기 때문이다. 단순히 좀 높은 건물이 아니다. 완성되면 중국 최고(最高)의 건물이자 세계에서 두 번째로 높은 초고층 건물이 될 터였다. 완공되면 높이 632미터의 위풍당당한 모습을 자랑할 이 상하이 타워^{Shanghai Tower}는 총 124층으로, 뉴욕의 신(新) 세계 무역 센터보다 5분의 1이나 더 높다.

몇백 미터 위에서 부는 바람을 걱정하는 또 다른 사람은 데니스 푼 Dennis Poon이다. 그는 상하이 타워의 수석 구조 공학자다. 푼은 한동안 세계 최고라는 타이틀을 자랑하다 2004년에 대만의 타이페이 101Taipei 101 에게 왕좌를 넘겨 준 쿠알라룸푸르Kuala Lumpur 페트로나스 타워Petronas Towers를 건설하는 데에도 참여했다. 세계에서 가장 높은 다섯 건물 중 세 곳이 그의 감독하에 건설되었고, 그중 둘은 얼마 안 가 높이 면에서 상하이 타워를 능가하게 될 것이다. 그는 2020년까지 세계 최고 20개 건물 중 10곳에 관여할 예정이다. 그러나 그의 이름은 그가 몸담고 있는 테두리 밖에서는 잘 알려져 있지 않다. 고층 건물 같은 상징적인 건축물을 볼 때 사람들은 설사 그 구조에 대해 어느 정도 인식하고 있더라도 대개는 건축가를 떠올린다. (지난 10년 사이 스타 건축가라는 말이 괜히 유행한 게 아니다.) 하지만 이처럼 하늘을 찌를 듯이 높은 건물들이 안전하게 서 있을 수 있는 것은 푼 같은 구조 공학자 덕분이다. 그들이 없다면 건축가의 꿈은 결코 실현될 수 없다.

나는 푼의 작품을 직접 내 눈으로 보기 위해 중국으로 날아가는 중이다. 그가 하는 일을 더 잘 이해하고 감탄하기 위해 건물이 완성되면 더 이상 볼 수 없는 기둥과 보, 트러스truss(부재(部材)가 휘지 않게 삼각형 단위로 연결한 구조 형식 — 옮긴이), 골조, 그리고 다른 건축 부재들의 복잡하고 방대한 모습을 보고 싶었다. 현대 고층 건물과 같은 거대한 구조물의 축조 과정에는 기계 공학자에서 전자 공학자, 유리 시공 기술자에서부터 기중기 운전사, 용접공에 이르기까지 각종 영역에서 눈에 보이지 않게 일하는 전문가들이 수없이 참여하지만, 그중 누구도 구조 공학자만큼 건물의 총체적 완성, 곧 수명, 안전성, 그리고 효율성 면에 막대한 책임을 지는 사람은 없다. 또한 건축가와 맞먹을 정도로 건물의 전반적인 구조 설계에 지대한 영향을 끼칠 수 있는 사람도 구조 공학자뿐이다. 푼은 내게 말했다. "최고의 경지나 정점에 이르게 되면 예술과 공학, 공학과 예술은 서로 불가분의 관계가 됩니다. 훌륭한 공학자는 반드시 창의적이고 예술적으로 사고할 줄 알아야 하죠."

아무리 상징적인 의미가 있더라도 상업 건물인 만큼, 상하이 타워의 건축 설계를 맡고 있는 젠슬러Gensler의 대표 겸 설계 총괄 책임자인 준 시아Jun Xia는 상하이 타워가 "현대성의 상징이며, 중국이 마침내 이 같은 경제 수준에 도달했다는 비유"이기도 하다고 프레젠테이션에서 설명했다. 상하이는 그러한 비유 뒤에 있는 사고방식을 현실로 실현하기 위해 한 마음 한 뜻으로 부단히 노력 중이다. 나는 상하이 푸둥(浦東) 국제 공항에서 자기 부상 열차를 탔는데, 그것은 10년 전에 처음 생긴 이후 상하이를 방문하는 모든 여행객들에게 유용한 이동 수단이 되고 있다. 이 12억 5000만 달러짜리 프로젝트의 자본 조건이 다소 미심쩍다는 사실도 아무 문제가 되지 않는다. 세계에서 가장 빠른 상업용 열차, 철로 위를 나는 이 초현실적인 로켓의 속도는 시속 431킬로미터까지 달하는데 목적지까지 가는 내내 차량 앞쪽에 달린 디지털 화면으로 열차의 속도가 얼마나 빠른지 승객들에게 친절하게 알려 주기까지 했다. (속도계를 설치한 것은 아주 영리한 판단이었다. 나를 비롯한 승객들은 창 밖으로 바깥 풍경이 쏜살같이 지나가는 동안 속도계의 숫자가 순식간에 상승하는 것을 지켜보거나 그 영상을 찍으면서 대부분의 시간을 보냈다.)

화려하게 반짝이는 높은 그림자 아래 어둡고 침침한 골목길과 금방 허물어질 듯한 허름한 2층 건물들. 도시 안에 또 다른 도시가 숨어 있는 듯 보이는 상하이의 충격적인 빈부 격차는 뉴욕 시가 평등한 곳처럼 느껴질 정도다. 하지만 전 세계 다른 모든 정부들이 그렇듯이 그것은 아마 상하이 정부가 그들보다 부유한 국가의 국민들이나 방문객들에게 보여 주고 싶은 광경은 아닐 것이다. 외지인들의 눈과 귀는 이 작은 도시의 경제적 발전에만 쏠려야 했다. 미국과 유럽 대부분이 장기적 경기 침체에 함몰해 있는 동안 나는 중국인 쇼핑객들이 추수감사절 세일 기간이라도 되는 양 록시땅L'Occitanes과 갭Gap을 쓸어 담고 있는, 인파로 터질 것 같은 쇼핑몰을 돌아다녔다. 내가 묵고 있는 세련된 고층 호텔의 엘리베이터에서는 음악 소리가 그칠 새 없이 흘러나왔고, 길 건너편에서는 수백, 아니 수천 개의 댄 플래빈Dan Flavin 풍 형광 조명이 건물 위로 끊임없이 현란한 색색의 빛기둥을 비춰 대고 있었다. 그 이유가 뭐냐고? 안 될 건 또 뭔가?

이처럼 공산주의와 자본주의가 기형적으로 결합된 도시에서, 상하이 타워는 이미 매우 영예롭고 중요한 지위를 차지하고 있다. 상하이 도시 계획 전시관에서 내가 가장 먼저 발길을 향한 곳은 어마어마하게 거대한 도시의 축적 모형이었다. 거의 방 하나 전체를 차지하고 있는 이 3D 미니어처에는 벌써 완공된 상하이 타워가 세워져 있었다.

현재 상하이 타워가 건설 중이고 이미 두 채의 걸출한 초고층 건물이 서 있는 푸동신구(浦東新區)의 루자쭈이(陆家嘴) 금융 무역구는 게슬러의 건축가 준 자오의 말에 따르면 "런던, 맨해튼과 어깨를 나란히 하는 국제 금융 중심지를 건설하고자 하는 중국의 야심찬 전략"의 일부이다. 유명 고층 건물을 건설할 때면 당신은 안정적인 건물 구조를 확보하는 것을 넘어 해당 도시, 아니 심지어 해당 국가의 위상과 염원까지도 책임 져야 하는 것이다.

상하이 타워가 있는 곳에 도착했지만 앞으로 무슨 일이 생길지는 아직도 미지수다. 푼과 그의 회사 손튼 토마세티Thornton Tomasetti와 미리 약속을 잡아놓긴 했으나 내가 이 미완성 건물을 얼마나 오래 자세히 볼 수 있을지, 그리고 무엇보다 과연 꼭대기층에 가 볼 수나 있을지는 전혀 알 수가 없다. 평소에 높은 곳을 무서워하는데도 이렇게 높은 초고층 건물, 그것도 아직 건설 중인 건물 꼭대기에 올라간다고 생각하니 벌써부터 마음이 들썩거렸다. 근사한 도시 경관이야 다른 전망대에서도 볼 수 있지만 지금도 하늘을 향해 쑥쑥 자라고 있는 건물의 꼭대기에 오른다면 그것을 완성하기 위한 창대한 노력을 더 절실하게 실감할 수 있지 않을까. 그뿐만 아니라 엄격한 안전 조치도 없이 그런 아찔한 높이에 올라간다고 생각하니 왠지 반항적인 해방감마저 느껴졌다. 푼은 상하이 타워 프로젝트에서 꽤 높은 지위를 차지하고 있지만 그런 푼조차도 이번 방문이 어떻게 돌아갈지는 정확히 알지 못했다. 이 거대한 미완성 건물은 출입이 극도로 엄격하게 제한되고 있었다. 솔직히 위험하긴 했다. 소송이 밥 먹듯 벌어지고 법적 책임이 난무하는 미국에서라면 신 세계 무역 센터의 공사 현장을 방문하는 것은 거의 불가능한 일이었을 것이다. 하지만 아무리 중국이 미국에 비해 보험 문제나 법률적 장애가 훨씬 적은 곳이라 한들 미국인 언론인인 나를 전적으로 환영하는 상황도 아니었다.

나는 진마오(金茂) 타워 로비에서 푼과 만났다. 진마오 타워는 상하이 세계 금융 센터와 함께 세 개의 초고층 건물로 구성된 삼각형에서 완성된 두 꼭지점을 맡고 있다. 그다음에는 한 블록을 걸어 상하이 타워와 인접해 있는 나지막한 건물로 향했는데, 그 건물은 현장 관리 사무소이자 미래의 세입자들을 위한 일종의 전시장으로 활용되고 있었다. 로비 뒤쪽에 있는 커다란 방에는 요란한 홍보의 장(場)이 펼쳐지고 있었다. 벽에는 상하이 타워의 청사진과 수많은 도표들이 걸려 있고, 수직으로 설치된 네 개의 비디오 화면에서는 3D 컴퓨터 애니메이션과 움직이는 그래프들이 서로 맞물리며 멋들어지게 돌아가고 있다. 모니터 앞에 서 있는 내 머리 위로는 족히 9미터는 될 법한 타워 모형이 형광색 푸른 조명을 받으며 우뚝 서 있다.

내가 서 있는 곳 바닥에는 투명한 유리가 깔려 있는데 그 밑에는 상하이의 지도가 환하게 빛나고 있다. 단순한 선은 도로, 파랗게 빛나는 부분은 황포강(黃浦江)이다. 불투명한 유리 미니어처는 세계 금융 센터와 진마오 타워, 상하이 타워로, 지도에서 유일하게 입체적으로 묘사되어 있었다. 이 방은 화려하고 눈부신 개인 박물관 같았다.

푼은 몸집은 작고 가냘팠지만 활기가 넘치는 사람이었다. (그의 한 동료는 푼이 아시아 전역으로 출장을 다녀서 몸이 늘 시차에 적응하는 중이기 때문이라고 말하기도 했다.) 항시 바쁜 사람이라는 분위기를 풍기고 있어서 영 말을 걸기가 쉽지 않았다. 정확한 일정이 궁금했지만 물어보기가 망설여졌다. 한 20분 동안 건물 발치에서 서성거리다 돌아가는 걸까, 아니면 세 시간 동안 엄청나게 자세하고 친절한 안내를 받게 될까. 푼이 양복 바지에 윈드 브레이커를 입은 한 직원과 중국어로 이야기하는 모습을 지켜보는데도 푼이 그 대답을 알고 있는지 아니면 조금 있다 구경을 시작한 뒤에나 결정할지, 아니면 과연 그런 결정을 내릴 권한은 있는지 도통 알 수가 없었다. 나중에 우리의 안내원이자 인솔자로 밝혀진 그 직원이 안전모를 나눠 주었다. 그는 푼과 계속해서 중국어로 떠들었고 나는 안전모의 끈을 조이며 두 사람을 따라 상하이 타워로 향했다.

데니스 푼은 홍콩에서 자랐고, 그곳에서 영어를 배웠다. 홍콩은 영어를 제2언어로 이용하는 경우가 잦다. 그리고는 1974년 열아홉의 나이에 학생 신분으로 성공의 기회를 찾아 미국으로 건너왔다. "나는 늘 생각과 글, 표현의 자유가 있는 민주주의 미국을 좋아했습니다." 그는 이내 덧붙였다. "그리고 당시에 미국은 첨단 기술 분야에서 매우 앞서 있는 나라였죠." 푼은 엘 파소 텍사스 대학University of Texas at El Paso에 입학했고 학창 시절 내내 생활비를 벌며 6학기 내에 토목 공학 학위를 땄다. 'UTEP'에서 학사 학위를 딴 후에는 컬럼비아 대학에서 토목 공학 석사 학위를 얻었다.

1977년 컬럼비아에 입학한 첫 해에 그는 손튼 토마세티(당시에는 레브 제틀린 앤드 어소시에이츠 Lev Zetline & Associates)에서 일하기 시작했다. 수습 엔지니어였으며 당시 회사의 열여섯 번째 직원이었다. 현재 토마세티는 직원이 700명 이상, 전 세계 20곳 이상에 지점을 거느리고 있다. 푼은 "지난 35년 동안 회사와 함께 성장한 행운아"로, 현재에는 부사장이자 이사회의 일원이기도 하다. 손튼 토마세티는 공연장, 경기장, 호텔, 공항 등 다양한 건축물을 구조 설계하지만 이들의 성장은 주로 우리가 "초고층 supertall" 건물이라고 부르는 높이 300미터 이상 건물의 부상과 번영을 반영한다. (초고층 건물은 각 층의 간격은 다양해도 대개 70층 이상의 건축물을 의미한다.) 불과 6년 전인 2008년만 해도 전 세계에 존재하는 초고층 건물은 대략 36곳에 불과했다. 오늘날 그 숫자는 72곳에 이른다. 하늘 높이 오르려는 인간의 욕망과 그것을 실현하는 능력은 해가 지날수록 과열되어 이제는 아예 높이 600미터 이상의 건물을 가리키는 "극초고층 megatall"이라는 새로운 용어가 탄생했다.

"간단히 말해 옛날에는 초고층 건물이 없었습니다." 푼은 말했다. "1977년에는 아주 드물었지요." 손튼 토마세티는 초기에 학교와 병원, 쇼핑몰과 창고 등을 설계했다. "대부분의 건물들은 20층 남짓이었고 기껏해야 30층 정도가 최고였습니다." 푼이 말했다. "하지만 그러다 갑자기 조사 보고 일감이 점차 늘기 시작했죠." 흔히 법 공학이라 불리는 조사 보고는 곧 구조 공학의 하위 분야로 발전했고, 얼마 안 가 토마세티의 전문 분야가 되었다. 초기의 법 공학 프로젝트 중에는 보스턴에 있는 존 핸콕 타워^{John Hanckock}의 유리창이 낙하하는 원인을 분석하는 것과(당시에 는 꽤나 큰 화젯거리였다.) 뉴욕 걸프 앤드 웨스턴 빌딩^{Gulf & Western Building}의 극심한 진동과 균열을 해결하는 방법도 포함되어 있었다. 구조 공학적으 로 잘못된 건물을 분석하는 업무는 푼이 초고층 건물을 어떻게 설계하 고 건축해야 하는지에 대한 지식을 키우는 데 도움을 주었다.

오늘날 푼은 보통 설계의 초기 단계에서부터 참여하고, 심지어 계약 을 따기 전부터 건축가와 합심하여 일한다. 상하이 타워의 경우에는 설 계 공모전이 열렸는데, 이는 대규모 건축 프로젝트에서는 무척 흔한 일 이다. 공모전에 참가한 건축가들의 이름이 시끌벅적한 뉴스거리가 되고, 쉴 새 없이 보도되던 신 세계 무역 센터가 그러했듯이 그들이 제출한 건 축 설계는 각종 매체에 공개되었다. 반면 설계를 현실로 만들기 위해 건 축가와 손잡고 있는 공학 기업에 대해서는 아무 정보도 들을 수가 없다. 겐슬러는 상하이 타워 이전에 초고층 건물을 건설한 경험이 전무했기에 푼의 지휘하에 이미 설계 경험이 풍부한 손튼 토마세티와 협력 관계를 맺었다. 그렇지 않았다면 그들은 이 대형 고객에게 그들의 계획에 대한 확신을 줄 수 없었을 것이다.

건물을 지을 때 공학자들은 대개 건축가의 지시를 따르기 마련이다. 그러나 초고층 건물이나 장지간 구조물(long-span, 長旨間: 교량, 비행기 격납고, 경기장 지붕처럼 지지 기둥 사이의 거리가 먼 구조물)처럼 형태와 기 능이 통합된 어렵고 복잡한 구조물을 건설할 때에는 좀 더 동등한 공동 작업의 모양새를 띠게 된다. 이런 결합의 대표적인 예로는 베이징에 있는 환상적인 CCTV 건물을 들 수 있다. CCTV 본사 건물은 두 개의 건물이 각각 기가 막힌 각도로 교묘하게 기울어져 있지만 위쪽과 아래쪽이 하나로 연결되어 하나의 연속적인 구조물을 구성한다. 이 생경하게 생긴 건물을 지탱하는 공학적 구조는 "안정적인 시스템을 형성하고 상이한 하중 조건하에서 구조물에 실리는 힘의 분포를 반영하는" 표면의 불규칙한 격자 구조에서 육안으로 확인할 수 있다. 푼과 같은 엘리트 구조 공학자들에게 야심찬 대규모 건축 프로젝트를 미학적으로 완성시킨다는 무거운 책임감은 그들이 떠안아야 할 짐이자 명예이다. "좋은 공학자라면 공학적 요소들을 예술적으로 설계할 줄 알아야 합니다."

그러나 공학적 구조가 건축물 안에 면밀히 짜여 있다 하더라도 그것을 완성한 공학 전문가들은 여전히 보이지 않는 곳에 남는다. 심지어 악의적인 비방을 받을 때도 있다. "공학자들은 미숙한 초보 건축가일 뿐이다……. [그들은] 모든 것을 알면서도 아무것도 이해하지 못한다." 이 말을 한 장본인이 프랭크 로이드 라이트Frank Lloyd Wright라는 사실은 울화통이 치미는 일이다. 왜냐하면 그가 설계한 많은 유명 건축 작품들이 구조 공학상(모두 그의 고집에 따른 것이었다.) 시간의 시험을 통과하지 못했기 때문이다. 실제로 라이트와 일하던 구조 공학자들은 그들 손을 거친 결과물에 깊은 책임감을 통감한 나머지 조심스럽고 은밀하게 '올바른' 건축가의 계획을 따랐다고 알려져 있다. 프랭크 라이트가 설계한 가장 유명한 건축물 중 하나인 '폴링워터Fallingwater'는 설계상 결함이 너무 명백해서 공학자가 라이트 몰래 원 설계보다 보강한 빔을 사용했을 정도다. (완강하기로 악명 높은 라이트는 절대로 자신의 설계를 변경하지 않았기 때문에 건물의 안전성을 확보할 유일한 길은 라이트 모르게 일을 진행하는 것뿐이었다. 나중에 이 사실을 알게 된 라이트는 길길이 날뛰며 프로젝트를 그만두겠다고 협박했다고 한다.) 하지만 그들의 판단이 옳았다. 오랫동안 라이트의 건축물을 수리하고 재건해 온 로버트 실먼Robert Silman은 만일 그렇게 하지 않았다면 "건물은 무너졌을 겁니다."라고 말한다.

우리는 저작자와 책임감이 떼려야 뗄 수 없는 관계를 맺고 있다고 생각한다. 어쨌든 어떤 제품이나 프로젝트에 누군가의 이름을 붙인다는 것은 그가 '책임을 진다.'고 공포하는 것이나 다름없으니까 말이다. 하지만 만약 가장 중대한 책임을 진 사람이 겉으로 드러나지 않는다면 어떨까? 책임과 익명성 사이에는 아주 흥미로운 상호작용이 존재한다. 비록 대중의 기억 속에는 **작은 주석에 불과한 이름**일 뿐이지만 만약 폴링워터의 구조 공학자가 보이지 않는 책임을 도맡지 않았다면 그 건물은 언젠가 그것이 근사하게 얹혀 있던 폭포 아래로 처참하게 굴러 떨어졌을 것이다. 이와 마찬가지로 상하이 타워의 수석 공학자이자 구조 설계를 책임지고 있는 푼은 내게 "건축 공학은 팀 워크"라는 사실을 이해시키기 위해 부단히 애를 썼다. 그뿐만 아니라 그는 그의 전문 분야와 수많은 다른 분야들이 어떻게 함께 일하는지 설명하고, 최상의 결과를 내기 위해 서로 협력하는 것이야말로 가장 중요하다고 누누이 강조했다. 폴링워터의 공학자처럼 숨어서 일하든 아니면 어느 정도의 권한이나 직권을 원하든, 책무를 지는 것은 당신의 이름을 크고 굵은 글씨로 쓰는 것이 아니다. 오히려 그 반대의 경우가 더 흔하다. 이해가 잘 안 될지 모르지만 진정한 리더십과 책임감은 자신을 팀의 일원으로, 자신이 하는 일을 일종의 봉사로 여기는 사람에게서 비롯되는지도 모른다.

말이야 겸손하지만 사실 푼은 수석 공학자로서 상하이 타워의 안정성을 확보할 궁극적 책임을 지고 있다. 632미터 높이의 웅장한 초고층 건물에 대한 그의 책임과 자부심을 이해하는 데 가장 알맞은 출발점은 아마도 건물 자체의 구조를 이해하는 것일 테다. 오늘 우리가 둘러볼 건물은 실로 경이롭다. 어찌 보면 상하이 타워는 두 개의 건물을 하나로 합친 것과 비슷하다. 원통형으로 솟은 본체와 그 주위를 나선형으로 타고 올라가는 외피(外皮, outer skin)다.

타워의 단면도를 보면 원과 주위를 에워싼 둥그스름한 모서리의 삼각형(기타 피크처럼 생긴)을 구분할 수 있다. 이제 원과 삼면이 맞닿아 있는 기타 피크가 원 주위를 빙글빙글 돌고 있다고 상상해 보라. 또 다른 면으로 보자면 상하이 타워는 12층에서 15층에 달하는 아홉 개의 작은 건물들이 순서대로 쌓여 있다고 볼 수도 있다. 마치 웨딩케이크처럼. 그 각각의 작은 건물들 사이에는 세상에서 제일 큰 기타 피크라고 할 수 있는 콘크리트 판이 외피까지 확장되어 있고, 그 위에는 또다시 작은 본체 건물이 놓여 있다. 외피는 조금씩 비틀어지면서 안쪽으로 점점 좁아지는데 본체의 바닥판과 만나 원과 삼각형이 맞닿는 형태를 그린다.

인비저블

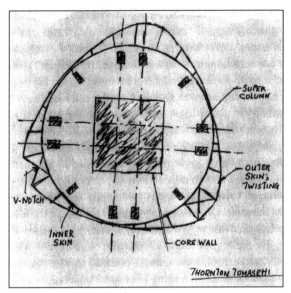

상하이 타워 단면도

이처럼 여러 개의 건물을 하나로 연결하고 — 본체와 외피 양쪽 모두 — 올바로 기능하게 만드는 것이야말로 구조 설계의 핵심이다. 대략 14층마다 있는 원형의 본체 건물과 외피 사이의 공간은 전면이 유리로 둘러져 아트리움을 구성한다. 그런 확장층에는 식당가와 상가 등 각종 서비스와 편의 시설이 조성되고 공원 같은 휴식 공간에는 키 높은 나무들이 심어진다. 따라서 거주민이나 회사원은 점심을 먹거나 소소한 볼일을 위해, 또는 약간의 초록색을 감상하기 위해 굳이 지상까지 내려갈 필요가 없다. 또 확장층은 비상용 피난 구역이나 기계실로도 활용된다.

이런 확장층만이 외피와 이어져 있기 때문에 아트리움의 천장은 아무 방해도 받지 않고 14층 높이로 곧게 뻗을 수 있다. 이런 식의 외피를 설계한 건물이 이미 몇 개 있긴 하지만 상하이 타워는 다양한 공간으로 활용할 수 있는 아트리움을 가진 세계 최초의 건물이 될 것이다. "건물을 이중 구조로 설계하는 것만도 어려웠는데, 내측 커튼 월^{curtain wall}(하중을 지지하지 않는 단순한 칸막이 역할을 하는 바깥 벽 — 옮긴이)과 일정 간격으로 유지되지 않는 외피를 짓는 건 처음 해 보는 일이었습니다." 게슬러의 대표인 대니얼 위니^{Danial Winey}의 말이다.

상하이 타워의 발치에 서서 육중하고 거대한 슈퍼 기둥^{supercolumn}과 고개를 끝까지 젖혀야 눈에 들어오는 공중에 매달린 크레인을 마주하면 이 건물의 어마어마한 규모를 실감하게 된다. 아직 뼈대만 있는 첫 5층 정도를 제외하고 외피의 20층 남짓에는 벌써 유리벽이 덮여 있다. 그 위로 아직 완성도가 들쑥날쑥한 층들을 보면 각각의 구조물과 자재들이 어떻게 서로 기대고 작용하는지 확인할 수 있다. 비틀린 커튼 월(외피), 유리벽, 안쪽의 원통형 본체 건물, 그리고 기타 피크처럼 생긴 바닥판. 나는 상하이에 오기 전에 뉴욕에서 푼과 미리 만나 오랜 시간을 들여 상하이 타워의 구조를 연구했다. 그렇지만 막상 여기 와서 이 광경을 보니, 특히 아직 완성되지 않은 건물을 보고 있으려니 말로만 듣던 온갖 비유와 묘사가 갑자기 생경한 현실이 되어 내 앞에 불쑥 나타난 것만 같다. 이야기는 많이 들었지만 늘 머릿속으로 상상만 하던 아내의 대학 시절 친구를 처음 만났을 때처럼 말이다.

우리는 공사 현장으로 발을 내디뎠다. 임시로 만들어 놓은 보행자용 철판을 따라가며 나는 5층 깊이로 파여 있는 아래쪽 구덩이를 내려다보았다. 구멍이 숭숭 난 스파게티 판에 찰흙덩어리를 밀어 넣은 것처럼 콘크리트 기둥 밖으로 길쭉한 철근들이 빠져 나와 있다. 땅바닥에 누워 있던 커다란 강철 빔이 크레인에 들려 천천히 하늘 위로 올라간다. 얼마나 무거울지 상상도 안 될 강재가 와이어 하나에 매달려 대롱거리는 것을 보니 나도 모르게 안전모로 손이 올라간다. 나는 푼과 아직 이름도 모르는 가이드를 따라 건물 안으로 더 깊이 들어갔다. 사방은 시끄럽고 축축했으며, 모든 것이 황당할 정도로 거대하게 느껴졌다. 인간의 크기에 알맞은 벽이나 칸막이 하나 없이 온통 익숙치 않은 규모의 지지보와 기둥들뿐이었기 때문이다. 철창으로 만든 엘리베이터에 올라타니 몸이 서서히 위로 올라가는 것이 느껴진다.

나와 푼, 가이드, 엘리베이터 안내양과 일꾼 다섯 명이 다 타기에는 다소 좁은 엘리베이터였다. 우리는 11층에서 내렸다. 주위는 온통 콘크리트고 벽은 뻥 뚫려 있다. 나는 가장자리로 걸어가 아트리움을 내려다보았다. 바닥판에 타원형의 커다란 구멍이 뚫려 있는데, 레몬 모양의 구멍 안에 더 깊숙이 뚫린 사각형 구멍이 보였다. 아트리움 안에서 자랄 나무들을 심을 곳이었다. (14층 높이면 공간이 충분하다.) 아트리움은 아직 완공되지 않은 상태인데도 매우 아름다웠다.

우리는 어두침침한 계단을 타고 두 층 밑으로 내려갔다. 곳곳에 완공된 사무실이 있었는데 아마도 미래의 세입자들에게 보여 주기 위한 공간인 듯했다. 건물의 낮은 층에는 상가가 들어서고 그 위로 80층 남짓은 사무실, 그리고 나머지 30층 남짓은 세계에서 가장 높은 호텔이 될 터였다. 마지막 35미터는 왕관 지붕crown과 전망층이었다. 이 분양용 모델 사무실의 올림바닥과 내림천장은 이미 완성되어 있었다. 조명은 핀포인트 LED였는데, 흥미롭게도 눈에 거슬리는 형광빛의 눈부시고 차가운 흰색을 띠고 있었다. 타워의 독특한 디자인에 감명을 받은 후에 이런 평범한 사무실 인테리어를 보니 실망스러웠다. 푼과 나는 모델 사무실을 떠나 같은 층에 있는 미완성 구역으로 향했다. 전에 봤던 두 층 위와 비슷해 보였다. 다시 공학자의 품으로 돌아온 듯한 안정감이 느껴졌다.

"여기 있는 빔들은 뭔가요?" 나는 유리판 사이에 수직으로 서 있는 기둥을 가리키며 물었다. "그건 수직부재(垂直部材)입니다." 푼이 대답했다. "그럼 이건요?" 나는 내 옆에 있는 봉을 건드렸다. "스프레이 내화처리가 되어 있는 보조 철골이죠." "그러니까 단열재 아래 있는 철제 아이빔인 거군요." 내가 재차 물었다. "아뇨, 철제 기둥column이죠." 그는 인내심 있게 내 말을 고쳐 주었다. (내가 눈에 보이는 모든 것을 '빔'이라고 지칭할 때마다 푼은 마치 조너선 프랜즌Jonathan Franzen이 글쓰기 입문 수업을 듣는 학생들이 '달리다'와 '말하다'를 명사라고 부를 때에 머리가 지끈거리는 것과 비슷한 느낌을 받을 것이다.) 어쨌든 모든 요소들(내가 각각의 구조물과 자재를 부르는 포괄적 용어)은 강재 아니면 철근 콘크리트로 만들어져 있었다. 푼의 팀은 요소들의 형태와 크기를 결정하는 것은 물론, 쓰임새에 따라 필요한 다양한 특성과 인장력(引張力)을 지닌 최상의 콘크리트 배합과 적절한 합

인비저블

금 비율을 알아내기 위해 온갖 분석과 테스트를 거친다. 심지어는 각각의 요소들을 연결할 때 무엇을 사용해야 하는지 철공 기술자들에게 일일이 지시를 내리기도 한다. 하딩이 길 찾기 시스템을 구축할 때, 그리고 애펠이 향수를 조제할 때 과학과 예술이 조화를 이뤄야 하듯이 초고층 건물을 건설할 때에도 극도로 양분된 사고방식이 필요하다. 건물의 전체 구조에 대한 거시적인 창조성뿐 아니라 모든 기둥과 보, 부재, 트러스, 철골 데크, 철근 등 세부 사항에 대한 세세하고 꼼꼼한 주의와 배려가 필요한 것이다.

그것은 거의 불가능할 정도로 방대한 양의 자재와 업무를 책임져야 한다는 뜻이다. 하지만 푼은 이 일을 즐기고 있는 듯 보인다. "높은 빌딩을 좋아하는 건 아마 내가 작아서 그런 걸 겁니다." 한번은 강연에서 자신을 이런 식으로 소개한 적도 있다. 고층 건물의 이름이 줄줄이 적힌 그의 이력서를 생각하면 그는 난쟁이라도 무방하리라. 이처럼 경이로운 건물들의 건축을 총괄하고 즐기려면 건전한 자부심과 기꺼이 책임을 떠맡는 자세가 필요하다. 일정 수준의 겸허함도 빠트릴 수 없다. "경험이 충분하면 많은 책무를 질 수 있습니다. 책임은 경험과 함께 성장하죠." 푼은 내게 말했다. 그가 이 분야에서 최고에 올라서기까지 얼마나 많은 시간이 걸렸는지 생각하면 인내심이 중요한 책무를 지는 데 얼마나 중요한지 짐작될 것이다. "일단 풍부한 경험을 갖추면 공학 설계나 건축 시 발생하는 어려움이나 문제점들을 다소 용이하게 해결할 수 있습니다. 갖가지 상황에서 일을 어떻게 해야 할지 알 수 있으니까요." 그는 말한다.

푼은 오로지 경험을 통해 이런 커다란 책임을 맡을 능력을 키워 왔다. 하지만 일단 그럴 각오만 되어 있다면 당신이 얻을 수 있는 보상은 어마어마하다. "책임자가 된다는 도전을 두고 불안감이나 부담감을 느끼면 안 됩니다. 그보다는 명예롭고 즐거운 일이라고 생각해야죠."

데니스 푼은 이제 그런 힘이나 권한에 대해 대수롭지 않게 생각할 수 있는 위치에 있다. UC 버클리 하스 경영대학원Haas School of Business의 심리학 교수 캐머런 앤더슨Cameron Anderson이 연구한 바에 따르면 책임에 대한 욕구에 상응하는 "권한과 지휘권에 대한 욕구는 권력의 획득 여부를 판단할 수 있는 예측 변수"라고 말했다. 그는 기꺼이 책임을 떠맡고 그것을 진심으로 즐기는 사람들은 리더의 위치에 오를 가능성이 크다고 설명했다. 이런 책임에 대한 열망과 심지어 '그것을 향유하는 경향' ─ 인비저블의 세 가지 특성 중 세 번째 ─ 은 내가 만난 거의 모든 인비저블에게서 찾아볼 수 있었다.

"우리는 동네북이죠. 무슨 일이 일어나면 항상 우리 잘못이니까요." 뉴저지 프리홀드Freehold에 있는 센트라스테이트 의료 센터CentraState Medical Center의 마취과 의사 앨버트 스카마토Alvert Scarmato의 말이다. UCLA 의료 센터UCLA Medical Center의 마취 전문의인 조지프 멜처Joseph Meltzer 박사는 수술이 끝난 뒤에 감사 인사와 '과일 바구니'를 받는 것은 외과의지만 실제로 수술실을 이끄는 것은 마취의라고 말한다. "TV에서 외과의들이 수술을 지휘하는 걸 보면 좀 웃깁니다. 실제로 수술을 하다 응급 상황이 닥

치면 제일 먼저 당황하는 건 그 사람들이거든요. 이거 괜찮은 거냐고 날 이렇게 쳐다보죠. 예상치 못한 일이 생겼을 때 나서서 상황을 침착하게 정리하는 건 대부분 내 일입니다." 스카마토는 말했다. "하지만 난 그런 책임을 맡는 걸 좋아합니다. 내가 약간 통제광인 데가 있어서요." 그는 자진해서 자신의 성격을 설명했다.

"항상 일어나는 건 아니지만 워낙 자주 일어나는 탓에 웬만큼 익숙하거나 어떻게 해결해야 할지 아는 상황들이 있습니다." 멜처가 말한다. "한번은 환자의 호흡기에 관을 삽입해야 하는데 문제가 생겼어요. 그래서 기도를 확보하는 다른 방법들을 하나씩 시도해 봤지요. 그런데도 통하질 않아서 그다음에는 약간 변칙적인 방법들을 차례대로 해 봤고요. 머릿속으로는 줄곧 산소가 공급되지 않으면 이 환자 곧 죽을 텐데 하는 생각을 하면서 말이죠." 그가 말했다. "결국엔 작은 광섬유 카메라를 이용해서 관을 삽입했지요. 어쨌든 침착하게 할 일을 하는 게 중요합니다."

다른 분야 혹은 다른 이들은 일반적으로 세 특성 중 하나가 다른 두 가지를 압도하는 반면, 인비저블은 세 가지 특성을 동등하게 구현하는 경향이 있다. 그 점에서 마취 전문의들은 대단히 섬세하고 꼼꼼하며, 무슨 일이 있어도 쉽게 무너지지 않는 훈련을 받는다. "나는 환자에게 연결된 기계에서 나는 소리만 듣고도 뭐가 잘못됐는지 알 수 있습니다." 스카마토 박사의 말이다. "화면에 나오는 심장 박동 그래프를 볼 필요도 없이 소리만 들어도 어떻게 된 건지 알 수 있죠." 이런 치밀하고 꼼꼼한 능력은 그들에게 만족감을 선사한다. "많은 동료들이 정확하고 꼼꼼한 걸 좋아해요." 멜처 박사가 말했다.

마취 전문의는 여러 종류의 전문 의사들 중에서도 특히 잘 알려져 있지 않은 부류다. 그들은 환자들과 잠시 스쳐 지나갈 뿐이기 때문에 수술이 성공적으로 끝나도 칭찬이나 감사(멜처의 말을 빌면 과일 바구니)를 받는 경우가 거의 없다. 실제로 그들은 뭔가가 잘못되었을 때에만 표면 위로 등장한다. 인비저블의 첫 번째 특성, 즉 인정받는 데에 연연하지 않는 태도를 가진 사람들은 일반적인 경우와는 달리 남의 눈에 띄지 않는다는 역전된 공식을 통해 성공하고 발전한다. "우리는 환자가 생존하는 데 매우 중요한 존재지만 우리의 역할은 환자들에게 과소평가되는 경향이 있지요." 멜처의 말이다. 하지만 그는 개의치 않는다. 모든 인비저블이 그렇듯, 그들이 받는 보상은 일 자체에 있다. 마취 전문의가 되기 전에 스카마토 박사는 소방관과 응급 구조원으로 일했는데, 종종 그가 도운 사람들에게서 감사 인사를 받거나 평소에 사람들에게 직업을 밝히면 존경이나 감탄의 말을 듣곤 했다. 하지만 지금은 그런 반응을 거의 만날 수 없는데도 그는 이렇게 말한다. "나는 내 일을 좋아합니다. 옛날에 하던 일보다도 더 마음에 들어요. 다른 사람들은 돈을 더 많이 버니까 그럴 거라고 생각하겠지만, 그게 아닙니다. 나는 이 일에서 얻을 수 있는 무거운 책임과 권한, 그리고 외과의들처럼 수술 후 환자들과 장기적인 관계를 맺지는 않아도 아픈 사람들을 돕는다는 자부심에서 보람을 느낍니다."

나는 데니스의 뒤를 따라 엘리베이터에 올라탔다. 이번에는 무엇이 기다리고 있을지 여전히 알 수 없었다. 다른 층을 보러 가나? 아니면 이걸로 견학은 끝인 걸까. 혹시 꼭대기층에 올라가는 걸까? 푼은 내가 옥상을 보고 싶어 한다는 것을 알고 있었지만 나는 이번 시찰이 그에게도 드문 일이라는 것을 알 수 있었다. 푼은 작업 현장에 자주 드나들긴 해도 프로젝트를 책임지고 있는 다른 장급 간부들과의 회의에 참석할 뿐 굳이 개인적으로 공사 현장을 감독하지는 않았다. 나는 중국어를 모르는데다 그 무뚝뚝한 어조로는 무슨 이야기를 하는지 도통 짐작도 가지 않았기 때문에 푼과 가이드가 어쩔 작정인지 전혀 알 수가 없었다.

엘리베이터 안에는 이미 한 무리의 일꾼들이 타고 있었다. 모두 똑같은 안전모를 쓰고, 먼지투성이에 페인트와 기름자국이 얼룩진 평범한 작업복을 입고 있다. 미국에서 흔히 볼 수 있는 닳디 닳은 칼하트^{Carhartt} 재킷과 디키즈^{Dickies} 작업복이 아니라 윈드브레이커와 얇은 바지를 걸치고 있긴 했지만 말이다. 걱정스러운 게 있다면 미국에서는 당연히 신어야 하는 발가락 부분에 철판을 덧씌운 작업용 부츠하고는 거리가 한참 먼 운동화와 캐주얼 신발을 신고 있다는 점이었다. 복장에서 드러나는 이런 안전 불감증이 부디 공사장이나 엘리베이터까지는 마수를 뻗치지 않았기를. 마스크를 쓰고 멍한 눈빛으로 의자에 앉아 있는 엘리베이터 안내양이 손잡이를 움직이자 철제 엘리베이터가 서서히 올라간다. 아주, 아주 천천히 말이다. 벽에 적힌 숫자들이 지나간다. 18, 19, 20…… 한 층 한 층 숫자가 늘어날 때마다 가슴이 두방망이질 치고, 그와 동시에 조금씩 불안감도 부풀어 오르기 시작했다. 31, 32, 33…….

47층에서 엘리베이터가 멈추고 인부들이 내렸다. 우리는 그 뒤로 두 개 층을 더 올라가 화성처럼 황량한 배경 속에 착지했다. 엘리베이터에서 걸어 나온 우리를 먼저 맞이한 것은 바짓단이 펄럭일 정도로 거세게 울부짖는 바람의 비명 소리였다. 아래층과 마찬가지로 콘크리트 표면이 많았지만 보조 철골과 기둥은 더 적었다. 그리고 창문이 없었다. 유리창이 없으니 내측 건물과 외측 커튼 월의 우아한 뼈대가 한눈에 들어왔다. 푼과 나는 바닥 가장자리에서 겨우 30센티미터쯤 떨어진 곳에서 발을 멈췄다. 허리 높이쯤 있는 강관비계에 안전망이 느슨하게 걸려 대롱거리고 있었다. 팔만 뻗으면 손 끝에 진마오 타워가 닿을 것만 같았지만 저 아래 발밑에 보이는 거리와 자동차들은 마치 전시관에 있던 미니어처 모형처럼 조그마해 보였다. 바깥쪽을 더 가까이 내다보려고 살짝 몸을 기울인 순간 내 발이 그물망에 걸렸다. 순간 머리가 핑 돌면서 등골이 오싹해졌다. 나는 뉴욕에 살고 있다. 게다가 오랫동안 고층 건물 사무실에서 일해 온 사람이다. 하지만 아직 공사 중이라 벽도 창도 없는 초고층 건물의 49층에서 아래를 내려다보는 건 정말 웬만한 각오가 없다면 버거운 일이다. 나는 화들짝 놀라 뒤로 물러섰다. 뒤에서 약간 떨어져 있던 푼이 나를 미심쩍은 눈으로 쳐다보는 것이 느껴졌다.

머리 위에는 확장층이 길게 뻗어 있었다. 그 아래로 바닥판을 지탱하고 있는 거대한 수평 돌출 트러스가 보였다. 깔끔한 각도로 다양한 보와 기둥들과 연결된 육중한 철골들은 거의 수학적 증명처럼 보인다. 세련된 공학 기술의 단순성 속에는 뭐라 형용할 수 없는 아름다움이 있다. 상하이 타워의 외관은 어딘가 SF적이고 비현실적으로 보이지만 그 기저에는 확고하고 정밀한 구조 공학이 존재한다. 푼은 처음에 개발자가 이중 외피 구조와 꽈배기처럼 꼬인 표면에 대해 우려했다고 말했다. "생긴 게 너무 특이하면 비용이 많이 들어요."라는 말도 들었다고 한다. 하지만 푼은 이런 형태가 실제로는 기능성이 매우 뛰어나고 합리적일 뿐만 아니라 경제적이기도 하다고 그를 설득했다.

초고층 건물을 건설하는 것은 워낙 어렵고 독특한 도전이지만, 상하이 타워는 그중에서도 발군이다. 상하이는 지진이 자주 발생하는 지역이다. 더구나 건물 지반이 실트silt와 모래 함량이 많은 사질점토(砂質粘土), 그리고 흙으로 구성되어 있어 부드럽고 푹신하다. 심지어 거의 1킬로미터를 파 들어갔는데도 단단한 암반을 찾을 수 없을 정도였다. 지하수위(地下水位)도 워낙 높아—지반고(地盤高)의 1미터 밑—건물 기초 바닥판을 밀어 올리는 부력이 제곱피트당 2267킬로그램에 달했다. 따라서 기초 바닥판(과 건물)을 지면에 고정하기 위해 800개가 넘는 철근 콘크리트 말뚝을 각각 60미터 깊이로 박아야 했다. 기초 바닥판이 자그마치 6만 1000입방미터의 콘크리트로 만들어져 있다는 점을 명심하라. 이는 올림픽 수영장 25개를 가득 채울 수 있는 양이다. 또 만(灣)에서 흘러들어오는 물을 막기 위해 두께 1미터가 넘는 지하 연속벽Slurry Wall(지하에 설치하는 보호 장벽)을 설치했다. 그뿐만 아니라 과거에 이 지역에 발생했던 132차례의 지진을 연구하여 테스트한 결과(뉴욕에 있는 손튼 토마세티 사무실에서 지진의 강도와 효과를 강화한 컴퓨터 시뮬레이션을 본 적이 있는데 건물들이 정말로 중고차 판매점 앞에 서 있는 풍선 인형처럼 요동쳤다.), 상하이 타워는 이제 2500년에 한 번 덮쳐 오는 강력한 지진도 거뜬히 버텨 낼 수 있다.

상하이 타워 건물 전체를 지탱하는 것은 여덟 개의 '슈퍼 기둥'이다. 원통형 본체 건물의 동서남북에 각각 한 쌍씩 박혀 있는 이 기둥들은 지면에서 꼭대기까지 건물 전체를 관통하며, 타워가 좁아짐에 따라 안쪽으로 조금씩 가늘어지며 완만한 곡선을 그린다. 밑둥의 크기는 5x4미터이고 145톤짜리 강판으로 보강되어 있다. 건물 중앙에는 30x30미터의 철근 콘크리트 코어core가 서 있는데, 엘리베이터 통로와 기계 및 배관 설비, 계단통 등이 설치된다. 이 정도 규모쯤 되면 세부적인 부분들은 상상하기조차 힘들다. 하지만 관리 사무소 로비 벽에 걸린 손으로 그린 건물의 횡단면을 보면(이 장의 앞부분에 제시된 그림과 비슷한) 기본적으로 커다란 삼각형 안에 둥근 원, 그리고 그 안에 사각형이 들어 있는 모양새다.

건물을 세울 때에는 반드시 '모든 사항'을 고려해야 한다. 안타깝지만 그 안에는 테러리즘도 포함된다. 푼의 회사가 설계 중인 모든 초고층 건물에는 연쇄 붕괴를 방지하는 시스템이 마련되어 있다. 상하이 타워의 경우에 대해 푼이 말했다. "우리는 특정 층의 보조 기둥(슈퍼 기둥 사이에 있는)이 쓰러질 경우를 가정했습니다. 그래서 기둥의 하중을 분산하거나 이동할 수 있는 다른 하중 경로를 만들었죠."

그러나 이렇게 극도로 높은 건물에서 가장 골치 아픈 문제는 바람이다. 바로 여기서 외측 커튼 월이 활약하게 된다. 외피는 다양한 목적을 수행한다. 먼저 아트리움을 형성해 타워의 각 구획마다 독특한 휴식 공간을 제공한다. 또 이 공간은 대기실과 비슷한 완충 지대로도 작용한다. 커튼 월은 건물 내로 들어오는 일조량을 조절함으로써 냉난방 및 환기에 사용되는 전기량을 줄이고 겨울에는 냉기의 영향력을 줄인다. 하지만 가장 중요한 점은 커튼 월이 바람이 건물에 미치는 영향을 조절하는 가장 중요한 요소라는 것이다. 기묘한 각도로 뒤틀리고 일그러진 커튼 월은 바람의 하중을 줄이는 한편, 수직으로 세워진 유리벽과 건물 내부 공간을 안정적으로 유지한다.

풍동 기술 컨설턴트 회사인 RWDI^{Rowan Williams Davies & Irwin Inc}와 함께 대규모 풍동 연구와 실험을 하는 데만도 수십만 달러가 소요되었다. 그들은 로켓이나 미사일 발사에 사용되는 것과 비슷한 특수한 풍동과 16미터 높이의 커다란 상하이 타워 모형을 활용했는데, 진마오 타워와 세계 금융 센터 모형까지 동원해 바람이 세 개의 고층 건물 사이를 어떻게 이동하고 상호작용하는지 파악했다. 푼은 결국 모든 것은 "어떻게 바람을 속일 것인가"로 귀결된다고 말한다. "건물을 높이 지을수록 바람도 더 높이 부니까요. 보통 방식대로 건물을 세우면 건물의 아래쪽 너비가 X라면 위쪽 너비도 X겠지요. 그건 건물 꼭대기에 커다랗고 넓은 돛을 다는 것과 똑같습니다. 아래쪽 바람 하중이 제곱피트당 10킬로그램이라면 꼭대기층은 50킬로그램, 아니 100킬로그램이에요." 바람의 하중을 줄이는 한 가지 방법은, 수많은 고층 건물이 그렇듯이 아래쪽은 굵고 위로 갈수록 가늘게 만드는 것이다. 그리고 바람을 속이는 또 다른 방법은 "건물을 다양한 공기 역학적 형태로 분할하는 것"이다.

대규모 풍동 실험은 두 개의 중요한 설계 요소를 낳았고, 결과적으로 상하이 타워의 독특하고 미학적인 외관을 만들어 냈다. 그들은 각 층마다 커튼 월을 1도씩 회전시킨다면 와류진동(소용돌이 바람)을 25퍼센트 정도 감소시킬 수 있음을 발견했다. 전체적으로 건물은 120도 정도 뒤틀리게 된다. 또 기타 피크의 뾰족한 부분에는 살짝 잘라 낸 듯한 'V'자 형태의 홈이 있는데(겐슬러의 사장인 아서 겐슬러Arthur Gensler의 말을 빌리면 "지퍼") 이 홈 역시 커튼 월을 따라 나선형으로 돌며 건물 전체를 타고 올라간다. 바람 하중을 줄이면 5000만 달러 이상의 건축 비용을 아낄 수 있다고 겐슬러는 말한다. 더불어 상하이 타워는 100년 빈도 폭풍우도 버틸 수 있게 설계되었다. 물론 이 모든 조치는 바람의 영향력을 감소시킬 뿐 완전히 제거할 수는 없다. 건물이 흔들리는 것을 방지하기 위해 건물 꼭대기에는 동조질량감쇠기tuned mass damper라고 불리는 1,500톤의 추가 달려 있는데, 건물이 흔들릴 때마다 반대쪽으로 움직이기 때문에 진동을 상쇄하여 건물이 똑바로 서 있을 수 있게 돕는다.

이곳 상하이 타워의 49층에서 나는 푼이 외측 커튼 월을 어떻게 건물과 연결했는지 자세히 살펴볼 수 있었다. 나지막한 건물은 중심기둥trunk이나 코어만 있어도 안전하게 서 있을 수 있다. 그러나 600미터가 넘는 건물의 코어는 바람을 견뎌 낼 수 있을 정도로 견고하지 못하다. "그래서 우리는 확장받침 트러스outrigger truss 시스템을 만들었습니다." 푼이 설명했다. "스키를 예로 들어 비유해 보죠. 스키를 탈 때 당신의 몸은 코어, 그러니까 건물의 콘크리트 코어입니다. 그리고 건물에는 14층마다 확장받침 트러스가 있지요." 그는 팔을 곧게 뻗었다. "트러스 끝에는 기둥이 있습니다. 바로 슈퍼 기둥이죠. 그건 스키 폴대랑 같습니다. 그러니까 바람이 불어도……" 그는 몸을 기울였지만 보이지 않는 스키 폴대가 그를 넘어지지 않게 지탱해 주고 있었다. "쓰러지지 않고 서 있을 수 있어요! 스키는 폴대가 두 개뿐이지만 이 건물에는 쌍둥이 슈퍼기둥이 네 쌍이나 됩니다. 우리는 트러스를 14층마다 있는 기계실 구역에 숨겼어요. 단순하고 효율적인데다 사무실 공간도 더 많이 확보할 수 있거든요."

건물 꼭대기까지 뻗어 있는 '커튼 월'이 그런 이름을 갖게 된 것은 커튼처럼 걸려 있기 때문이다. 14층마다 수평 돌출 트러스에 연결되어 커튼 월이 걸려 있는 테두리를 지탱하는 트러스가 있는데 이를 방사형 트러스라고 부른다. 푼은 건물 둘레를 팔찌처럼 둘러싸고 있는 둥글게 휘어진 수많은 거대한 강철 파이프를 가리켰다. 120층이 넘는 외피가 그 거대한 강철 테두리에 매달려 있는 셈이다.

푼은 덕분에 건물이 거센 바람에도 끄떡없다고 말한다. "하지만 지진이 일어나면 상황이 달라집니다. 지진을 버티려면 약간의 탄성력이 필요하거든요." 그래서 그들은 두 번째 방어 체제를 고안해 냈다. "14층마다 2층 높이의 벨 트러스^{bell truss}를 설치했습니다. 그것들이 모여 초대형 골조를 형성하죠." 그가 말한다. "우리는 이 모든 요소들을 스위스 시계처럼 하나씩 맞춰 조립합니다." 중앙으로부터 건물 외측 테두리를 향해 뻗어 있는 트러스는, 겐슬러의 대표 댄 위니의 말에 따르면, 자전거 바퀴살과 비슷하다. 이 모든 구조는 불가능할 정도로 복잡해 보이지만 본질적으로는 놀랍도록 단순하다.

나는 엘리베이터로 향하는 도중 마침내 용기를 내서 혹시 꼭대기층에 올라갈 수 있느냐고 물어보았다. "네, 네. 지금 우리가 가는 곳이 거깁니다." 푼은 진즉에 알고 있지 않았냐는 듯 건성으로 대답했다. 이번에는 다른 엘리베이터를 타야 했다. 지금까지 우리가 이용한 엘리베이터는 그렇게 높은 층까지 올라가지 않기 때문이다. 이번에도 인부들 한 무리가 우리와 같은 엘리베이터에 탔다. 아무도 입을 열지 않았다. 엘리베이터 소음도 유독 시끄러운 것 같았다. 혹시 꼭대기까지 가려면 힘이 더 들어서 그러는 걸까? 엄청나게 덜컹거린다. 얼굴에 마스크를 쓴 엘리베이터 안내양은 미동도 없이 고개를 떨군 채 손잡이만 움직여 우리를 위로 올려 보낸다. 엘리베이터 벽에 달린 네모난 금속 상자에 커다란 번개 그림이 그려져 있다. 중국어는 몰라도 가까이 가지 말라는 표시라는 건 알겠다. 지상에서 멀어질수록 건물은 뼈대만 앙상해졌고 우리는 햇빛과 바람에 완전히 노출되었다. 간혹 엘리베이터 창살 사이로 납땜 중인 불똥이 튀어 들어오기도 했다. 휴대용 드릴처럼 낮게 윙윙거리는 모터 소리가 조바심을 자극하면서도 왠지 안정감 있게 느껴졌다. 현재 상하이 타워는 87층까지 세워져 있다. 높이로 따지면 약 407미터, 엠파이어스테이트 빌딩보다 고작 30미터 낮을 뿐이다. 나는 정말이지 이런 곳에 있으면 안 된다. 이런 짓을 하면 안 되는데.

　문이 열렸다. 새하얀 빛이 눈을 찔렀다. 앞서 나서는 인부들의 뒷모습이 빛나는 하늘을 배경으로 검은색 형체로만 보인다. 푼이 쓸데없는 경고를 건넸다. "지금부터는 아주, 아주 조심해야 합니다!" 엘리베이터 앞에는 젖은 강판이 깔려 있고 그 뒤로 1.5미터부터는 문자 그대로 '바닥이 사라져' 있다. 얼기설기 얽힌 철근과 널빤지, 그리고 위쪽으로 삐쳐나온 작은 들보들뿐이다. 아직 공사가 덜 끝난 바닥에는 각종 공사 자재가 널브러져 있고 사방에는 철근이나 철봉처럼 보이는 것들이 마구 쟁여 있다. 바닥 곳곳에 네모난 구멍이 뚫려 있는데 어디로 연결되어 있는지는 알 수가 없다. 주변에 안전 장치가 설치되어 있는 것도 있고 그렇지 않은 것도 있다. 나는 이제껏 바보처럼 평범한 건물의 옥상층을 상상하고 있었다. 다른 곳이랑 똑같이 생겼을 뿐, 일꾼들이 여기서부터 계속 위로 지어 올라갈 것이라고 말이다. 하지만 최상층도 누군가가 만들어야 한다. 바닥을 짓기 전에는 바닥이 없는 것이다.

　그리고 다음 순간, 나는 뭔가 이상하다는 것을 깨달았다. 바람이 없었다. 기상 이변이라도 일어난 것 같았다. 주변은 조용했다. 고요하게 느껴지기까지 했다. 물론 전동 드릴과 잭해머 소리가 들리긴 했지만, 중요한 순간에 배경 음악이 뚝 멈추는 영화 속 한 장면처럼 내 마음도 갑자기 적막해졌다. 푼과 나는 주로 근처를 배회했다. 도저히 가장자리 쪽으로 접근할 수가 없었다. 땅이 눈에 보이지 않았기 때문이다. 하늘, 온통 하늘뿐이었다. 꼭대기층에는 지붕도, 벽도, 심지어 바닥도 거의 없었다.

그곳에는 오직 푼과 나, 아직 이름도 모르는 가이드와 지상 400미터 위에서 묵묵히 일하는 용감한 중국인 인부들 십여 명이 전부였다. 푼과 나는 한동안 조용히 서 있었다. 그는 자랑스러운 표정으로 주위를 둘러보고 있었다.

87층 건물의 꼭대기, 그것도 철근과 널빤지, 그리고 구멍이 숭숭 뚫린 바닥 위에 서 있다고 상상해 보라. 그런 상황에서 구조 공학의 중요성을 과소평가한다는 것은 있을 수 없는 일이다. 푼에게 보통 이렇게 공사 현장 꼭대기까지 시찰을 하느냐고 묻자 그는 전 세계 어디서나 '지금 무슨 소리를 하는 겁니까?'로 통용되는 표정을 지어 보였다. 이곳은 보통 사람들에게는 너무나 기이한 곳이다. 인부들을 제외하고는 '아무도' 이런 곳에 올라오지 않는다. 심지어 건물의 수석 구조 공학자도 말이다.

*

"우리는 모든 분야와 함께 일합니다. 바람, 기술, 전기, 엘리베이터 건축, 배관 모두 말이죠." 우리가 뉴욕에서 만났을 때 푼이 말했다. "모든 일이 순조롭게 굴러 가려면, 그리고 '충돌 효과'를 내지 않으려면 모두가 한 팀으로 일해야 합니다." 그게 영어가 모국어가 아닌 사람의 말실수인지 아니면 의도적인 표현인지는 알 수 없었지만 나도 모르게 웃음이 터져 나왔다. 하지만 데니스 푼이 하는 일의 핵심은 바로 이런 거대한 책임을 지는 데 있다. 바로 "충돌 효과를 피하는 것" 말이다. 엘리베이터를

인비저블

타고 아래로 내려가는 동안 푼이 말했다. "난 내 일을 정말 좋아합니다." 그리곤 전에 내게 한 말을 반복했다. "명예로운 일이기도 하고요."

우리 중 많은 이들이 본능적으로 책임을 회피하려 하지만 기꺼이 책임을 떠안거나 혹은 그렇게 하는 방법을 배우는 것과 개인의 성취감 사이에는 밀접한 상관관계가 존재한다. 『행복도 연습이 필요하다』의 저자이자 심리학 교수인 소냐 류보머스키는 책임감과 관련된 강한 목표 의식 또는 헌신 같은 특성은 개인의 안녕과 깊게 연관되어 있다고 말한다. "사람들은 (직업적 발전처럼) 중요한 목표를 추구하고 그것을 달성하는 과정에서 더 큰 행복을 느낍니다." 류보머스키의 말이다. 스탠퍼드 대학의 사회학자인 롭 윌러Robb Willer는 이렇게 덧붙였다. "책임 의식은 뜻깊은 목표를 추구하는 데 필요한 노력과 헌신의 일부입니다. 통제감과 긍정적 감정도 서로 밀접한 연관을 지니죠."

초고층 건물의 구조 공학이나 수술의 마취처럼 생사의 문제가 달려 있지는 않더라도 책임에 대한 욕구(그리고 그로써 얻는 혜택)는 모든 인비저블의 마음속에 흐르고 있다. 《보그》에서 나와 함께 일했고 《셰이프Shape》와 《마리 클레르Marie Claire》의 사실 검증 부서를 이끌었던 팸 부Pam Vu는 이렇게 지적했다.

"이 일의 가장 멋진 점 중 하나는 때때로 중요한 기사의 방향을 내가 결정할 수 있다는 거야. 그건 정말 끝내 주는 일이지. 왜냐하면 유력한 편집자나 작가, 이름난 사진가들처럼 중요한 사람들이 만든 기사를 우리 사실 검증가들이 바꿀 수 있다는 뜻이니까."

현대 심리학과 사회학이 책임의 보상에 대해 많은 것을 밝혀 내긴 했으나 책임의 포용이 어째서 개인의 성취감으로 이어지는지를 가장 잘 설명하는 분야는 아마도 철학일 것이다. 문화 거인인 할리우드와 매디슨 애비뉴(광고사들이 모여 있는 이른바 '광고 거리' — 옮긴이), 디즈니 동화가 만들어 낸 일상생활 속의 활기, 얼굴 가득 퍼지는 만족스러운 웃음, 그리고 완벽한 남녀 관계는 실제로는 매우 비정상적이고 대부분은 실현하기 힘든 목표다. 그러므로 우리는 그와 반대로 고대 그리스 철학에서 말하는 행복, '번영' 혹은 '풍성한 삶'을 뜻하는 아리스토텔레스의 에우다이모니아로 돌아가야 한다. 자기 훈련에 전념하고, 세심하고 꼼꼼하며, 주어진 책임을 만끽하는 인비저블은 많은 사람들이 착각하듯 삶의 가치가 일시적인 행복에 있는 것이 아니라 전반적으로 '풍부한 경험'과 행복한 가치에 기반을 두고 있음을 이해하고 있다.

행복에 대한 이 같은 접근법을 이해한다면 2010년 《뉴욕*New York*》에 실린 자녀 양육에서 느낄 수 있는 부모의 행복(혹은 행복의 부족함)에 대한 기사가 어째서 (아직 다섯 살이 채 안 된 두 자식 때문에 마냥 행복하면서도 가끔 좌절과 절망에 빠지는 나 같은 아버지에게) 유익하고 설득력 있게 느껴지는지 알 수 있을 것이다. "코넬 대학의 심리학자인 톰 길로비치*Tom Gilovich*는 사람들이 한 일보다 '하지 않은 일'을 더 크게 후회한다는 사실을 입증함으로써 현대 심리학에 크게 기여했다." 그런 다음 기사는 특히 자녀를 갖는 일에 대해서라고 덧붙인다. 길로비치는 자녀들이 아팠을 때 새벽 3시에 함께 텔레비전을 보던 기억을 떠올린다. "그 당시에는 재미있는 일이었다고 말하지 못했을 것이다. 하지만 요즘에는 그때를 돌이켜보며 '아, 그때 한밤중에 일어나서 만화 봤던 거 생각나?' 하고 말하게 된다. 옛날에는 우리를 우울하게 했던 것들이 시간이 지나면 강렬한 기쁨이나 희열, 향수를 불러일으킬 수도 있다." 아이들은 적어도 초기에는 거의 악몽과도 같은 지루한 책임의 연속이지만 때때로, 특히 추억을 회상할 때면 다른 무엇과는 견줄 수 없을 정도로 애틋하고 사랑스러운 행복을 가져다준다. 부모가 되는 것이든 직장에서 업무를 수행하는 것이든 책임을 진다는 것은 결코 쉽지 않은 일이지만, 인비저블은 그런 책임이 가져다줄 긴 보상을 직감할 수 있다.

인비저블의 세 가지 특성 중 두 가지인 인정받는 것에 연연하지 않는 태도와 꼼꼼함처럼, 세 번째 특성인 책임의 향유는 우리 문화의 일반적 감성과는 대조적이다. 9/11 이후를 생각해 보라. 미국 시민들은 눈앞에 임박한 '테러와의 전쟁'을 위해 함께 희생해 달라는 부탁을 받은 것이 아니라 부시 대통령에게서 **미국 경제에 대한 확신을 갖고** 경제 활동에 참여하라."는 말만 들었을 뿐이다. 이는 전쟁이 더 이상 희생을 공유하는 것이 아님을 말해 주는 탈정치적 선언이었다. 지금 전쟁을 치르고 있는 이들은 소수의 군인과 그 관계자들, 그리고 그들이 사랑하는 사람들뿐이다. 그러나 지난 수 세대 동안 우리는 어떤 형태로든 실질적으로 전쟁에 함께 참여했다. 소비재 생산 공장들은 전쟁 물자와 군수품을 생산했고 식량은 배급되었다. 전쟁이라는 끔찍하고 고통스러운 사건에 대해 모두가 함께 책임을 나누어 졌다. 나는 지금 전쟁이라는 행위를 옹호하는 것도 아니고, 어느 특정한 전쟁의 정당성이나 가치를 주장하려는 것이 아니다. (더더구나 이 책은 그런 주장을 내세울 공간도 아니다.) 다만 지금 우리가 치르고 있는 전쟁에 공통된 책임 의식이 부족하다고 말하고 싶은 것이다. 그리고 그런 책임 의식의 부재는 군사행동의 영향과 결과에 대해 균형 잡힌 시각과 견지를 키우는 데 불리한 환경을 가져올 수밖에 없다.

그리고 인비저블의 첫 번째와 두 번째 특성의 경우처럼 여기서도 첨단 기술은 인비저블의 가치와 상반되는 환경을 조성하는 듯 보인다. 익명성은 인비저블의 트레이드마크나 다름없지만, 그들에게 남의 눈에 띄지 않는다는 것은 일을 더욱 열심히 해야 한다거나, 심지어 결과에 더 큰 책임을 져야 한다는 의미나 마찬가지다. 《뉴요커》 필진인 데이비드 덴비 David Denby가 그의 저서 『스나크Snark』에서 지적했듯이, 혹자들은 인터넷의 익명성이 무례한 행동을 부추기고 깊고 진지한 사고를 방해한다고 주장한다. 하지만 흥미롭게도 일부 연구 조사에 의하면 인터넷에서 실명을 사용한다고 해서 그런 무례한 행위나 악플이 감소하지는 않는다고 한다. 그러므로 책임 의식을 저해하는 것은 익명성이 아니라 웹이라는 매개체 그 자체일 확률이 크다. 얼굴을 직접 맞대지 않으면 공감이 줄거나 수치심을 덜 느끼게 되기 때문이다. 이를테면 여자 친구와 헤어질 때도 직접 만나서 이별 통보를 하기보다는 전화(혹은 문자, 페이스북 등 요즘 젊은이들이 자주 그러듯이)로 하는 편이 훨씬 쉽게 느껴진다. 사실 애인과 헤어지는 등 불쾌하거나 내키지 않는 일을 해야 할 때 상대방과 직접 만나는 것은 대단히 용기 있는 행동이다. 명심하라. 책임을 진다는 것은 노력이 필요하다는 뜻이다. 그리고 심리학과 철학, 인비저블이 보여 주듯이 그런 노력에는 분명한 보상이 따른다.

짐 하딩은 수만 명의 여행객들이 이동하는 길을 책임지고 있고, 그들이 그가 하는 일을 눈치채지 못한다는 것은 바로 그가 성공했다는 증거다. 데이비드 애펠의 섬세한 능력은 그에게 향수 조제를 의지하고 있는 브랜드나 디자이너, 유명 인사에게 수백만 달러를 벌어 줄 수도 있고 낭비하게 할 수도 있다. 하지만 그는 고독한 예술가가 아니다. 그는 일을 '따내기' 위해 다른 이들과 경쟁하고 그 과정에서 고객들을 어떻게 사로잡을 수 있을지 골몰한다. 데니스 푼은 전문가 팀의 일원일 뿐이지만 세계에서 가장 높은 건물의 안전은 구조 공학자인 그의 설계와 계산에 달려 있다. 마취 전문의들은 수술 도중 예기치 못한 상황이 발생할 때마다 수술실을 지휘하고 환자들의 생명을 지키는 장본인이나 실제로 환자에게서 찬사와 인정을 받는 것은 수술을 집도하는 다른 의사들이다. 우리는 눈에 보이는 책임과 권한만을 높이 사는 경향이 있다. 하지만 인비저블들이 보여 주듯이 아마도 책임의 가장 순수한 형태일 눈에 보이지 않는 책임은 그들을 자극하고 대담하게 만들며 성취감을 선사한다.

(4)

전문성과 탁월성을 향한 매진

일의 과정에서 보상과 몰입을 경험하다.
'탁월함'의 경지를 추구하는 사람들

뉴욕 맨해튼에서 이스트 45번가를 따라 걷다가 3번 애비뉴를 지나면 주변 사람들이 달라진 것을 깨닫게 된다. 특히 양복을 빼입고 외국어를 중얼거리는 사람들의 숫자가 눈에 띄게 늘어난다. 지하철이나 다른 길거리에서 간간히 주워듣는 외국어와는 좀 다르다. 무슨 말인지는 몰라도 왠지 유려하면서도 절제된 느낌이다. 내가 사는 도시에서 이방인이 된 듯한 기분은 길을 걸을수록 점점 더 심해진다. 2번과 1번 애비뉴 사이에 이를 즈음이면 뉴욕 번호판을 단 차량들은 거의 사라지고, 외교관 번호판을 달고 도로변에서 빈둥거리거나 주차되어 있는 SUV나 검은색 세단이 거리를 장악한다. 더구나 어디서도 영어를 들을 수가 없다.

'아드레날린 중독자'라고 하면 사람들은 보통 나스카^{NASCAR} 경주 드라

인비저블

이버나 스케이트 보드를 타고 하늘을 나는 익스트림 스포츠를 즐기는 열아홉 살짜리 젊은이를 떠올린다. 아니면 스카이다이빙을 즐기는 이들을 생각할 수도 있다. 그렇지만 아드레날린 중독자는 당신이 생각하는 것보다 훨씬 다채로운 양상을 지니고 있다. 가령 줄리아 윌킨스 아리^{Giulia} $^{Willkins Ary}$는 아드레날린과는 거리가 한참 멀어 보이는 사람이다. 카디건을 걸친 길고 여윈 어깨, 검은 머리는 관자놀이 부분에서 회색으로 바래 있다. 무테 안경은 우아하고 목소리는 부드럽고 따스하다. 세련되고 자상한 친척 아주머니처럼 점잖으면서도 겸손하며, 처음 만났을 때에는 미소를 담뿍 띠고 있었지만 내가 어디 가야 기자 출입증을 얻을 수 있는지 묻자 곧장 단호한 말투로 알려 주었다.

UN의 최고 동시통역사 중 한 명인 윌킨스 아리는 이곳 뉴욕 1번 애비뉴에 있는 UN 본부에서 45번가에 있는 사람들을 위해 일하고 있다. 그녀와 동료들이 없다면 전 세계 곳곳에서 온 외교관들은 서로 의사소통을 할 수 없을 것이다. IS$^{Interpretation Service}$(UN 통역 부서를 일컫는 말)가 없다면 국제 외교의 바퀴가 멈출 것이라는 표현은 전혀 과장이 아니다. 그럼에도 이들의 사무실은 UN 건물 지하에 있다. 이는 IS에 대한 모욕으로 느껴질 수도 있고, 혹은 그들의 보이지 않는 역할에 걸맞은 적절한 존중으로 여겨질 수도 있다. 그들이 하는 일은 매우 중요하지만 동시에 누구의 눈에도 띄지 않는 존재로 남아야 한다. 모든 일이 완벽하게 진행될 때, 이들 통역사들은 한 국가가 다른 국가와 대화할 수 있게 돕는 중간 전달자일 뿐이다.

UN 총회의 장엄한 연설에서부터 평범한 외교적 대화에 이르기까지 월킨스 아리는 한 언어를 듣고 그것을 머릿속에서 '다른 언어로 바꿔 새로운 언어로 말하는 한편, 그동안 계속해서 원래의 언어를 듣고 머릿속으로 해석해야 한다.' 그녀는 동시통역사다. ('번역'과 '통역'을 혼동하지 말 것. 번역가는 서면으로 기록된 글을 다른 언어로 옮기고 필요한 만큼 시간을 투자할 수 있지만, 통역사는 '음성 언어'를 옮기며 줄리아의 표현에 따르면 "빠른 기차에 올라타야" 한다.) 쉬는 시간도 없고 교대 근무를 하지도 않는다. 화자가 말을 하는 한 그녀는 계속해서 통역을 해야 한다. 수많은 연구 조사에 따르면 동시통역은 인간의 정신이 감당할 수 있는 가장 독특하고도 고된 인지 활동이다.

월킨스 아리는 미로처럼 복잡하게 얽힌 복도를 따라 다섯 개의 대형 회의실 중 하나로 향했다. 우리는 UN 본관이 보수 작업에 들어간 동안 임시로 사용하고 있는 커다란 건물에 와 있다. 각각의 대회의장에는 '통역사 구역'이 있다. 긴 복도를 따라 양쪽에 여섯 개의 통역실과 두어 개의 방송실이 배치된다. 외부 조명은 없고 벽은 흰색이며, 신기할 정도로 조용하다. 통역실 내부는 딱딱하고 황량하기조차 할 지경이지만 본관 건물이 완성되고 나면 여기에도 변화가 생길 것이다. 창문 하나 없는 긴 복도를 지나 또다시 아무 특색도 없는 복도에 들어서니 여기는 또 어딘지 정신을 차릴 수가 없다. 짐 하딩이라면 아주 질색을 할 거다. 마침내 마지막 복도에 위치한 1번 회의실의 통역사 구역에 이르렀다.

우리는 끝에서 두 번째 방에 들어갔다. 문 옆에 걸린 명판에는 "프랑스어"라고 적혀 있다. 벽에는 암회색 방음 장치가 덮여 있고 바닥은 짙은 회색 카펫, 문은 밝은 회색이다. 회색 책상, 회색 의자, 그리고 누가 정신 나간 실수를 했는지 의자 쿠션은 파란색이다. 통역실 안은 방음 시설 덕분에 목소리가 울리지 않았다. 궁금해서 손뼉을 몇 번 쳐 보고는 음악을 녹음하는 '격리 방음실'과 똑같다고 말하니 윌킨스 아리는 그게 이 방을 본 첫 번째 감상이냐며 재미있어 했다.

광활한 이중 방음창 너머로 회의실이 내려다보였다. 통역실은 회의실보다 한 층 높은 곳에 있어 회의실 전체를 내려다볼 수 있는데, 다소 권위적 느낌을 부여하면서도 회의 참가자가 아닌 관찰자일 뿐이라고 암시하는 물리적 거리를 제공한다. 통역실의 배치 및 구성은 통역사의 중요성과 '들리지만 보이지 않는다.'는 속성을 충실하게 반영한다. 흥미롭게도 각각의 칸막이 방에는 일정한 위치에 이중 유리창이 나 있어 통역사들은 서로가 일하는 모습을 볼 수 있다. 나는 왼쪽 창문 너머로 방마다 앉아 있는 통역사들을 바라보았다. 점점 멀어지는 거리와 유리창 때문에 사람들의 형체는 갈수록 흐릿해졌다. 통역사들은 적막하지만 시각적으로는 가까운 그들만의 작은 방 안에서 공동 격리라는 특이한 환경하에서 일한다. 칸막이로 나눠져 있지만 오픈 오피스처럼 환하게 공개되어 있으니 다음 세대에도 유행이 되기는 그른 사무실 디자인이다.

우리는 제 333차 UN 총회 군축 위원회를 보러 왔다. 비공개 회의이며 표면상으로는 기자들의 출입이 금지되어 있다. 회의록도 공개되지 않는다. 내가 어떻게 이 회의를 참관할 수 있게 되었는지는 확실치 않다. 내가 정치부 기자가 아니고 IS의 손님이라는 점이 도움이 됐을지도 모른다. 인비저블의 도움으로 외부인 출입이 금지된 곳에 들어갈 수 있었던 적이 이번이 처음도 아니다. 지금쯤이면 여러분도 무대 뒤에서 일하는 일부 사람들이 얼마나 큰 권한을 갖고 있는지 깨달았으리라.

윌킨스 아리의 프랑스어 통역사 동료인 미리암이 통역실에 들어왔다. 동시통역은 워낙 힘들고 고되기 때문에 UN 통역사들은 항상 두 명이 한 팀으로 일하며 30분씩 교대한다. 통역사 부스에 손님이 오는 것은 참으로 드문 일이라 미리암에게 미리 양해를 구하긴 했지만 아무래도 나 때문에 약간 편치 않은 듯 보인다. 메아리 하나 울리지 않는 좁디좁은 회색 공간에 같이 있다는 사실은 더더구나 도움이 되지 않을 터다. 미리암에게 미안한 생각이 들었다. 어째서 여기에 외부인의 출입이 금지되어 있는지도 알 것 같다. 통역실은 신성한 곳이다. 그리고 항공 교통 통제관과 비슷한 수준의 스트레스를 받는 이 전문가들은 일을 할 때 고도의 집중력을 발휘해야 한다. '지독한 수준으로 말이다.' 나는 방해물에 불과하다. 하지만 윌킨스 아리는 아주 여유롭다. 내게 차가운 물 한잔을 권할 정도다. 나는 친절을 사양하며 두 사람이 회의를 준비하는 동안 그녀가 가져다준 의자 속에 아예 들어가 버리면 좋겠다고 생각하며 몸을 움츠렸다. 이제 곧 회의가 시작될 모양이다.

두 통역사 앞에는 각각 마이크와 작은 믹싱 콘솔이 설치되어 있다. 윌킨스 아리와 미리암은 헤드폰을 쓰고 책상 위에 놓인 종이를 재빨리 훑어 보며 회의 일정과 발언 순서를 검토 중이다. "좋아요." 윌킨스 아리가 말한다. "이제 갑니다." 그녀는 심호흡을 한 번 하더니 앞에 놓여 있는 콘솔 버튼을 누른다. 빨간색 불빛이 들어오고, 그녀의 입에서 프랑스어가 폭포수처럼 쏟아져 나온다. 나는 헤드폰이 없기 때문에 연설자가 뭐라고 하는지 들을 수도 없고, 각국 대표들은 자기 자리에서 말하는지라 누가 발언을 하는지 육안으로 확인할 수도 없다.

UN 연설은(총회에서 하는 유명인들의 연설을 제외하고) 대개 형식이 일정하다. 미리 준비한 원고를 읽는 경우가 대부분이라서 할 말만 하고 나가려는 것처럼 톤이 지극히 단조롭고 속도도 빠르다. 프랑스어를 전혀 모르는 나도 윌킨스 아리가 아주, 엄청나게 빨리 말하고 있다는 것만은 알 수 있다. 더구나 언어는 일대일로 대응하지 않는다. 가령 프랑스어는 머릿글자만 따서 줄인 두문자어를 잘 사용하지 않는 경향이 있다. 그래서 영어로 ICBM이라고 말하는 데에는 1초도 걸리지 않지만 프랑스어로 '대륙간 탄도미사일'이라고 말하려면 훨씬 오래 걸린다. 이는 프랑스어 통역사들이 안 그래도 이미 빠른 통역 속도에 한층 더 박차를 가해야 한다는 것을 의미한다. 문제는 UN 연설에서 두문자어가 매우 자주 사용된다는 점이다. (프랑스어보다도 더 말이 긴 러시아어 통역은 더더욱 고역이다.) 이런 차이점은 종종 코미디 소재로도 활용되는데 — 구글에서 「사랑도 통역이 되나요Lost in Translation」의 일본인 사진사를 검색해 보라. — 실은 상당히 현실에 기반을 두고 있는 셈이다. 나는 해독할 수 없는 프랑스어 세례 속에서 길을 잃고 당황했지만 "핵"이라는 단어를 몇 번 알아

듣는 것으로 위안삼기로 했다.

시간이 지날수록 윌킨스 아리의 머릿속에서 벌어지고 있는 격렬한 인지 활동에 감탄을 금할 수가 없다. 영어가 들어왔다가 곧장 프랑스어가 되어 빠져 나간다. 그것도 동시에, 잠시도 쉬지 않고 말이다.

줄리아 윌킨스 아리는 코네티컷에서 태어나 다섯 살 때 스위스의 프랑스어 지역으로 이사했다. 그녀는 그곳에서 학교를 다니며 재빨리 프랑스어를 익혔다. 그녀의 부친은 영국인 생물화학자였는데 방랑벽이 있는 탓에 전 세계의 다양한 연구소를 순례했다. 덕분에 윌킨스 아리는 어린 시절부터 여러 차례 세계 곳곳을 옮겨 다녀야 했다. 집에서 이탈리아인 어머니와 이탈리아어로 대화를 하긴 했지만 그녀가 이탈리아어를 완전히 익힌 것은 매년 여름 이탈리아에 사는 사촌들과 어울린 덕분이었다. 그녀는 이미 초등학교 시절에 3개 국어에 능통해 있었다. "내게 외국어를 배우는 건 별로 어려운 일이 아니었어요." 윌킨스 아리가 여덟 살 때 그녀의 가족은 프랑스로 이주했고 그녀는 열세 살 때 스페인어를 배우기 시작했다. "부모님이 모르는 언어를 배우고 싶었거든요. 나만 알 수 있게요." 2년 후 그녀는 펜팔 친구와 마드리드에서 여름을 보내고는 스페인어를 유창하게 말할 수 있게 되었다. 잠깐만요! 내가 끼어들었다. 영어와 이탈리아어, 프랑스어를 원어민처럼 말할 줄 아는데, 거기에 순전히 재미로 스페인어까지 배웠다고요? "고대 그리스어랑 라틴어도 읽고 쓸 줄 알았죠." 아, 그래, 물론 그러시겠지.

대학에 입학한 윌킨스 아리는 미국에서 1년, 스페인에서 1년, 그리고 프랑스에서 2년을 보냈다. 그녀는 고어(古語)를 공부했지만, 현대 사회에서 응용할 수 있는 지식을 익히고 싶었기에 계획을 바꿔 프랑스어와 영어를 전공했다. 대학을 졸업한 후에는 런던에 있는 통역 전문 학교에서 1년짜리 프로그램을 수료했다. (하지만 프로그램을 수료하는 것과 능숙한 통역사가 되는 것은 다르다. 한 조사에 의하면 통역사는 경력이 10년차에 이를 때까지도 자신의 능력에 만족하지 않는다고 한다.) 그때 윌킨스 아리는 4개 국어에 능통한 상태였고, 파피루스에 쓰인 플라톤의 『공화국*The Republic*』 그리스어 판본도 읽을 수 있는 수준이었다. 영국에서 통역 교육을 받은 후, 그녀는 곧장…… 포르투갈로 갔다. 뭐?

"난 그때 포르투갈어를 한 마디도 몰랐어요. 비행기를 타고 나서도 내가 무슨 짓을 하고 있는지 의아할 정도였다니까요. 하지만 난 새로운 언어를 배우고 싶었어요." 그녀는 포르투갈에 프랑스어 통역사가 필요하다는 사실을 알고 있었다. 포르투갈에 도착한 윌킨스 아리는 포르투갈어를 공부하면서 영어와 스페인어를 프랑스어로 통역하는 일을 시작했다. 각국 정부와 정부 부처, 나아가 금융 및 의료 기관, 국제 무역, 그리고 모든 유형의 국제 회의에는 늘 통역사가 필요하며, 거주 국가의 언어가 아닌 다른 국가의 언어도 필요하기 마련이다.

윌킨스 아리는 그때 처음으로 얻었던 일자리 중 하나를 기억한다. 그녀는 꽤 긴장해 있었다. 동료들은 대부분 4년간 학교에 다니며 통역 2년, 번역 2년을 공부하지만 그녀는 겨우 1년만 교육받은 상태에서 곧장 현장에 뛰어들었기 때문이다. 그녀는 멕시코 대통령인 카를로스 살리나스 드 고르타리Carlos Salinas de Gortari와 프랑스 일간지 《르 피가로Le Figaro》의 기자와 함께 호텔방에 있었다. "우리 세 명뿐이었어요." 그녀는 말한다. "대통령은 다보스 회의에 가는 길이었는데 무슨 이유에선지 중간에 포르투갈에 들른 거였죠. 인터뷰 내용과 시기 때문에 우려가 많았던 걸로 기억해요. 대통령이 다보스 연설을 하기 전에는 기사가 나가지 않길 바랐거든요." 그 일은 그녀가 최고위급 정치가 때문에 온갖 보안 검색을 거쳐야 했던 최초의 경험이었고, 매우 흥분되는 일이기도 했다.

월킨스 아리는 포르투갈어가 어렵다는 사실을 깨달았다. 자꾸 스페인어와 혼동이 됐기 때문이다. "그래서 포르투갈어로 통역 일을 할 수 있게 되기까지 생각보다 오래 걸렸죠." 그녀가 생각한 것보다 '오래' 걸렸다니, 그게 얼마냐고? "4년이요." 그녀가 대답했다.

그녀는 스페인어와 영어를 프랑스어로 옮길 수 있는 것은 물론, 이제는 포르투갈어도 프랑스어로 옮길 수 있게 되었다. 또 프랑스어를 영어로 통역할 수도 있었다. 월킨스 아리는 프랑스어를 모국어로 여기기 때문에(영어는 제2의 모국어다.) 프랑스어를 영어로 옮기는 것은 매우 탁월한 능력이다. 뇌신경학 연구에 따르면 모국어를 다른 언어로 옮기는 것은 훨씬 어렵기 때문이다. 그런 이유로 UN의 통역사들은 오직 한 가지 방식으로만 일한다. 다른 언어를 모국어로 옮기는 것이다. (중국어와 아랍어는 이 법칙에서 제외된다.) "포르투갈어를 배울수록 스페인어를 포기해야 한다는 것을 깨달았죠." 그녀가 말한다. "발음이 완전히 다르거든요."

스페인어 능력을 잃을까 봐 두려워서, 그리고 삶의 변화를 위해 월킨스 아리는 2000년에 UN 통역사 시험을 보기로 결심했다.

월킨스 아리가 포르투갈에서 경력을 쌓았듯이 많은 숙련된 통역사들이 UN이 아닌 다른 곳에서 일하지만 IS 통역사들은 대체로 그 분야에서 최고 엘리트로 간주된다. "UN에서 일하는 동시통역사들은 그 분야에서 최고라고 할 수 있죠." 미들버리 대학Middlebury College 부속 몬트레이 통역대학원Monterey Institute의 동시통역 교수인 배리 올슨Barry Olsen의 말이다. "UN에서 일하는 건 최고의 기준이거든요." 매년 IS에는 공석은 거의 나지 않는 반면 경쟁률은 매우 치열하다. IS의 프로그램 담당관인 케이트 영Kate Young은 대략 2년에 한 번씩 통역사가 필요한 통역실에서 시험을 실시한다고 말한다. 모든 UN 통역사들은 최소한 3개 국어(모국어와 다른 두 언어)에 능통해야 하는데 중국어와 아랍어 지원자들은 모국어와 영어만 할 줄 알아도 된다. 시험 볼 자격을 얻기 위해서는 먼저 지원서를 작성하고 서류 심사에 통과해야 하며 심사에 통과하고 나면 각각의 언어로 난이도가 다양한 세 개의 연설문을 통역하는 구두 시험을 봐야 한다. 얼마 전 영어 통역실의 러시아어 통역사 모집 시험에서는 서류 심사에 통과한 후보자가 고작 12명에 지나지 않았다. 게다가 최종 시험에 합격한다고 해도 반드시 직책을 얻을 수 있는 것도 아니다. 통역사 시험에 합격하고 나면 명단에 이름이 올라가고, 빈 자리가 생긴 후에야 다시 철두철미한 면접 과정을 거친다.

월킨스 아리는 시험에 통과했고 곧장 나이로비에 있는 일자리를 제안

받았지만 사적인 이유로 응낙할 수가 없었다. 1년 후 UN이 뉴욕의 일자리를 제안했지만 이번에도 개인적인 사유로 거절할 수밖에 없었다. 그러던 2007년 또다시 뉴욕의 일자리를 제안받았는데, 이번에는 받아들였다. 덕분에 포르투갈에서 기자로 일하고 있던 그녀의 남편도 함께 뉴욕으로 옮겨 왔다.

처음부터 눈에 띄게 유능하긴 했지만 윌킨스 아리는 포르투갈에서 18년 동안 통역사로 일하면서 일에 필요한 요령을 키울 수 있었다. 한번은 이틀 간의 컨퍼런스가 끝난 후 저녁 만찬에서 한 연설자가 일어나 포르투갈 정부에게 감사 인사를 건넸다. 그녀는 메모장을 들고 순차통역(동시통역과 달리 화자와 통역사가 번갈아 가며 말할 기회를 얻는다.)을 할 준비를 하고 있었다. "그런데 그 사람이 워낙 술에 취해서 뭐라고 하는지 도무지 알아들을 수가 없는 거예요." 그녀가 웃으면서 말했다. 그의 말이 끝나자 그녀는 주위를 돌아보고는 다른 사람들도 그녀와 마찬가지라는 사실을 알아차렸다. 그래서 그녀는 짧고 간단하게 상투적인 감사 인사를 건넸고 모두가 안도했다.

UN IS 업무의 90퍼센트를 차지하고 있는 동시통역은 1920년대 후반에 탄생한 직업이다. 그전까지만 해도 모든 통역은 순차적으로 진행됐다. 그러나 뉘른베르크 재판이 시작되고 증인들의 증언이 여러 언어로 순차통역될 때마다 재판이 중단되자 그런 비효율성을 해결하기 위해 동시통역의 필요성이 대두되기 시작했다. 동시통역 분야를 발전시킨 몇몇 통역사들은 IS가 창설되었을 때 이곳에서 일하기도 했다. 오늘날 UN에는 150명가량의 통역사가 있으며, 그에 더해 뉴욕과 전 세계에서 50~60명의 프리랜서들이 필요할 때마다 능력을 제공하고 있다.

UN은 6개 공식 언어를 사용한다. 영어(가장 많이 사용되는 언어)와 프랑스어, 스페인어, 러시아어, 중국어, 그리고 아랍어이다. 이는 UN의 모든 공문서가 오직 이 여섯 가지 언어로만 작성되며 모든 연설 또한 반드시 그중 한 언어를 사용해야 한다는 것을 뜻한다. UN의 국가 대표는 대부분 6개 공식 언어 중 하나에 능통하며 만약 그렇지 못할 경우에는 개인 통역사를 고용해 그들의 발언을 공식 언어 중 하나로 통역한다.

UN에는 각각의 언어를 전담하는 '통역실'이 있는데, 그것은 IS 통역사가 일하는 '방'을 뜻하기도 하고 때로는 그 언어로 일하는 팀이나 부서를 일컫기도 한다. 영어, 프랑스어, 스페인어, 러시아 통역실은 보통 다른 언어를 그들 통역실의 언어로 통역한다. 한편 아랍어와 중국어 통역실은 다른 방식으로 작동한다. 그들은 쌍방 통역을 하며 대부분은 영어를 그들 언어로 옮기거나 그들 언어를 영어로 옮기는 데 중점을 두고 있다.

월킨스 아리는 영어와 스페인어를 프랑스어로 통역한다. 그녀는 대체로 러시아어를 프랑스어로 옮기는 동료와 한 팀이 되는데 그러면 두 사람이 거의 모든 직무를 처리할 수 있다. 따라서 유감스럽게도 이제 그녀는 포르투갈어와 이탈리아어를 개인적인 용도로만 사용해야 한다. UN에서 일하는 통역사들 중 상당수는 월킨스 아리처럼 직업적으로 사용하는 언어 외에도 몇 개 국어를 더 말할 수 있다. 월킨스 아리와 한참 이야기를 나누던 중 농담 삼아 또 다른 언어는 할 줄 모르냐고 물은 적이 있다. "여기 UN에서는 공식 언어 강좌를 운영해요. 그래서 러시아어를 배워 볼까 했죠." 그녀가 말했다. "그럭저럭 괜찮은 수준에는 올랐는데 바빠서 그 이상은 시간이 나질 않더라고요. 어쨌든 러시아어도 대충 할 수 있어요." 이상하게도 나는 그 대답에 안심했다. 월킨스 아리의 언어 능력에도 어느 정도는 한계가 있는 것 같았기 때문이다.*

월킨스 아리는 마이크에 몸을 수그리고 말하는 동안에도 고갯짓을 하며 손을 바삐 움직인다. 옆방에 있는 러시아어 통역사는 뭔가 재미있는 일이 있다는 듯 의자에 기대앉으며 천장을 올려다본다. 우리가 남들에게 보이지 않을 때에도 몸짓 언어를 쓴다는 것은 참으로 재미있는 사실이다. 미리암은 자기 차례를 기다리는 동안 노트북에 "UN 용어" 페이지를 열어 놓고 일종의 '커닝용지'로 활용하고 있다. 월킨스 아리도 회의 전에 받은 참고 자료를 토대로 애매한 용어나 두문자어를 따로 연필로 적어 놓았다. UN에서 열리는 회의나 컨퍼런스에서는 특수한 용어나 은어가 자주 사용되는데 거기에는 어마어마한 양의 두문자어가 포함되며 특정 주제에 대한 사전 조사는 통역사들이 하는 일의 상당 부분을 차지한다. 때로는 회의 전(대개 몇 분 전)에 미리 원고를 받아 읽어 볼 수도 있

---

* 하지만 엄밀히 말해 이건 사실이 아니다. 나중에 내가 월킨스 아리에게 가족들에 대해 묻자 그녀는 독일에 살고 있는 여동생에 대해 말해 주었다. (줄리아가 사생활을 보호하고 싶어 스페인어를 배운 것처럼 그녀의 동생은 독일어를 익혔다.) 그러더니 자신이 "2년간 독일어를 배웠다."고 시인했다. 보통 사람이라면 2년은 언어를 익히기에 충분한 시간이 아니지만 그녀의 말로는 기본적인 독일어는 할 줄 안다고 한다. 나는 그녀의 말을 믿는다.

다. 하지만 그런 서면 자료는 단순한 참고 지침에 불과하다. 연설자들은 준비된 원고와 다른 말을 하는 경우가 많기 때문이다.

윌킨스 아리가 입에서 쉴 새 없이 프랑스어를 쏟아 낸다. 어쩌고저쩌고 핵 이러쿵저러쿵 핵 쏼라쏼라. 회의가 오후 내내 이어지는 동안 윌킨스 아리는 스페인어와 영어 발언들을 프랑스어로 번역한다. 몰디바와 에콰도르, 노르웨이, 방글라데시 대표들이 발언을 하게 되어 있는데, 그들이 어떤 언어를 사용할지는 아직 알려져 있지 않다. 옆방의 러시아어 통역사는 아예 눈을 감고 의자에 편안하게 기대 앉아 있다. 마치 심리 치료사와 상담을 하고 있는 듯한 모습이다. 윌킨스 아리와 창문 너머로 보이는 다른 통역사들은 허리를 꼿꼿이 세우고 앉아 있거나 몸을 굽히고 마이크에 입을 대고 있다.

미리암이 황급히 뭔가를 종이에 휘갈기더니 윌킨스 아리에게 건넨다. 마이크가 켜져 있기 때문에 방 안에서는 말을 할 수가 없다. 미리암은 내게 손짓으로 줄리아가 단어 하나를 빠트린 것 같다고 설명했다. 통역사들은 보통 단독으로 일하기 때문에 서로를 도와주는 경우가 많다. 혼자 일하는 직업 뒤에 실제로 얼마나 많은 팀워크가 존재하는지 알면 놀랄 것이다. 나는 오른쪽 영어 통역실에 있는 사람이 아무것도 하지 않고 있다는 사실을 깨달았다. "영어 통역실은 아마 일이 가장 적은 곳일 거예요. 영어로 하는 연설이 제일 많거든요." IS의 프로그램 담당관인 케이트 영이 나중에 설명했다. "하지만 통역을 할 때 느끼는 압박감은 가장 큽니다. CNN을 위시해 모든 보도 매체들이 영어 통역실을 바탕으로 기사를 작성하니까요. 통역사의 목소리가 그대로 방송되는 경우도 있죠." 그리곤 이렇게 덧붙였다. "아쉽게도 우리를 '번역가의 목소리'라고 잘못 부르긴 하지만요."

하지만 이렇게 잘못된 명칭으로 불려도 별로 괘념치 않는다. 윌킨스 아리는 통역사라는 업무에 부여된 익명성을 통해 왕성하게 활동하고, 거기에는 그만한 책임이 뒤따른다. 내가 그녀를 만나고 얼마 지나지 않아 윌킨스 아리는 브라질에서 열리는 UN 회의를 보조하기 위해 (그녀가 드물게 즐기는 기회인) 출장을 갔다. 회의가 한창 진행되던 도중 각국 대표를 찍고 있던 한 카메라맨이 갑자기 몸을 돌리더니 윌킨스 아리를 화면에 크게 포착했다. "청중들이 보고 있는 커다란 화면 두 개에 갑자기 내 모습이 뜬 거예요!" 그녀는 이스탄불에서 내게 이런 이메일을 보내왔다. UN 카메라맨은 결코 통역실을 찍지 않는다. "엄청나게 당황했지만 재미있었어요. 난 눈썹 하나 까딱하지 않고 계속 할 일을 했죠. 그렇지만 그런 일을 자주 겪고 싶진 않아요." 마지막에 그녀는 이렇게 썼다. "조명을 받는 건 나한테 안 맞거든요." 그녀는 비좁고 안락한 통역실에 앉아 일하는 편을 좋아한다. "서로의 메시지를 완벽하게 이해하고 전달하는 일이 온전히 우리 손에 달려 있으니까요. 스트레스가 심해도 보람 있는 일이죠."

자기 차례가 왔을 때 윌킨스 아리는 잠시도 쉬지 않는다. 연설이 영어나 스페인어가 아닐 때에도 영어 통역실이나 중국, 아랍어 통역실에서 번역한 내용을 프랑스어로 '중계'한다. 이는 설사 이 통역실이 통역을 하지 않을 때에도 연설이 항상 6개 언어 중 하나로 옮겨지고 있음을 의미한다. 유난히 길고 빠른 단락 하나가 끝나자 윌킨스 아리가 잠깐 마이크를 끄더니 "휴우" 하고 한숨을 쉬고는 내게 미소를 지어 보였다. 그런 다음 다시 마이크를 켜고 일로 뛰어든다.

윌킨스 아리와 그녀의 동료들이 얼마나 큰 스트레스와 중압감을 느끼는지, 그리고 왜 30분 휴식 규칙이 있는지 알고 싶다면 무아마르 카다피Muammar Gaddafi에 대한 이야기를 해야 한다. 2009년에 카다피가 UN 총회에서 악명 높은 연설을 한 적이 있다. 장황하고 두서없는 연설이 장장 95분 동안 이어졌는데, 75분이 지나자 그때까지 쉴 새 없이 일하던 그의 개인 통역사가 마이크에 대고 소리를 질렀다. "더 이상은 못하겠습니다!" 그러더니 그 자리에 쓰러져 버렸다. 그 광경을 보고 깜짝 놀라긴 했지만 의무감에 사로잡힌 아랍어 통역실 통역사가 다행히도 그 뒤를 이어 갔고 결국 연설을 끝까지 통역할 수 있었다.

"Vous etes une tres jolie fille."(당신 정말 예쁘시군요.)

고백할 게 하나 있다. 위에 있는 문장은 내가 가진 외국어 지식을 총동원한 것이다.* 학창 시절 몇 년 동안이나 스페인어와 프랑스어를 공부했건만 나는 외국어에는 완전히 젬병이다. 나는 인생의 상당 부분을 '바뇨스banos'나 '미 아미고스mi amigos' 같은 단어보다 영어를 더 유창하게 갈

---

* 그나마 내가 이 문장을 기억하는 이유도 대학교 3학년 때 런던에서 유학하던 시절 프랑스인 오페어(외국 가정에 입주해 집안일을 돌보며 언어를 배우는 사람—옮긴이)에게 좋은 인상을 주려고 했기 때문이다.

고닦는 데 정진했고, 미국인이라면 다들 알겠지만 내 머릿속에는 외국어가 자리잡지 못하게 가로막는 무슨 정신적 장벽 같은 게 있는 것 같았다. 그래서 나는 두 개 혹은 그 이상의 언어를 말할 수 있는 사람들을 보면 정말 신기하고 감탄스럽다. 어떻게 그럴 수가 있지? 하지만 통역은 단순히 언어를 여러 개 말하는 것보다도 더 엄청나고 복잡한 능력이다. 윌킨스 아리가 내게 말한 것처럼 "사람들이 흔히 생각하는 것과 달리, 여러 언어를 말할 수 있다고 해서 통역사가 될 수 있는 것은 아니다."

나는 윌킨스 아리가 일하는 모습을 보고, 그녀의 일에 대해 조사를 할수록 골치가 아파졌다. 어떻게 한 언어를 듣고 그걸 머릿속에서 번역해서 다른 언어로 말하면서 또 '동시에' 처음 언어로 말하는 걸 계속 알아들을 수 있는 거야? 나는 영어를 영어로도 동시 '통역'할 수 없을 것 같은데. 여기서 내가 떠올릴 수 있는 가장 좋은 비유는 색소폰 연주자들의 순환 호흡이다. 숨을 들이마시는 동시에 악기를 부는 것 말이다. 하지만 그것은 폐를 이용한 놀라운 곡예일 뿐 한 언어를 다른 언어로 바꾸는 인지적 불협화음은 아니다.

"통역사는 천성적으로 태어나는 것이 아니라 훈련과 교육에 의해 육성됩니다. 물론 뛰어난 통역사라면 단순히 언어만 많이 아는 게 아니라 기본 자질을 갖추고 있어야 하죠." 통역 교수인 배리 올슨은 내게 이렇게 말했다. 어떤 이들은 그냥 그런 재능이 없을 수도 있다. 통역 학교에서는 체계적인 훈련 과정을 통해 기술과 요령을 천천히 익히고 발전시킨다. 케

인비저블

이트 영은 설명했다. 초기 단계에서는 "프랑스어나 러시아어 문장을 읽어 주고 그걸 다시 영어로 말해 보게 합니다. 그것조차 못하는 학생들이 꽤 많지요." 또 다른 훈련 방식은 "섀도잉Shadowing"인데, 간단히 말해 화자가 말을 하는 동안 한 박자 뒤에서 내용을 따라 말하는 것이다.(위에서 내가 영어를 영어로 번역한다고 농담한 것과 비슷하다.)

통역의 핵심은 "메시지의 의미를 도출하는 것"이라고 올슨은 설명한다. 원천 언어를 단어 대 단어로 치환하는 것이 아니라 화자가 말하고자 하는 심층적 의미를 파악하여 문장과 구절, 또는 단락이 함유한 메시지를 목표 언어로 전달하는 것이다. 이 과정에서 가장 어려운 부분은 1) 원천 언어의 의미를 신속하게 목표 언어로 변환하고 2) 계속해서 화자의 발언을 듣고 이해하는 동시에 목표 언어로 말하는 것이다. 이런 어려운 기술을 습득하기 위해 동시통역사는 다양한 형태의 멀티 태스킹 연습을 거친다.

하지만 이것들은 목표를 달성하기 위해 배우고 익히는 기술들이다. 여러 언어를 구사하는 사람들의 머릿속에서는 한 개 언어만을 말하는 사람들에 비해 어떤 다른 일이 벌어지고 있을까? 아니 그보다도 더 궁금한 것은 동시통역사들의 머릿속에서는 다언어 구사자들에 비해 어떤 다른 일이 벌어지고 있을까?

인간의 언어 처리 과정은 언어학, 뇌신경학, 심리학, 인지과학 등 수많은 학문 분야의 연구 대상이다. 그리고 언어 산출과 관련해 우리의 뇌 안에서 무슨 일이 벌어지는지에 대해서는 이들 모두의 의견이 분분하다.

하지만 본질적으로 "연구에 따르면 여러 단계의 과정이 펼쳐진다."고 애리조나 대학의 언어 및 심리학 조교수인 재닛 니콜^{Janet Nicol}은 말한다. 우리는 생각을 떠올리고, 생각에서 언어로, 특정 어휘와 시제로 옮겨 가며, 그런 다음에는 생각과 어휘들을 주어진 언어의 문법 체계에 맞춰 배열한다. 니콜은 이렇게 덧붙인다. 그 모든 과정이 끝난 "다음 단계가 발화(發話) 구성입니다." 하나의 언어를 산출하는 데에도 이처럼 여러 단계의 인지적 행위가 필요한데, 통역이 뇌에 얼마나 큰 부담과 고충을 안겨 주는지는 굳이 말할 필요도 없을 것이다. 정말이지 엄청나게 많은 일들이 진행된다!

"이중 언어 사용자의 경우에는 첫 번째 단계에서 언어 선택이 이뤄진다는 사실을 제외하면 나머지는 비슷합니다." 동시통역사들은 전기 스위치를 가만두지 못하는 다섯 살짜리 소년처럼 두 개의 언어 사이를 신속하게 오고 간다. 그 과정에서 앞서 설명한 일련의 연속된 과정들이 끊임없이 매번 반복된다. 윌킨스 아리가 실제로 하는 일은 차치하더라도 그녀의 뇌가 하는 일을 '생각하는 것'만으로도 관자놀이가 지끈거리는 것 같다.

이처럼 고도로 격렬한 정신 활동은 통역사의 몸과 마음에 심각한 영향을 끼친다. 최악의 경우에는 카다피의 통역사처럼 쓰러질 수도 있다. 그러나 휴식 시간이 있는 일상 업무도 심신이 피곤하기는 마찬가지다. "통역사들이 받는 정신적, 육체적, 인지적 피로와 스트레스는 첨단 산업 분야에 종사하는 근로자들보다 더 극심하며, 이스라엘군의 고위 장교들과 비슷한 수준이다." 2001년의 한 연구 조사는 설명한다.

끊임없이 주입되는 정보와 정보 처리에 필요한 방대한 집중력은 전문 통역사에게 가장 큰 스트레스를 안겨 주는 원인이다. 윌킨스 아리는 때로는 업무가 끝나도 두통이 너무 심해 밖에 나가 마음이 진정될 때까지는 아무도 만나거나 대화를 나누지 않는다고 말한다. "동시통역은 엄격한 시간적 압박 속에서 언어의 인지, 이해, 번역, 그리고 산출 활동이 동시에 이뤄지는 고도로 복잡한 담화 활동이다." 1990년에 발표된 한 실험 연구 논문의 일부이다. 통역 업무는 "대량의 인지 처리 부하를 부가한다." 직무 수행에 요구되는 정신력은 마치 자동차 분당 회전수를 최고수로 높일 때처럼 시간이 지날수록 에너지를 소진시키지만 그 순간만은 순수한 활기와 흥분감을 제공한다.

다시 통역실로 돌아가자. 윌킨스 아리는 달아오르고 있다. 회의는 벌써 몇 시간째 지속 중이고 비록 30분마다 미리암과 바통을 주고받긴 하지만 마치 그녀의 내면에서 거센 소용돌이가 휘몰아치고 있는 것 같다. 자세가 바뀌어서 그런가? 아니면 강렬해진 저 눈빛 때문인가. 어쨌든 정확히 설명하긴 힘들지만 풍기는 분위기와 몸짓이 훨씬 날카로워졌다. 이번 회의에서는 일부 국가들, 특히 이란과 북한에게 '반론권'이 주어져 있다. 지금부터 내가 묘사하는 내용은 UN의 공식 요약 회의록을 토대로 재구성한 것이다.(앞서 말했듯이 전체 회의록은 공개되지 않았다.)

나중에 알았는데, 북한 대표의 발언은 엘리트 동시통역사들에게도 버거운 수준이었다. 윌킨스 아리의 다소 절제된 표현을 빌리면 유난히 통역하기가 어려운 연설이었단다. 억양이 너무 심해 영어를 이해하기가 힘들었고, 말투도 지나치게 빨랐다. 거기에 화자의 열띤 흥분과 화려한 미사여구까지 더해 보라. 윌킨스 아리는 내게 미소를 보낼 틈조차 없었다. 얼마나 통역에 열중해 있는지 그 열기가 손에 느껴질 정도였지만 그러면서도 겉으로는 스윙 직전의 골프 선수처럼 고요하고 차분해 보였다.

북한 대표가 포문을 열었다. "[핵과 관련된] 상황이 대단히 위험해졌으며 되돌릴 수 없는 시점에 이르렀다." 그런 다음 북한의 위성 미사일 발사를 옹호하고, 미국이 정치적 이득을 얻기 위해 북한이 그렇게 할 수밖에 없었던 이유를 '왜곡'하고 있다고 비난했다. 자, 지금부터 사태가 악화된다. 그는 미국이 "국제사회를 잘못된 길로 이끌고 있으며 UN 안보리 상임이사국이라는 직위를 오용하고 있다."고 불평했다. 그러더니 "미국이야말로 위성 미사일 발사의 '제왕'이며 과다한 무기와 미사일을 보유함으로써 국제 평화와 안보를 위협하고 있다."고 말을 이었다. 그의 조국은 "선택의 여지가 없는 상황에서 자위권을 행사하기 위해 자국 무기를 시험 발사할 수밖에 없었다. 조선민주주의공화국 국민들은 미국이 남한에 최초의 핵무기를 설치한 이후 1957년부터 60년 동안 핵의 위협을 받으며 살아오고 있다." 미사여구의 강도가 심해질수록 윌킨스 아리는 강렬한 집중력을 유지하는 동시에 발언자의 격렬한 어조를 똑같이 모방한다. 케이트 영이 내게 설명했듯이 통역사들은 화자의 감정 상태를 있는 그대로 전달하려고 노력한다. 심지어 "화자의 발언이 지루하면 그 어투

마저 흉내 낸다."

북한 대표의 발언은 전혀 지루하지 않았다. 열렬한 감정에 북받친 그의 말을 그대로 옮기는 데 열중한, 무아지경에 빠져 있는 윌킨스 아리의 모습을 상상해 보라. 연설은 절정을 향해 뜨겁게 치달아 가고, 그녀는 조용히 두 눈을 감은 채 전심을 다해 알아듣기도 힘든 억양의 영어를 해석하고 그것을 다시 프랑스어로 통역한다. 북한 대표가 "최근의 단계적 도발이 핵 전쟁의 가능성을 초래하기에 이르렀다."고 경고했다. 미국은 사흘 전 "전례 없는 군사적 배치"를 강행했고, 전투기가 태평양 상공을 가로질렀으며 CNN은 폭격 장면을 생중계했다. 북한 대표가 말한다. "위험이 통제 불능 수준으로 치닫고 있다." 전쟁이 발발할 것인가가 아니라 언제 발발할 것인가가 문제다. 그의 조국은 선택의 여지가 없으며 전략상 선제공격에 대한 대비책을 세울 수밖에 없고, 그것은 미국의 "전유물"이 아니다!

회의가 끝나고 잠시 차를 마시러 통역실에서 나온 윌킨스 아리는 마치 바람 빠진 풍선처럼 기진맥진해 보였다. 하지만 그녀에게는 격렬한 운동을 하고 난 뒤에 느껴지는 활력과 반짝임이 있다. "나는 UN을 지지해요." 그녀는 자신이 이 일을 하는 이유에 대해 설명하며 말했다. 하지만 그녀를 진정 이 길로 이끈 것은 바로 도전 정신이다. "난 웬만한 완벽을 추구하죠." 준비 과정을 통해, 그리고 통역을 할 때 반드시 거쳐야 하는 고도의 긴장 상태를 통해 그 목표를 향해 나아가는 것이 그녀가 얻는 보상이다.

일의 강도와 속도를 생각하면 스포츠와 조금 닮은 것 같기도 하다. "번역과 통역을 비교하자면, 번역은 어느 정도 시간을 갖고 텍스트를 연구할 수 있죠." 그녀가 말했다. "하지만 난 상대가 실제로 입을 열기 전까진 무슨 말을 할지 전혀 알 수가 없어요. 예측이 불가능하죠. 그래서 더 두근거리기도 하고요. 우리가 하는 일은 어찌 보면 사실 대단히 부자연스러운 일이에요. 말하는 것과 듣는 것을 동시에 해야 하니까요. 가끔은 집중하는 데 시간이 걸리기도 하죠. 하지만 어느 정도 시간이 지나고 달아오르면 자연스럽게 일에 몰입하게 됩니다. 그러다가 어느 순간 전체의 흐름과 하나가 되면서 모든 게 사라지는 거예요. 마치 나라는 존재가 없어진 것처럼 생각할 필요도 없이 모든 게 술술 흘러나오죠. 시간이 30분쯤 남았을 때 이런 상태가 되면 일이 끝나는 게 싫어진다니까요. 꼭 말하는 사람과 내가 하나가 된 것 같은 느낌이거든요." 그녀는 말을 이었다. "체육관에서 근력 운동을 하는 것과 비슷해요. 일종의 황홀경에 빠진달까. 난 그런 상태에 자주 빠져요. 이 일이 내게 소중한 이유죠." IS를 총괄하는 호삼 파르Hossam Fahr는 BBC와의 인터뷰에서 이렇게 말했다. "자기가 뿜어 내는 아드레날린에 중독돼야 합니다." 윌킨스 아리는 고도의 집중력을 요하는 고된 과업이 개인적 충족감과 긴밀하게 관련되어 있다는 흥미로운 심리학 논문에 대해 알게 된대도 전혀 놀라지 않을 것이다.

'몰입flow'의 개념을 처음 창안한 미하이 칙센트미하이Mihaly Csikszentmihalyi는 몰입이란 어떠한 활동에 완전히 몰두했을 때 경험하는 무아지경에 가까운 정신 상태로 "자아가 사라지고 시간이 쏜살같이 흐르며 모든 행동과 움직임, 사고가 물 흐르듯 자연스럽게 이어진다."고 설명했다. 흔히 "시간 가는 줄 모른다."거나 "뭔가에 완전히 꽂혔다."라고 이야기하는 상태다. 몰입은 '강렬한 즐거움'과 만족감을 줄 뿐만 아니라 수행 능력도 향상시킨다. 이런 몰입의 경험을 조성하는 몇 가지 요인 중 하나가 바로 고도의 집중력이다. 또 다른 핵심 요인은 대단히 어렵고 힘들지만 달성 가능하거나 또는 달성 가능한 수준 바로 다음에 위치한 도전을 추구하는 것이다. 칙센트미하이는 부단히 노력해 기술에 '숙달'하면 몰입을 이룰 수 있다고 말했다. 이 두 가지 요인은 최고의 인비저블이 지닌 중요한 속성이기도 하다. 지속적인 연습이나 '숙달'이 필요한 과업에 전념하고, 꼼꼼하고 치밀한 능력으로 발현되는 고도의 집중력을 발휘함으로써 일에 몰두하는 것. 내가 만난 인비저블은 대부분 몰입의 기본 요인을 갖추고 있었다.

나도 다른 전문 뮤지션들처럼 몰입의 경험을 수없이 해 봤다. 즉흥 연주에 흥이 오르면 밴드 멤버들과 눈짓을 교환할 필요도 없어진다. 마음은 명상을 하듯이 고요하고, 손으로는 내 기타를 연주하면서도 다른 모든 악기들의 소리가 동시에 귀에 들어온다. 그게 바로 '몰입'의 상태다. 시간이 멈추고 나는 평온하면서도 달뜬 상태가 된다. 유독 신나고 기분 좋게 공연을 하고 나면 그 뒤로 며칠 간 거기 도취되어 방방 떠다니거나 가끔은 영원히 그 느낌을 간직할 때도 있다. 하지만 몰입을 경험하기 위해 무대 위에서 열광적으로 몸을 흔드는 몽환적 경험을 할 필요는 없다. 잡지사에서 사실 검증 전문가로 일할 때도 그런 상태를 몇 번이나 경험한 적이 있으니까. 머리가 빠개질 듯 복잡한 기사를 꼼꼼하게 읽고 검토하고 있노라면 기관총처럼 쉴 새 없이 울려대는 부드러운 타자 소리도, 소란스러운 전화벨 소리와 낮게 웅웅대는 잡담 소리도 마치 기나긴 노래가 여운을 남기듯 조금씩 바래 간다. 그러다 문득 지쳐서 고개를 들면 주변은 어두컴컴해져 있고 책상 위에 점심 때 반쯤 먹다 남은 샌드위치가 눈에 들어온다. 무한한 집중력을 요하는 세심하고 꼼꼼한 작업은 심지어 침침한 사무실 구석에서도 몰입의 순간과 그로 인한 긍정적 감정을 이끌어 낸다. 며칠 동안 몸은 피곤에 절어 녹초가 되고 진통제를 팝콘처럼 입안에 까 넣으면서도 나는 시간제 근무를 하며 웹 서핑을 하던 시절에는 결코 경험하지 못했던 크나큰 만족감을 느꼈다.

고된 일을 통한 보상과 몰입의 경험은 오직 기술과 지식이라는 토대를 미리 닦아 놓았을 때에만 가능하다. 나도 몰입의 순간을 경험할 수 있을 정도로 기타를 잘 치게 되기까지는 혹독한 훈련과 연습을 거쳐야 했다. 윌킨스 아리처럼 뛰어난 재능을 지닌 이들도 예외는 아니다. 그녀는 일에 있어 철저한 사전 준비와 조사는 필수적인 의무 사항이라고 여러 차례 강조했다. "나는 조사하는 걸 좋아해요." 그녀는 말했다. "그건 아주 중요한 일이죠. 이 일을 하려면 준비를 많이 해야 해요." 안전 보장 이사회의 회의를 통역할 때는 더더욱 그렇다. "모든 참가자들의 이름과 온갖 두문자어, 반군 지도자 이름 같은 것들을 완전히 숙지하고 있어야 합니다. 그래야 발언 내용을 정확하게 이해하고 모르는 이름이 나와도 당황하지 않을 수 있으니까요." 그녀의 말이다. "사람들이 무슨 말을 할지 모르기 때문에 예기치 못한 상황은 늘 발생하게 되어 있어요. 하지만 그런 요소들은 최대한 우리 선에서 줄이려고 노력합니다."

최고의 통역사는 유명 배우나 운동선수와 비슷하다. 그들이 일하는 모습을 보고 있노라면 타고난 재능이 드러나기 때문이다. 하지만 그런 재능이 발휘되려면 사전 준비와 연습, 연구 및 조사가 선행되어야 한다. 보이지 않는 직업의 심층에는 준비 단계라는 더더욱 보이지 않는 단계가 숨어 있다. 윌킨스 아리처럼 세세한 것까지 주목하는 집중력과 완벽한 기술 및 요령을 추구하는 인물이 이처럼 장막 뒤에서 일하는 것을 즐긴다는 사실은 그리 놀라운 일이 아니다. '치밀하고 꼼꼼한 능력'을 연상시키는 이러한 특성들은 많은 인비저블 사이에서 공통적으로 찾아볼 수 있는 자질이다. 넓은 관점에서 볼 때 이러한 꼼꼼함은 일종의 직업 윤리로 작용한다. 현대의 추세와는 대조적인 이런 태도는 마치 우리를 힐책하는 듯하다.

현대 사회를 지배하는 문화적 태도와 인비저블의 태도를 가장 우선적이고 뚜렷하게 구분하는 특성이 '타인의 인정에 연연하지 않는 태도'라면, 인비저블의 나머지 두 특성 역시 일반적인 문화적 동향과는 크게 다르다. 인비저블은 물론 타고난 재능도 어느 정도 필요하지만 자기 분야에서 최고가 되려면 무엇보다 먼저 필요한 기술을 배우고 익히고 통달해야 한다는 사실을 보여 준다. 몰입에 도달하고 싶다면 '꽤 잘하는' 정도로는 부족하다.

그럼에도 '꽤 잘하는'은 오늘날 점점 더 많은 이들이 공유하는 가치관이 되어 가는 듯하다.

노동의 분업은 역사적으로 다양한 수준으로 발전해 왔다. 하지만 분업 체계가 수천 년에 걸쳐 발달해 왔음에도 대부분의 인간들은 다양한 분야를 조금씩 아는 제너럴리스트generalist에 머물렀다. 대장장이든 제빵사든 세상을 살아가려면 장작을 패고 농작물을 재배하고 돈을 관리해야 한다. 플라톤에서 흄Hume, 스미스Smith, 그리고 마르크스Marx에 이르기까지 여러 시대에 걸쳐 수많은 사상가들이 분업의 경제적·효용과 철학적 사유에 대해 골몰히 연구했고, 문제에 대한 접근법은 다양했을지 모르나 결론은 늘 비슷했다. 인류가 발전을 거듭할수록 전문성은 심화된다는 것이다. 이 같은 이론은 18세기에 산업화의 대두와 함께 현실화되었다. 극단적 수준의 분업과 전문화, 그리고 고도로 전문화된 고용은 현재 우리가 살고 있는 사회의 경제가 발전하고 문화가 기능하는 방식이다. (오늘날 직접 장작을 패는 사람이 몇이나 되겠는가? 가스 회사에 전화 한 통만 걸고 보일러 전원만 넣으면 되는데.) 하지만 우리는 첨단 기술의 도움으로 다시금 여가 시간을 창의적으로 보내는 만물 박사가 되었고 그럼에도 아직 전문성이라는 환상 속에서 허우적대고 있다. 우리는 아마추어의 나라가 되었다.

주변에서 볼 수 있는 사진 애호가들을 생각해 보라. 그들은 주말 여행을 가서 DSLR로 수백 장의 사진을 찍은 다음, 인스타그램instagram 같은 애플리케이션으로 창의적인 '변형'을 가해 온라인에 게재하고 자신이 실제

인비저블

보다 더 뛰어난 사진가라는 착각에 빠진다. 아이무비^{iMovie} 같은 영상 편집 소프트웨어로 비디오를 찍어 정기적으로 유튜브에 올리는 젊은이들도 마찬가지다. 물론 우리는 그런 일을 하면서 자신감과 만족감을 얻고, 재미를 느끼기도 한다. 그것은 중요한 일이다. 하지만 사진 촬영이나 영화 제작에 진짜로 필요한 전문성에 대해 잘못된 인식을 갖도록 조장할 수도 있다.

포덤 대학^{Fordham University}의 언론 매체학 교수인 폴 레빈슨^{Paul Levinson}을 위시하여 많은 이들이 지적했듯이, 인터넷은 글 쓰는 인구를 증가시켰을 뿐만 아니라 수준을 낮추는 데에도 공헌했다. 아무 생각 없이 쓴 블로그와 트위터, 페이스북 포스팅과, 신중하고 깊이 있는 사고를 통해 작성돼 사실 검증가가 검토하고 편집자의 수정을 거친 훌륭한 잡지 기사 사이의 거리는 겨우 클릭 한 번이다. 한때 전문가나 고급 아마추어들의 전유물이었던 것들이 대중화되면서 많은 이들이 평균 이하의 것들을 만들고 경험하게 만들었다. 기타 히어로^{Guitar Hero}를 플레이하면 되는데 뭣하러 진짜 기타를 배운단 말인가?

인비저블은 자신의 기량을 높이고 발전시키기 위해 지대한 노력을 기울인다. 긴 시간을 들여 지식을 학습하고, 자격을 취득하고, 아마추어 애호가들은 도달할 수 없는 수준의 전문성을 얻기 위해 매진한다. 우리 모두가 전문가가 되어야 하거나 그러지 못할 바에는 아예 시작도 하지 말라는 것이 아니다. 다만 요즘에는 아주 많은 사람들이 뭔가를 약간 잘하게 될 때, 그리고 그 결과가 적당히 만족스러울 때 거기서 중단하는 경향이 있다. 내가 아는 거의 모든 40세 이하의 사람들은(나 자신을 포함해) 이른바 아마추어 사진사 겸 DJ 겸 영화감독 겸 작가 겸 공예가다. 그들의 작품은 대부분 훌륭하지만 특출나게 뛰어난 것을 만드는 데 필요한 시간을 투자하는 경우는 거의 없다. 하지만 진정 뛰어난 무언가를 탄생시키려면 어마어마한 양의 노력과 헌신이 필요하다. 예를 들어 적확한 어조와 분위기를 전달하기 위해 단어 하나를 놓고 몇 시간 혹은 하루종일 머리를 싸매는 편집자나 작가, 어렵고 까다로운 음악을 연주하기위해 주말 내내 틀어박혀 연습을 하는 기타 연주자를 생각해 보라. 윌킨스 아리와 같은 인비저블은 그녀의 능력을 완벽에 가깝게 가다듬기 위해 전념하고 헌신한다. 만일 우리가 그들만큼 역량을 밀어붙일 수 있다면, 단순히 '꽤 잘하는 수준'을 넘어 그 이상을 추구한다면, 어쩌면 '탁월함'의 경지에 이를 수 있을지도 모른다.

여기서 잠시 방향을 바꿔, 이번에는 다소 넓은 시각으로
인비저블이 우리의 현대 문화에서 어떤 위치를 차지하고 있는지 살펴보자.
일에 대한 인비저블의 태도는 어떻게 오늘날의 풍조를 거스르고 있는가?
그들에게서 배우는 것은 어째서 그토록 중요한가?
우리는 왜 인정과 칭찬을 갈망하며, 어쩌다 이렇게 된 걸까?

(5)

명성, 성공, 그리고 자기 홍보라는 신화

**타인의 관심은 우리를 충족시키지도 못하고
사회에 도움이 되지도 않는다**

2009년 4월 트위터가 아직 걸음마를 하던 시절 미셸 카탈라노^Michele Catalano는 벌써 2년 전부터 이 서비스를 능숙하게 사용하고 있었다. 그녀가 문화 및 테크놀로지 사이트인 보잉보잉닷넷^Boingboing.net에 직접 쓴 기사에 따르면, 그때까지 그녀는 트위터를 주로 "농담과 스포츠 관련 잡담"을 위한 공간으로 사용하고 있었다. 그러던 중 뜻밖의 일이 일어났다. 갑자기 수천 수만 명의 팔로어가 몰려들더니 일주일 만에 2만 8000명까지 늘어난 것이다. 처음에 그녀는 누군가 자신에게 장난을 치고 있고, 그 팔로어들이 모두 '봇^bot(일종의 가짜 계정)'이라고 생각했다. 하지만 나중에 밝혀진 바에 따르면 무슨 연유인지는 몰라도 그녀의 계정이 트위터 '친구 추천 목록'의 '수많은 유명 인사와 스포츠 스타들 사이에 끼게' 되어 팔로어가 급증한 것이었다. 몇 달이 채 지나지 않아 그녀의 팔로어 수는 백만 명을 넘어서게 되었다.

하지만 이 기발한 인터넷 매체는 많은 이들이 짐작하는 것처럼 반드시 신나고 유쾌한 것만은 아니다. 실제로 카탈라노는 당황했다. 팔로어가 엄청나게 많다 보니 트윗을 쓸 때마다 부담감을 느꼈고, 자주 글을 올려야 한다는 압박감에 시달렸다. "나는 살면서 인기인이 된 적이 한 번도 없었다. 나는…… 학교에서 점심 시간마다 테이블 구석에 앉아 샌드위치를 깨작거리는 아이였다. 그런데 어느 날 갑자기 백만 명의 사람들이 내 말에 귀를 기울이고, 내가 무슨 말을 하는지 궁금해하게 된 것이다." 그녀는 이렇게 고백했다. "'와우! 이거 굉장한데!'라고 감탄하던 순간들이 순식간에 공포의 시간으로 돌변했다. 별안간 내가 유리 온실 안에 살고 있고 온 동네 이웃들이 손에 돌멩이를 든 채 온실 주위를 에워싸고 있는 것처럼 느껴졌다." 너무 많은 사람들이 카탈라노의 트윗을 읽고 있었기 때문에 그녀는 팔로어들의 심경을 일일이 고려하는 한편 안티들에게도 맞서 싸워야 했다. 이런 고된 인터넷 생활에 지친 그녀는 점차 트윗이 뜸해지기 시작했다.

한편으로 카탈라노는 예기치 않게 얻은 이 명성이 작가로서의 경력에 도움이 될지도 모른다고 기대했다. 독자들이 이렇게 많으니 트윗으로 그녀가 작가라고 알린다면 출판사들이 그녀를 영입하러 앞다퉈 달려올지도 모른다. 그러면 자유 기고 일감을 따낼 수 있을지도 모르고, 자기가 쓰고 있는 소설을 계약할 수 있을지도 몰랐다. 하지만 그런 일은 일어나지 않았다. "팔로어가 백만 명이라고 해서 내게 새로운 기회가 생기지는 않았다. 삶이 더 풍족해지지도 않았고, 치아가 더 하얗게 빛나지도 않았다. 오히려 그 반대였다. 나는 전보다 남들의 시선을 의식하게 되었고 자기 회의에 상처 입은 구멍 숭숭 뚫린 벌집이 되었다." 그녀는 자신의 '목소리'를 잃었다.

오랫동안 방황한 끝에 카탈리노는 결국 트윗을 재개했지만 이제는 친구들과 편하게 담소를 나누거나 농담을 하는 등 초심으로 돌아가기로 했다. 가끔 사람들이 그녀에게 왜 그렇게 팔로어가 많은지, "대체 뭐하는 사람"이냐고 물을 때마다 그녀는 이렇게 대답한다. "그냥 평범한 일반인인데요."

나는 영원히 살 거야
내 이름을 기억해, 내 사랑 — 「페임Fame」

명성을 찬미하는 가장 오래된 문학 작품 중 하나는 호메로스의 『일리아드The Iliad』이다. 기원전 8세기경을 배경으로 하는 호메로스의 고대 그리스 서사시 속 영웅들은 다른 이들이 찬탄하는 명예와 지위를 추구한다. 그 세계를 지배하는 것은 클레오스Kleos, 즉 불굴의 명성 또는 영광이다. 영웅들은 올바르지 못한 행동을 해도 도덕심에 기반한 죄의식을 느끼지 않는다. 그들이 수치심을 느낀다면 그것은 그런 행동을 남들에게 들켰기 때문이다. 시러큐스 대학Syracuse University 블레이어 TV 대중문화 센터Bleier Center for Television & Popular Culture의 학장이며 명성에 대해 폭넓은 글을 써 온

밥 톰슨Bob Thomson은 내게 "로마의 폐허에는 검투사들의 이름이 새겨져 있다."고 말했다. 심지어 "그들이 현대의 패리스 힐튼Paris Hilton처럼 돈을 받고 파티에 참석한" 증거도 있다고 한다.

명성을 드높이는 것은 역사 속 많은 인물들의 목표였지만, 누가 그런 명성을 얻을 자격이 있고 심지어 명성을 열망할 자격이 있는지를 판단하는 사회 구조는 지금까지 끊임없이 변화해 왔다. "중세 시대 소작농들도 오늘날 「아메리칸 아이돌American Idol」에 참가하는 사람들과 똑같은 부와 권력, 그리고 특권에 대한 욕망을 갖고 있었을 겁니다." 톰슨은 말했다. "하지만 다른 점이 있다면 소작농들은 그런 꿈을 결코 이룰 수 없다는 걸 알고 있었다는 거죠." 한편 포덤 대학의 커뮤니케이션 및 대중매체학 조교수인 앨리스 마윅Alice Marwick은 이렇게 말했다. "대중매체가 탄생하기 전까지 사람들은 입소문에만 의지해야 했습니다." 하지만 이제 현대의 소작농들에게는 소셜미디어가 있다. 인터넷만 있으면 청중을 유인하거나 심지어 유명 인사가 될 수도 있다.

톰슨은 우리가 명성을 추구하는 것은 타당한 일이라고 말한다. 우리가 살고 있는 문화가 타인의 이목, 돈, 권력 등 우리가 욕망하는 것들을 명성이 가져다줄 수 있다고 말하기 때문이다. 문제는 명성을 획득하는 능력이나 심지어는 종종 타인의 인정을 얻는 것마저도 대체로 환상에 불과하다는 점이다. 당신이 유튜브에 올린 영상이 인기 반열에 올라 널리 퍼질 확률은 천만 분의 일이다. 톰슨은 당신이 그중 하나가 될 것이라고 기대하는 것은 복권에 당첨되는 것과 비슷한 환상이라고 말한다. 소설가 샘 립스티^{Sam Lypsyte}는 《뉴욕》과의 인터뷰에서 그런 환상의 잔인함에 대해 말한 바 있다. "내가 보기엔 패배자라는 개념 자체가 웃기는 겁니다. 당신을 패배자라고 부르는 사회는 억압적인 사회죠. 유명 인사나 돈, 지위 등 대부분의 사람들은 이룰 수 없는 것들을 중요시 여기는 곳이니까요. 사람들 대부분이 저절로 패배자가 되는 겁니다."

그렇다면 왜 그토록 많은 이들이 그런 환상 속에서 사는가? 톰슨은 그것이 "미국인의 낙관적인 부인(否認)" 때문이며, 우리가 합리적이지 못하기 때문이라고 말한다. 하지만 만약 그보다 더 큰 원인이 있다면? 오늘날 우리의 문화적 기준이 그런 것을 요구하고 있다면 어떨까? 그리고 이 새로운 기준이 초래한 결과는 무엇일까?

『콰이어트^{Quiet}』에서 내향적인 사람들의 중요성에 대해 빈틈없는 연구와 호소력 있는 주장을 펼친 수전 케인^{Susan Cain}은 20세기 초반 미국 문화에 커다란 변화가 있었다고 말한다. 그녀는 역사학자 워렌 서스먼^{Warren Susman}의 이론을 인용해 우리가 "인격의 문화"에서 "성격의 문화"로 이동했다고 주장했다. 인격의 문화에서 "중요한 것은 대중에게 어떤 인상을 주는가보다 홀로 있을 때 어떻게 행동하는가였다." 호메로스의 클레오스에서 볼 수 있는 가치관과는 본질적으로 정반대다. 그러나 성격의 문화로 이동하면서 "미국인들은 다른 사람들이 자신을 어떻게 보느냐에 집중하기 시작했다." 수전은 이렇게 쓰고 있다. "새로운 성격의 문화는 모든 사람에게 연기자라는 사회적 역할을 수행할 것을 요구했다. 이제 모든 미국인은 연기자가 되어야 했다." 어찌 보면 오늘날 우리는 영광을 갈구하는 문화로 퇴행한 셈이다. 오늘날 선지자의 계시는 돌기둥이 아니라 (폴 사이먼Paul Simon에게는 미안하지만) 페이스북 게시판에 적혀 있다. (사이먼과 가펑클의 노래 「침묵의 소리Sound of Silence」의 가사 "The words of the prophets are written on the subway walls and tenement halls"의 패러디 — 옮긴이) 케인은 산업화와 도시화가 심화됨에 따라 낯선 이들 사이에서 일하고 살아가게 되었고, "회사의 최신 상품을 홍보하듯이 자기 자신을 판매하는 세일즈맨이 되도록 부추기는" 환경이 조성되었다고 설명한다. UCLA 의 심리학자 퍼트리샤 그린필드Patricia Greenfield의 최근 연구 또한 이러한 이론을 뒷받침한다. 그녀는 200년 동안 출간된 서적 150만 권의 디지털 변환 자료를 조사한 결과 '독특한', '개인적인', '자신'과 같은 개인주의 어휘의 사용이 도시화의 심화와 함께 증가했음을 밝혀 냈다.

나는 우리가 서스만의 인격의 문화와 성격의 문화를 거쳐 세 번째 단계, 즉 "자기 소개의 문화"로 진입하고 있다고 주장하는 바이다. 우리 중 대다수가 발 담그고 있는 디지털 세계는 20세기 초반의 도시와 그 도시 이주민들의 고향인 시골만큼이나 다르다. 온라인 세상에서 많은 시간을 보내는 우리는 비록 물리적으로는 다양한 곳에 있어도 마음과 정신은 본질적으로 온라인 세계에 거주하고 있다. 그러한 환경에 친숙해지면 우리는 그 세계 특유의 성향과 편견을 수용하게 된다. 온라인 세상, 특히 소셜미디어라는 플랫폼 안에서 우리의 자아는 일련의 '좋아요' 링크와 '좋아하는 것들'로 표현되며, 우리의 본질은 그렇게 '성격'에서 '자기 소개'로 다시금 축소된다.

잠시 지난 세기로 돌아가 보자. 아직 성격의 문화가 지배적이던 시절, 겸손함은 — 혹자는 억압이라고 부를지도 모르지만 — 사회적으로 여전히 큰 영향을 행사했다. 회사에 충성을 바치는 직원들이 우위를 차지했고, 조용한 획일성은 많은 면에서 명백한 기준을 형성했다. 그러나 20세기 후반에 접어들어 개인주의와 성격의 문화가 주도권을 쥐자 우리의 배는 한쪽으로 기울기 시작했다. 프로 스포츠 세계는 이 같은 변화를 특히 생생하게 보여 준다.

1960년대, 시카고 화이트삭스White Sox가 획기적인 사건을 저질렀다. 선수들의 유니폼 등에 그들의 이름을 인쇄한 것이다. 대학팀이든 프로팀이든 1800년대에 리그가 결성된 주요 스포츠에서 그런 일이 일어난 것은 처음이었다. 곧이어 AFLAmerican Football League이 화이트삭스의 행보를 따랐고, 10년도 채 지나지 않아 메이저리그의 모든 야구팀이 단 세 팀을 제외하고 "선수 이름 없음(No Name on Back, 짧게 줄여서 NNOB)" 정책을 폐지했다. 이는 일시적인 유행이 아니었다. "그들의 공통 분모는 텔레비전이었습니다." 폴 루카스Paul Lukas는 말한다. ESPN에서 열정적인 "유니 워치Uni Watch" 칼럼을 쓰며 "각 유니폼의 미세한 차이를 거의 강박적일 정도로 분석하고 해체하는" 폴 루카스는 미국에서 둘째가라면 서러울 정도의 스포츠 유니폼 전문가다. 그는 설명했다. "스포츠 경기가 TV에 중계되면서 팬들은 등 뒤에 적힌 이름을 볼 수 있게 되었죠. 그건 선수 한 사람 한 사람을 '개성을 가진 개인'으로 홍보할 수 있는 멋진 방법이었습니다."

인비저블

(그는 또한 이러한 조치가 인기 선수의 유니폼 판매 수익으로 이어졌다고 지적한다.)

처음에는 약간의 반발을 피해 갈 수 없었다. 메이저리그의 공인 역사가인 존 손John Thorne은 "처음에는 그런 게 촌스럽다고 생각하는 선수들도 있었죠."라고 말했다. 아직 상당수 팀이 NNOB 유니폼을 사용하던 1962년, 《뉴욕 타임스》기사는 시합 전 서로 조롱과 야유를 주고받는 선수들을 묘사하며 한 뉴욕 메츠Mets 선수의 말을 인용했다. "카디널스Cardinals 놈들은 등짝에 이름을 써 놓고 다닌단 말야. 영 마음에 안 들어." 심지어 1970년대 후반 NHLNational Hockey League이 뒤늦게 NOB(선수 이름) 유니폼을 도입했을 때 당시 토론토 메이플리프Maple Leafs의 구단주였던 해럴드 발라드Harold Ballard는 그러한 변화에 강력히 반대하며 GNOBGhost Name on Back(투명 이름) 유니폼을 입을 것을 주장했다. 그들은 파란색 유니폼에 파란색 글씨를 인쇄해 이름을 거의 읽을 수 없게 만들었다. 그러나 결국에는 이 구식의 집단주의 옹호자도 두 손을 들어야 했다. 발라드는 그 유니폼을 겨우 두 시합에 내보내는 데 만족해야 했다. 남의 눈에 띄고자 하는 욕망과 개인주의를 향한 우리의 행진은 결코 멈추지 않을 것이다. 루카스의 지적처럼 마이너리그 선수들이 상위 리그로 올라설 때 "유니폼 뒤에 적힌 이름은 '내가 해냈어!'를 의미하는 영광의 배지다." 오늘날 미식 축구 선수가 터치다운을 하고 세레모니를 하는데 등 뒤에 그의 이름이 없다고 상상해 보라. 미국이 어떻게 집단주의 사회에서 개인주의 사회로 이동했는지 알고 싶다면 운동선수들의 등을 보면 된다.

반면에 사고 실험의 일환으로 NNOB를 도입한 몇몇 대학 및 프로팀이 놀라운 성공을 거뒀다는 사실은 주목할 만하다. 성추행 스캔들에 휘말리기 전까지 유니폼에 이름이 없는 것으로 유명했던 펜실베이니아 주립 대학 미식축구팀과 NNOB와 NOB를 해마다 번갈아 사용하는 노트르담 미식축구팀은 모두 전설적인 팀이다. 야구에서 가장 많은 우승 전적을 기록한 양키스도 NNOB 유니폼을 갖고 있다. 홈팀 유니폼이 NNOB인 레드삭스^{Red Sox}는 수십 년간 악명 높은 저주에 시달리다가 지난 10년 새 월드 시리즈에서 두 번이나 우승했다. 가장 흥미로운 사실은 샌프란시스코 자이언츠^{Giants}가 2000년 홈팀 유니폼에 NNOB를 도입한 이후 월드 시리즈에서 두 번이나 우승했다는 점이다. 당시 자이언츠 구단주였던 피터 매고완^{Peter Magowan}은 과거의 유서 깊은 유니폼을 걸침으로써 팀의 역사와 전통을 홍보하고, 부분적으로는 "자이언츠를 선수 개개인이 아닌 하나의 팀으로 홍보하고 싶었다."고 말했다. 놀랍게도 선수들은 그런 변화를 상당히 열성적으로 반겼다고 한다. 어쩌면 "팀의 화합과 집단의식(매고완의 말을 빌리면)"을 표현하는 NNOB는 사소한 일화이긴 하지만 외부의 이목에 연연하지 않을 때 무엇을 성취할 수 있는지를 보여 주는 증거일지도 모른다.

노출의 시대

평범한 시각으로 볼 때 NNOB 팀은 아웃라이어다. 우리는 앞에서 언급한 관찰 이론 외에도 여러 연구 및 설문 조사를 통해 개인주의의 도

래와 인정받고자 하는 욕구, 그리고 자아도취의 발전 양상을 확인할 수 있다. UCLA의 심리학자 퍼트리샤 그린에 이어 미국에서 출간된 70만 권 이상의 서적들의 단어와 어휘를 조사 분석한 연구진은 "1960년부터 2008년 사이 1인칭 단수 대명사(나는, 내가)의 사용이 42퍼센트 증가했다."고 밝혔다. 1980년에서부터 2009년까지 전국 대학생들의 NPI^{Narcissistic} ^{Personality Inventory}(자기애적 성격검사)의 메타 분석과 동일 대학 내 종단 연구(縱斷 硏究)를 실행한 샌디에이고 주립 대학의 심리학자 진 트웬지^{Jean} ^{Twenge}와 그녀의 동료이자 사우스 앨라배마 대학 심리학자인 조슈아 포스터^{Joshua Foster}는 "두 연구 모두 시간이 경과함에 따라 자기애 수준의 현저한 증가를 보였다."고 보고했다. 퓨 리서치^{Pew Research}가 2007년에 실시한 한 연구 조사에서는 18~25세 응답 대상자의 50퍼센트 이상이 유명해지는 것이야말로 그들 세대의 가장 중요한 인생 목표라고 대답했다. (참고로 가장 많은 응답을 얻은 것은 '부자가 되는 것'이었다.)

우리는 자존감을 충족하는 데 다른 사람들의 인정에 의존하는 세상에 살고 있다. 심지어 칭찬 중독증이라는 현상이 존재한다는 견해도 있다. 자존감에 대한 2010년의 한 신뢰성 높은 연구는 대학생들이 이성과 성관계를 맺느니 칭찬받는 것을 더 선호한다는 사실을 밝혀 냈다. 이 연구를 보도한 《뉴욕 타임스》 기사를 보자. "실험 참여자들은 대체로 다양한 활동을 '원하기'보다 '좋아했다.'" 또한 "'즐기는 것'과 '원하는 것'의 격차는 자존감을 높이는 활동에서 가장 낮았다." (작은따옴표는 내가 강조한 것이다.) 논문의 공동 저자 중 한 명인 부시먼 박사^{Dr. Bushman}는 그러한 격차가 대단히 중요하다고 말한다. 중독에 관한 연구에 따르면 무언가를 좋아하거나 즐기는 것보다 원하거나 필요로 하는 것은 습관화의 징후 중 하나이기 때문이다.

별로 놀랍지도 않은 결과다. 이러한 사회 풍조는 이미 우리 문화 깊숙이 스며든 나머지 아예 교육의 일부를 차지하고 있기 때문이다. 우리는 어릴 때부터 인정받기를 추구하는 것이 매우 중요한 가치라고 교육받는다. 『콰이어트』에서 수전 케인은 근래에 각광받고 있는 협동학습 모델에 관해 다루는데, 그 책에서 맨해튼의 초등학교 5학년 교사는 성공을 하려면 남의 "관심을 끌 수 있는 사람"이 되는 것이 중요하다고 말한다. 협동학습법은 말하기 능력을 강화할 때에는 유용하지만 이를 지나치게 강조하거나 중요시하는 것은 문제가 있다. 케인이 설명했듯이 많은 이들이 학교에서나 직장에서나 홀로 일할 때 최상의 결과를 일군다. 다시 말해 우리는 굳이 다른 이들의 관심을 끌 필요가 없다는 얘기다.

남에게 인정받고자 하는 욕구에 대해 이해하기 위해 다른 영역을 살펴보자. 앞에서 언급한 스포츠나 수많은 TV 프로그램, 그중에서도 특히 인위적 설정과 장치들을 배치한 리얼리티 프로그램에서 흙먼지를 털어낸다면 우리는 그 기저에서 유명하지 않은 이들이 유명해지기 위해 참가한다는 커다란 공통점을 발견할 수 있다. 통신 기술은 '날 좀 봐 줘요' 문화를 육성하는 데 지대한 역할을 수행하고 있고, 점점 더 증가하는 소셜미디어와 인터넷 기반 커뮤니케이션은 이미 우리 안에 내재되어 있는 욕망을 쉴 새 없이 부채질한다. 온라인과 오프라인 세상은 분리된 세계가 아니라 **서로의 확장 버전**이기 때문이다.

오늘날과 같은 인터넷 시대에서 우리는 서로를 감시하고 감시당한다. 문화 비평지인《뉴 인콰이어리*New Inquiry*》에 기고한 명성과 첨단 기술, 그리고 현대의 감시 체제에 대한 6,500단어짜리 논문에서 롭 호닝*Rob Horning*은 "과거에 우리의 전자 감시 체제는 소수가 다수를 감시했다."라고 적시했다. 조지 오웰의 "빅 브라더"와 동독의 악명 높은 국가보안부 슈타지*Stasi*를 생각해 보라. "이를 역전하면 다수가 소수를 감시하는 '대중에 의한 감시*sousveillance*' 체제가 된다. 대중이 소수의 스타들을 관찰하며 가십을 떠들어대는" 전통적인 명성의 세상 말이다. 그러나 오늘날 "어디에나 존재하는 소셜미디어는…… 다수가 다수를 감시하는 다자 간 감시, 다시 말해 '참여적 감시' 체제를 초래했다." 내가 남들을 관찰하고 수많은 그들 역시 나를 관찰하고 있음을 인지하는 삶은 사생활과 공적 삶에 대한 우리의 인식을 크게 바꿔 놓았고, 우리의 일거수 일투족이 남들의 눈에 비치고 있다는 사실을 일상적인 것으로 받아들이게 되었다.

우리 사회는 이제 어디로 가고 있는가? **2009년 전국 대학생을 대상으로 한 설문 조사**에서 응답자 중 57퍼센트가 동세대의 또래 젊은이들이 소셜네트워크를 자기 홍보와 자기애, 타인의 관심을 얻기 위한 수단으로 사용하고 있다고 시인했다. 2013년 3월에 열린 한 컨퍼런스에서 독일의 연구진은 페이스북의 과도한 자기 홍보 환경을 연구한 결과, 페이스북 사용자들 사이에 시기심이 '만연해' 있으며 그에 대한 반응으로 많은 이들이 "그보다 더 강력한 자기 홍보"를 통해 "친구들"과 경쟁하려 한다고 밝혔다. 연구의 저자들은 그런 현상을 "자기 홍보 — 질투의 소용돌이"라고 표현했다. 2012년 8월, 문화적 심층 비평을 자주 게재하는 더 아울닷컴TheAwl.Com은 "현재 상태: 만성적인 자기 노출The Condition: Chronic Self-Disclosure"이라는 제목의 기사를 실었다. 기사는 "[현 상태가] 남들로부터 감시받고 있다거나 특정인이 아니라도 누군가 항상 나를 지켜보고 있다는, 이해할 수도 없고 말도 안 되는 느낌을 받는 수준에 이르렀다."고 지적한다.

이런 다자 간 혹은 '참여적' 감시와 더불어 온라인 커뮤니케이션에 투자하는 시간 또한 계속해서 증가 중이다. 직접 만나 대화를 하거나 전화통화를 할 때에는 다음에 무슨 말을 할지 고민하거나 편집할 여유가 없다. 그러나 온라인상의 상호작용은 '실시간'으로 일어나지 않는다. 즉 남에게 보일 행동이나 말을 편집할 능력을 갖게 되는 한편 그에 따른 부담감이 증가한다는 얘기다. 나 자신의 이미지를 만들고 꾸미는 데 시간을 들일수록 실시간 상호작용을 하는 데 들어가는 시간은 줄어든다. 잠시 시간을 갖고 생각을 정리하고 표현하는 것은 복잡하고 심오한 사고(집필 저서처럼)를 낳을 수도 있지만, 그런 사고가 자아상의 과시에만 맞춰진다면 자의식 과잉이 될 수도 있는 것이다.

현재 세계 최대의 소셜미디어 매체인 페이스북은 페이스북 제로Facebook Zero나 페이스북 홈Facebook Home 같은 애플리케이션을 활용해 대형 포털 사이트로 거듭남으로써 '인터넷과 동일어'가 되고자 한다. 만약 그리 된다면 다자 간 감시는 지금보다 더 심각한 수준에 이를 것이다. 이미

인비저블

여러 웹 사이트들이 수년간 우리 컴퓨터에 저장된 쿠키 파일을 추적해 왔고 에드워드 스노든Edward Snowden이 정부가 우리의 인터넷 사용 내역을 감시해 왔다고 폭로하기도 했지만, 브라우저로 웹을 뒤지고 서핑하는 행위는 아직도 대체로 익명의 영역에 속한다. 그러나 만약 모든 온라인 활동이 소셜미디어 플랫폼을 통해 이뤄진다면? 그리고 인터넷에서의 모든 활동이 일종의 연기로 둔갑한다면? 우리는 대단히 심각한 상황에 봉착하게 될 것이다.

시러큐스 대학의 로버트 톰슨은 강좌의 첫 수업 때마다 학생들에게 가장 바라는 것이 무엇인지 묻는 버릇이 있는데, 그때마다 학생들의 대답은 퓨 리서치의 조사 결과를 그대로 옮겨 놓은 것 같았다. 부와 명성. 대개는 명성이 부보다 먼저 온다. 사실 남에게 인정받고자 하는 욕구는 우리 문화 전반에 깊숙이 스며들어 있다. 왜냐하면 명성이란 본질적으로 최고의 인정을 받는다는 것을 뜻하며, 톰슨이 알아냈듯 이는 그 자체로 하나의 목표가 되기 때문이다. "많은 사람들이 자기가 찍은 영상이 유튜브에서 조회수 백만을 기록하면 엄청나게 흥분할 겁니다. 설사 비디오 자체에는 자부심을 느끼지 않을 때도요." 우리가 온라인에서 너무 많은 시간을 보내게 되면서 타인의 관심과 인정에 대한 갈구는 최고조로 치닫고 있다. 인간은 늘 사회적 지위를 갈망했고 그것을 획득하는 방식은 교육, 명예, 신체적 능력, 재산 등 시대마다 제각각이었다. 그러나 오늘날에는 청중의 규모야말로 지위를 결정하는 가장 기본적인 기준이라고 앨리스 마워 교수는 말한다. 소셜 화폐는 별로 참신한 것이 아니다. 그저 현대에 와서 온라인에서 다른 형태로 표출되었을 뿐이다. 명성은 이제 목적이자 수단이 되었다.

유행은 믿을 것이 못 된다

1996년으로 돌아가 보자. 페이스북 창시자 마크 저커버그가 고작 열두 살 꼬마였을 때, 소설가이자 에세이 작가 겸 비평가인 데이비드 포스터 윌리스가 그의 기념비적인 소설 『무한한 농담Infinite Jest』을 출간했다. 그는 초창기 작품으로 일부 비평가들 사이에서 명성을 누리고 있었고, 조너선 프랜즌을 비롯해 앞으로 미국 문학계의 거물이 되리라는 기대를 받고 있는 몇몇 젊은 작가들 중 한 명이었다. 하지만 그 책에 대한 세간의 반응은 그는 물론 다른 지식인의 기대를 뛰어넘는 것이었다. 『무한한 농담』은 1천 페이지가 넘는 어려운 포스트모던 작품이었고, 비선형적 서사 구조에 수백 개가 넘는 주석마저 딸려 있었다. 우리 문화에 대한 흥미롭고 심오하고 현명하고 참신한 의견이 가득했지만 워낙 난해하고 까다로워서 폭발적인 반응을 불러일으킬 정도는 아니었다. 그러나 현실은 달랐다. 만화영화 「심슨네 가족들The Simpsons」을 연상시키는 하늘색 바탕에 흰 구름이 떠 있는 표지에 베개로도 쓸 수 있을 만큼 두껍고 무거운 이 책은 한동안 일부 젊은이들 사이에서 "쿨한 것"으로 통했고, 그 시대의 문화적 클리셰가 되었다. (대학 도시에서 똑똑한 여자애들을 꾀고 싶다면 커피숍에 앉아 데니시 접시 옆에 이 책을 아무렇게나 놓아 두는 것도 좋은 방법이었다.) 윌리스는 그 시대의 공식적인 '멋진' 작가였으며, 순식간에 필립 로스Philip Roth와 돈 드릴로Don DeLillo, 노먼 메일러Norman Mailer, 존 업다이크 John Updike를 비롯한 20세기의 위대한 작가들의 전당에 합류했다. 하지만 월리스는 자신의 소설이 열풍을 불러온 이유가 애초에 화젯거리가 되었기 때문이라는 사실을 알고 있었다. 서른네 살이던 그는 그런 광적인 파도에 휩쓸리지 않으면서도 파도타기를 즐기기 위해 애써야 했다.

그의 사후에 출간된『물론 결국 당신 자신이 되었음에도Although of Course You End Up Becoming Yourself』는『무한한 농담』에 대한 열광적 반응과 찬사가 그를 성층권 밖으로 날려 보냈을 즈음 작가 데이비드 립스키가《롤링 스톤Rolling Stone》기사를 쓰기 위해 며칠간 월리스와 같이 여행하며 나눈 면담으로 구성된 350쪽짜리 책이다. 그동안 수많은 사상가들과 무수히 진지한 논의를 나눴지만 그중에서 이 책이 인정받고자 하는 욕망과 그 위험성에 대한 가장 심오하고 사려 깊은 통찰력을 담고 있다. 이 책이 월리스가 정성스레 쓴 에세이가 아니라 즉석에서 오고간 대화라는 사실을 명심하라. "《롤링 스톤》이 내게 관심을 가진 이유는 나나 내 책 때문이 아닙니다." 월리스는 립스키에게 이렇게 말했다. "그건 내 책을 둘러싸고 있는 불쾌한 광적인 분위기 때문이죠. 스스로 그 기운을 먹고 자라는…… 나를 인터뷰하러 온 사람들의 반 이상이 이렇게 말합니다. '난 그 책을 5쪽밖에 못 읽었습니다. 하지만 제가 진짜로 묻고 싶은 건, 이렇게 큰 주목을 받게 되었는데 어떻게 생각하십니까?' 나도 무슨 일이 일어나고 있는지는 잘 알고 있어요." 첫 번째 교훈은 월리스가 자신을 둘러싼 열광적인 반응에 대해 냉정한 시각을 유지하고 있다는 것이다.

하지만 이 책의 핵심은 외부의 인정과 찬사에 의존해 자존감을 얻는 비극에 관한 부분이다. 월리스는 남들의 찬양에 몸을 맡기고 싶은 유혹에 맞서 싸워야 했다. 왜냐하면 그로 인한 보상은 단기적이고, 좀 더 심오한 욕구를 충족시키지는 못하기 때문이다. "《롤링 스톤》이 당신을 여기 보냈다니 기분이 우쭐하네요." 그는 립스키에게 말했다.

하지만 그것도 이제 10년 전과는 의미가 달라졌습니다. 이게 정말 중요합니다. 만약에 내가 아직도 그런 걸 중요하게 여긴다면, 난 정말 연약하고 쉽게 무너질 테니까요. 만약에 당신이 '안 온다면' 어떻게 하죠? 만약에 당신이 날 좋아하지 않으면요? 다음번 작품이 좋은 평가를 받지 못하면요? 그러면 나는…… 마치 유리잔처럼, 조심스럽게 다루지 않으면 깨져 버릴 겁니다. 그렇죠?

월리스는 10년 전이라면 이런 상황을 어떻게 받아들였을지 설명했다. "[처음에는] 기분이 끝내줬을 겁니다. 당신에게 잘 보이려고 수천 가지 방법을 시도했겠죠……. 당신이 떠나고 난 다음엔 가시방석 위에서 기사가 나오길 기다렸을 거고요. 기사가 나오고 나면, 그리고 기사가 별로 잔인하지 않다면 정확히 한 시간 동안 '느끼한 흥분 상태'에 빠졌다가 그후엔 지독한 공허감에 시달리겠죠. 마치 '이제 다시 유리잔으로 돌아와 버렸군. 이 다음에 날 제대로 다뤄 줄 사람은 누구지?' 같은 심정으로요." 그런 느끼한 흥분 상태 뒤에 엄습하는 공허감은 감자튀김 한 봉지를 허겁지겁 먹어치우고 순간적 쾌락에 취했다가 한 시간 뒤에 영양학적으로 파산하는 것과 비슷하다.

하지만 월리스는 자신이 여전히 전투 중이라고 시인한다. "그렇다고 지금은 완전히 다르다는 건 아닙니다…… 내가 이런 걸 쓰는 걸 좋아하는 걸 마침내 깨달았거든요. 난 글을 쓰는 게 정말 좋습니다. 그리고 '이런 것들'[인터뷰, 열광적인 반응]이 나를 비틀고 일그러뜨릴까 봐 진심으로 무서워요. 아니면 나를 인기에 목매게 만들어서 재미하고는 거리가 먼 인간으로 만들 수도 있고요. 알죠?" 그는 균형을 유지하기 위해 노력했다. 어느 정도는 사람들의 찬사와 갈채를 즐기면서도 자신의 자아에는 영향을 끼치고 싶지 않았다. 그는 그렇게 하려면 "속으로 굉장히…… 노력해야 한다."고 말했다.

이처럼 정신없는 소란법석 속에서 제정신을 유지하는 것 외에도 월리스는 창작 과정, 혹은 단순히 일을 하는 데 있어 명성에 수반되는 과도한 관심과 주목이 가져올 수 있는 위험에 대해 말한다.

'내가 세상에 보여 주겠어!' 또는 '이거라면 사람들이 좋아하겠지'…… 같은 생각들은 나를 크게 망가뜨렸습니다. 그런 식으로 생각할 때는…… 나는 글을 쓰는 게 아닙니다. 작품을 쓰려면, 흐름을 타는 것도 아니고 그냥 펜을 들고 시작하려면, 머릿속에서 나는 그런 소리들을 어떻게든 낮춰야 합니다…… 그런 식으로 생각하지 않을 수만 있다면 난 감정적으로나 심리적으로나 뭐든 할 수 있을 겁니다…… 빨리 이 모든 게 조용해졌으면 좋겠어요. 그래야 다시 일을 시작할 수 있으니까요. 어쨌든 제일 중요한 건 그거니까요. 그게 좋지 않나요.

난 그런 식으로 사는 게 좋아요. 만약에 내가 인기나 명성을 먹고 사는 인간이라면 5년에 한 번쯤만 빼고 평생 비참함 속에서 살아야 할 테니까요.

월리스의 성찰은 학계의 연구로도 뒷받침된다. 미시건 대학의 심리학자 제니퍼 크로커Jennifer Crocker는 자존감과 자긍심을 연구한다. 월리스의 깨달음을 지지하는 많은 연구 중 하나에서 "그녀는 외모와 인정, 학업 성적에 이르기까지 **외부 요인에서 자존감을 찾는** 대학생들은 더 높은 수준의 스트레스와 분노, 학업적 문제, 대인관계에서의 갈등, 그리고 약물 및 알코올 섭취를 보고했다."는 사실을 발견했다. 흥미롭게도 "학업 성적에서 자존감을 찾는 학생들은 동기 의식이 높고 공부하는 시간이 더 많은데도 그렇지 않은 학생들보다 특별히 높은 점수를 받지는 못했다." 반대로 "좋은 사람이 된다거나 도덕적 규범을 준수한다 등 내적 요인에 자존감의 중점을 두는 학생들은 학업 성적이 좋고 약물과 알코올의 섭취량도 낮았으며 섭식 장애도 적었다."

"우리는 사람들이 자신의 자존감이 아니라 그보다 더 큰 목표, 가령 남들을 돕기 위해 일을 꾸미거나 헌신하는 것에 초점을 맞춘다면 자존감을 추구함으로써 수반되는 부정적 영향을 덜 받게 되리라 믿는다." 제니퍼 크로커는 미국 심리학 협회American Psychological Association 저널에 발표한 글에서 이렇게 결론지었다. 크로커의 연구는 인비저블의 내적 동기와 집단주의적 태도의 위력을 명료하게 뒷받침한다. 데이비드 포스터 월리스는 작가라는 직업의 본질상 대중의 눈에 띄지 않기가 힘들었지만, 일에 대한 그의 '접근법'과 성취감을 추구하는 방식은 많은 면에서 인비저블과 일치한다.

자기 브랜드화

2000년 초반, 한 작가가 문학계에 혜성처럼 등장했다. 닐 폴락Neal Pollack의 처녀작인 『닐 폴락의 미국 문학 선집The Neal Pollack Anthology of American Literature』은 거만하고 과시적인 문학 애호가들에 대한 풍자물로, 저명한 작가인 데이브 에거스Dave Eggers가 경영하는 영향력 있는 독립 출판사 맥스위니McSweeney의 첫 번째 출간물이기도 했다. 이 책은 어마어마한 주목과 관심을 불러일으켰으며, 하퍼콜린스HarperCollins가 재출간을 맡으면서 《뉴욕 타임스》에 인상적인 서평이 실리기도 했다. 가슴이 한껏 부푼 폴락은 충동적으로 뉴욕 출판계와 더 가까워지기 위해 동해안으로 옮겨 갔다. 그의 별은 계속해서 높이 떠올랐고 폴락은 로큰롤과 음악 비평을 풍자한 『폴락 가는 신경쓰지 말고Never Mind the Pollacks』의 선인세로 여섯자리 숫자의 액수를 받았다.

문제가 있다면 그의 인지도와 실질적인 매출량 사이에 엄청난 격차가 있다는 점이었다. 폴락의 말에 따르면 그의 첫 작품의 판매량은 1만 부 정도였다. 두 번째 작품은 어마어마한 선인세를 받았지만 4,000부 정도에 그쳤다. 하지만 폴락에게는 아무 문제도 되지 않았다. 워낙 선풍적인 화제가 되고 있었기 때문이다. 그리고 출판계 문지기들은 (상대적으로) 형편없는 판매량에 관심을 두지도 않았고 아예 그 사실을 알아차리지도 못한 듯 보였다. 2007년에 출간된 차기작 『대안아빠*Alternadad*』에서 그는 또다시 여섯자리 액수의 선인세를 받았다. 이 시점에서 폴락의 명성은 하늘을 찌를 듯이 치솟고 있었다. 아빠가 된 경험을 다룬 그의 회고록은 온갖 매체의 주목을 받았고 '쿨한' 부모라는 새로운 유행의 선봉장이 되었다. 그는 물 만난 고기처럼 펄떡였다. 폴락과 그의 책은 《타임》과 《뉴욕 타임스》를 비롯해 숱한 주요 매체들을 장식했다. 하지만 기사는 대부분 닐 폴락 자신 또는 그가 몰고 온 "유행"에 관한 것일 뿐, 그의 책과는 아무 관계도 없었다. 그는 「데일리 쇼*Daily Show*」에 출연했고, 「나이트라인 *Nightline*」에서는 그의 가족을 다룬 꼭지가 방영됐다. 심지어는 책을 홍보하기 위해 출간에 맞춰 밴드를 창설해 전국 투어를 떠나기도 했다.

폴락의 포부와 자만심은 태산같이 부풀었다. 할리우드가 그에게 러브콜을 보냈다. 『대안아빠』의 영화 대본을 써 달라는 요청을 받은 그는 시트콤으로 합의를 봤다. 그는 각본에 전념하기 위해 LA로 옮겨 갔고, 2013년 3월 《A. V. 클럽*The A.V. Club*》과의 인터뷰에서는 "인터넷 육아 커뮤니티를 시작하려 했다."고 말했다. "나는 『대안아빠』를 거대한 멀티미디어 제국으로 만들고 싶었어요." 그는 말했다. "그리곤 실패했죠!" 폴락과 그의 저서를 둘러싼 야단법석에도 책 판매량은 여전히 형편없었다. 『대안아빠』는 1만 부 남짓 팔리는 데 그쳤다.

그것이 2008년의 일이었다. 그는 다섯 자리 액수의 빚더미에 올라 있었다. 영화는 제작되지 않았고 시트콤도 실현되지 못했다. 그때까지도 폴락은 『대안아빠』를 영화사에 판매하기 위해 이리저리 돌아다니고 있었다. "엄청 쪽팔리는 일이었죠." 그는 말했다. "내가 잘하는 일을 하는 대신, 그러니까 글을 쓰는 대신 한몫 잡아서 부자가 되려고 했으니까요." 폴락은 "비참했고 빈털터리"였다. "내가 꿈꾸던 일을 하고 있지도 않았어요. 나는 작가가 되고 싶었는데 그때의 나는 세일즈맨이었죠."

폴락의 이야기는 월리스의 신중한 태도와는 지극히 대조적이다. 폴락은 대중의 열광적인 반응에 정신이 팔린 나머지 자기가 해야 하는 일을 잊어버리고 말았다. 선인세로 거금을 받고 수년간 인기를 끌고 두 번이나 유행을 주도했지만 그러는 사이에 재정 상태는 엉망이 되었다. 그리고 행복하지도 않다. "나는 너무 오랫동안 나를 브랜드로 만드는 데에만 주력했어요. 왜냐하면 주변에서 자기를 브랜드화하는 것이야말로 성공하는 길이라고 했거든요." 그는 말했다. "하지만 그건 사실이 아닙니다."

폴락의 인터뷰 밑에는 누군가의 솔직한 의견이 덧붙어 있었다. "내가 처음 프로 작가가 되었을 때 닐의 발자취를 쫓아다니던 기억이 난다. 2002년에서 2005년 즈음이었다. 나는 그에 관한 온갖 소식들과 《슬레이트Slate》에 실렸던 그의 북 투어와 '밴드'에 관한 기사까지 읽었다. …… 나는 폴락이 자신의 책에 대해 유행과 열풍을 일으키기 위해 애쓰는 태도에 깊은 감명을 받았다. 그리고 10년이 지난 지금 나는 자기 '브랜드화'에 진절머리가 났고, 닐의 그런 행동들이 책의 판매나 깊은 만족감, 나아가 장기적 보상으로 이어지지 못했음을 분명히 안다. 지난 10년간 우리가 경험한 '자기 브랜드화' 열풍이 일종의 사전 서비스before service였다는 느낌이다." 이 글을 남긴 것은 조엘 켈러Joel Keller라는 프리랜서 작가였다.

나는 그의 댓글이 마음에 든 나머지 그에게 연락을 취했다.

켈러는 《패스트 컴퍼니*Fast Company*》《뉴욕 타임스》《애틀랜틱》《A. V. 클럽》 등에 글을 기고하고 있다. 현재 41세인 그의 목표는 작가라는 직업으로 먹고사는 것이다. 자유 기고가로 일하든 책을 쓰든 아니면 출판사에 소속되어 일하든 말이다. "가장 충격적인 건 [온갖 홍보 활동에 힘입어] 폴락의 명성이 절정에 달했던 시절에 나도 그걸 보면서 성공하려면 저렇게 해야 한다고 생각했다는 겁니다." 켈러가 내게 말했다. 심지어 지금처럼 소셜미디어가 널리 유행하기도 전의 일이다. 그는 트위터나 페이스북 같은 플랫폼이 범람하는 요즘에는 홍보에 대한 압박감이 10년 전 폴락의 시대보다 더 극심해졌다고 말한다. "'그들'은 클라우트*Klout* * 점수나 트위터와 페이스북, 텀블러 같은 곳의 팔로어 숫자를 늘려야 한다고 말하죠." 그가 부루퉁한 목소리로 했다.

하지만 그가 말하는 "그들"은 누구인가? 또 어째서 그토록 많은 이들이 그런 사회적 통념을 따라야 한다고 느끼는가? 켈리는 대중매체가 가장 큰 원흉이라고 지적한다. "말하자면 내 일을 [비평가들의 비난은 높지만 시청률은 높은 HBO 드라마] 「걸스*Girls*」처럼 보이게 하는 겁니다. 「걸스」가 제일 인기 있는 드라마처럼 느껴지는 건 언론에서 시끄럽게 떠들어대기 때문이에요. 개인 브랜드도 마찬가지죠." 그는 말했다. "대중매체에서 개인 브랜드에 대해 계속 써대기 때문에 실제보다 더 중요하고 필

---

* 클라우트는 1-100까지 점수를 매겨 소셜미디어 내에서 개개인의 영향력을 평가하는 회사다.

인비저블

수적인 것처럼 느껴지는 겁니다. 굳이 그쪽 분야에서만 그러는 것도 아니에요. 예를 들어 어떤 사람이 은행에 일자리를 얻으려고 이력서 대신 웃기는 영상을 만들어서 취직이 되는 것도 그런 경우죠."

켈러의 말에는 분명 새겨들을 부분이 있다. 클라우트에 관한 2012년 《와이어드》 기사는 오늘날 어떤 사람들에게는 공포로 느껴질지 모를 이야기로 첫머리를 연다. 샘 피오렐라^{Sam Fiorella}는 "토론토에 있는 대형 마케팅 회사의 부사장" 자리에 지원했다. 그는 경력이 15년이나 되는 베테랑으로 AOL과 크래프트^{Kraft}, 포드^{Ford} 사와 같은 대기업들과 일하기도 했다. 하지만 그는 그 직책을 얻지 못했다. 그의 클라우트 점수가 너무 낮았기 때문이다. 면접관은 피오렐라의 점수를 조회해 보더니 즉석에서 컴퓨터 화면을 돌려 그에게 보여 주었다.

'리더십' 및 '경력 발전' 강연가이자 컨설턴트인 글렌 로피스^{Glenn Llopis}는 《포브스》 기사에 이렇게 썼다. "개인 브랜드를 개발하고 발전시키는 것은 리더로서의 성장과 경력 발전에 필수적이다…… 나는 소셜미디어로 존재감을 드러내고 싶어 하는 이들에게 계정을 만들기 전에 의도와 목적에 대해 신중하게 고려할 것을 조언한다. 그 이유가 뭐냐고? 왜냐하면 계정을 만들고 그 세계에 발을 들여놓은 순간부터 당신은 결코 멈출 수 없기 때문이다…… 개인 브랜딩이나 소셜미디어는 하루 24시간을 꼬박 바쳐 리더가 되기 위한 여정에 전념하는 것이다." 나는 처음에 로피스의 말이 얼마나 편협하고 독단적인지 강조하려고 중간중간을 이탤릭체로 표시하려 했지만 그러려면 글 전체를 강조해야 한다는 사실을 깨달왔다.

소셜미디어계의 브랜딩 컨설턴트이자 순식간에 베스트셀러 목록에 오른 『크러시 잇Crush It』의 저자인 게리 바이너척Garyu Vaynerchuck은 소셜미디어를 활용해 개인 브랜드를 구축하는 법을 조언하는 수많은 전문가 중 한 명이다. 대다수의 동료들처럼 바이너척은 사적인 삶과 직업적 삶을 통합하고 온라인에서 적극적으로 활동함으로써 자기 '브랜드'를 성장시킬 것을 권한다. 그러나 켈리가 간파했듯이 현실적으로 "기존에 쌓아 놓은 기반이 전무한 상태에서 그런 방식으로 성공한 사람은 매우 드물다." 설사 드물게 성공을 거둔 사람이 있다 할지라도 수명이 매우 짧거나 떠들썩한 화젯거리가 되었다는 점으로 성공 여부를 판단하는 것에 불과하다. 가령 닐 폴락은 두 가지 모두에 해당하는 경우였다.

2006년 후반, 당시 지방 무료 신문인 《am 뉴욕am New York》에서 데이트 칼럼니스트로 활동하던 줄리아 앨리슨Julia Allison이 미디어 가십 사이트인 가우커닷컴Gawker.com에 등장했다. 그녀는 그 후로 몇 년간 무척 거침없고 때로는 잔인하기까지 한 기사를 쏟아 냈다. 앨리슨의 유일한 목표는 대중의 주목을 얻는 것인 양 보였다. 어쨌든 "악플도 인기의 척도"라고 하지 않는가. 그녀는 곧 인터넷 유명 인사가 되었고 마침내는 2008년에 《와이어드》 표지를 장식하며 자기 홍보의 성공 비결을 밝히기도 했다. 그녀를 다룬 기사의 표제는 다음과 같았다. "배우가 아니다. 가수도 아니다. 부자도 아니다. 그러나 그녀의 천재적인 자기 홍보 능력은 그녀를 인터넷 유명 인사로 끌어올렸다." 폴락과 마찬가지로 앨리슨도 자신의 명성에 취한 나머지 할리우드로 관심을 돌려 (당연하겠지만) 데이트 조언을 하는 리얼리티 쇼에 출연하기도 했다. 그렇지만 그녀는 점차 사람들의 관심에서 멀어져 갔다. 《와이어드》 기사가 나간 후 그녀는 편집자에게 그녀의 "진짜 목표는 유명해지는 것이 아니었다."는 서신을 보냈다. 그녀는 작가가 되고 싶다는 간절한 소망을 품고 있었고, 그녀의 롤모델은 노라 에프론Nora Ephron이었다. 수천 수만 개의 블로그 포스팅이 그녀를 다루고 유명 잡지에 커버 기사로 실리고 TV에도 숱하게 출연했건만, 앨리슨은 그런 대중의 관심과 열풍을 타고 견실한 아니, 반만큼이라도 견실한 작가 경력을 쌓는 데에는 실패했다. 조엘 켈러는 내게 말했다. "일을 하면서 무지하게 많은 팔로어가 생길 수는 있습니다. 하지만 팔로어가 많다고 일감을 얻을 수 있는 건 아니죠." 참고로 앨리슨은 그 후로 몇 년간 급작스러운 추락을 겪었으며 2013년이 되어서야 비로소 그토록 갈망하던 출판 계약을 따낼 수 있었다.

이것이 바로 자기 홍보의 필요성에 대한 수많은 헛소동 — 특히 온라인에서 — 의 참모습이다. 어찌 보면 우리의 문화 풍조가 가져온 이러한 인식 자체가 근거 없는 신화인지도 모른다. 와튼 스쿨Wharton School에서 강의하는 마케팅 전문가이자 『컨테이저스: 전략적 입소문Contagious: Why Things Catch On』의 저자인 조나 버거Jonah Berger도 그런 견해를 넌지시 언급한 바 있다. 그는 《패스트 컴퍼니》와의 인터뷰에서 소셜미디어를 이용해 책을 홍보해야 한다고 주장한 출판사와 약간의 힘겨루기를 해야 했다고 밝힌 바 있다. "그런 것들[트위터와 소셜미디어]은 정말 굉장하죠. 반응을 눈으로 직접 확인할 수 있으니까요. 하지만 그게 반드시 효과적이라는 증거는 없어요. 적어도 눈으로 확인할 수 없는 다른 방법들보다 더 효과적이라는 증거는 없지요." 이것이 바로 이른바 '트위터 위스퍼러Twitter Whisperer'라고 불리는 사람의 말이다. 심지어 이런 현상이 신화에 불과하다는 인식은 비즈니스 세계에까지 미친 듯 보인다. 2013년 코카콜라 사는 조사 결과 "온라인 소문은 상품의 단기간 매출에 유의미한 영향을 끼치지 않는다."는 사실을 발견했다.

닐 폴락이 LA에서 파산한 후 그에게 일어난 일은 매우 흥미롭다. 폴락은 다시 거주지를 옮겼다. 이번에는 그나마 덜 화려한 오스틴이었다. 그후로 그는 집필에만 전념했는데, 자비로 출간한 그의 소설은 500부 정도가 팔렸다. 그때 아마존의 미스터리/스릴러 출판부가 그 책을 발굴했는데, 아이러니컬하게도 그 후로 폴락의 소설은 전작들과 비슷하게 1만 부가까이 팔려 나갔다. 하지만 다른 점이 있다면 선행 준비 기간이 거의없는 온라인 출판의 특성을 살리고 5개월마다 신작을 출간할 수만 있다면 이번에는 꽤 괜찮은 수준의 인세를 손에 쥘 수 있다는 것이다. 그는또다시 아마존에서 신간을 발표했다. 폴락은 모든 작가가 이처럼 촉박한시한 내에 글을 쓸 수 있는 것은 아니고 모든 책이 그만한 성과를 내는것도 아니지만, 자신은 이런 일을 할 수 있음을 깨달았다. 드디어 그만의틈새시장을 발견한 것이다. "만 부씩만 팔리는 책을 꾸준히 쓰면 되는거니까요. 완전히 신이 났죠. 왜냐하면 이제 내가 진짜로 하고 싶었던 일을 하고 있으니까요." 그뿐만 아니라 그는 자유 기고를 통해 가외 수입을 벌 수도 있었다. 폴락은 일에 집중할 때 금전적으로 안정적인 삶을 확보하고 나아가 작가로서의 자긍심을 얻을 수 있었다. 《A.V. 클럽》의 인터뷰어가 [비록 인지도는 낮지만] 폴락이 작가로서의 삶을 유지하고 있다고 지적하며 "그 자체만으로도 큰 승리"라고 말하자 폴락은 이렇게 대답했다. "감사한 일이죠."

기계

켈러가 말하는 "그들", 자기 브랜드를 강요하는 그들은 수많은 미디어 및 마케팅 컨설턴트를 의미한다. 하지만 만약 소셜미디어 그 자체에 자기 브랜드라는 개념이 내포되어 있다면 어떨까?

"페이스북은 우리가 프로필란을 일종의 브랜드 정체성으로 보기를 바란다." 《애틀랜틱》과 《와이어드》를 비롯해 여러 매체에 테크놀로지의 사회적 영향에 관해 폭넓게 기고하고 있으며, 미디어와 첨단 기술 연구 학계에서 추종받는 크리스 바라닉Chris Baraniuk이 쓴 글의 일부이다. 나는 바라닉에게 좀 더 자세히 설명해 달라고 부탁했다. "모든 페이스북 사용자는 사이트 내의 정체성이 수량화될 수 있다는 점에서 하나의 대상입니다." 그는 말했다. "많은 경우 온라인 정체성은 방문객과 포스팅, 댓글, '좋아요'나 주고받는 쪽지의 양으로 평가되죠." 그는 말을 이었다. "페이스북은 우리에게 인기를 모으고 활발하게 활동하게 만듦으로써 브랜드 정체성의 성공과 사회적 정체성의 성공을 동일시하게 만듭니다. (페이스북이 그런 경향을 부추기는 이유는 당연히 상업적인 데 있다.)"

궁극적으로 바라닉은 이렇게 주장한다. "당신이 자신을 브랜드로 생각하든 말든, 당신의 삶에 대한 정보가 상품이라고 생각하든 말든 상관없습니다. 어쨌든 페이스북 같은 인터넷 네트워크 안에서 당신은 그런 존재니까요. 페이스북이라는 문턱을 넘어선 순간 당신의 개인적, 사회적 삶은 생산 라인 위를 끝없이 지나가는 상품으로 변합니다."《뉴 인콰이어리》의 기자 롭 호닝은 그런 맥락에서 자기 홍보는 선택이 아니라 의무라고 말한다. 앞에서 언급한 감시에 관한 글에서 그는 "마이크로 명성microfame"이 "온라인 정체성을 확립하는 데 반드시 필요한 필수 요건에 적응하는 과정"과 관련이 있다고 썼다. "소셜미디어를 사용함으로써 우리는 자기 자신을 판매하고, 그럼으로써 자기 마케팅을 강화하는 방법을 배운다. 우리는 상업적이고 수량화된 시스템에 적응하기 위해 자기 자신을 브랜드화한다. 이런 사이트는 점점 더 우리 삶 속에 침투해 일상이 되며, 결국 우리는 선택의 여지없이 자기 브랜드에 힘쓰게 된다. 왜냐하면 그것이 우리 자신을 평가하는 유일한 기준이기 때문이다." 호닝은 "마이크로 명성은 약간 유명한 것이 아니라 크게 무시당하는 느낌을 의미한다."고 지적한다. 성공이 부나 명성과 같은 숫자로 평가될 때 인간은 결코 만족할 수 없다.

포덤 대학의 대중매체학 교수인 앨리스 머윅은 『상태 업데이트 : 인기와 소셜미디어Status Update: Celebrity Attention and Social Media 』의 저자이기도 한데, 이 책은 사람들이 온라인에서 어떻게 자신을 마케팅하고 일종의 판매 상품으로 인식하는지를 탐구한다. 머윅은 내게 이렇게 말했다. 만약 당신이 여러 온라인 집단에 소속되어 있다면 "노출 빈도와 인기는 지위의 척도입니다. 친목 성향을 지닌 모든 웹 사이트는 각자의 콘셉에 따라 사용자들을 분류하는 기준을 갖고 있죠. 예를 들어 아마존에는 '전문 리뷰어' 태그가 있고 엣시닷컴esty.com에는 '우수 판매자' 태그가 있는 것처럼요." 그녀는 이렇게 덧붙였다. "나는 사람들이 그런 것을 꼭 원하는 건 아니라고 생각합니다." 하지만 그들은 왠지 모르게 그렇게 되어야 한다는 의무감을 느낀다.

자기 상품화라는 문제만으로는 충분치 않은지, 이제 우리는 그 바다를 어떻게 항해할 것인지를 두고 진퇴양난에 빠져 있다. "흥미롭게도 브랜드와 달리 소셜미디어에서의 정체성은 팔로어 수가 많다고 더 크게 성공한 것으로 간주하지는 않습니다." 바라닉은 내게 말했다. "특정 집단 내에는 대충 어떤 사람이 '너무 자기 중심적'이라든가 '온라인에만 치중한다'고 여겨지는 한계선이 있어요." 그는 말을 이었다. "다시 말해 어떤 사람이 자기의 정체성을 브랜드처럼 다루기 시작하면 페이스북 프로필이 불쾌한 골짜기uncanny valley*로 추락하는 거죠." 그러므로 우리는 온라인에서 자기 브랜드를 구축하기 위해 끊임없이 노력하면서도 동시에 지나친 브랜딩으로 보이지 않도록 신경써야 한다는 얘기다. 정말이지 아이러니컬한 일이 아닐 수 없다.

---

* '불쾌한 골짜기'란 로봇이나 컴퓨터 애니메이션 같은 것이 인간의 형상과 매우 흡사하되 미세한 차이가 있을 때, 그 근소한 불완전성이 불쾌함이나 혐오감을 조성하는 현상을 뜻한다. (누군가 얼굴에 보톡스를 너무 많이 투여하거나 성형 수술을 너무 많이 받았을 때에도 이러한 효과가 발생할 수 있다.)

다들 오프라인에서 지나치게 애쓰는 것처럼 보이지 않으려고 노력하면서 뭔가를 성취하려 했던 경험이 있을 것이다. "쟤 너무 애쓰는 거 같지 않니?"라는 말이 경멸적인 의미를 담고 있는 데에는 그만한 이유가 있다. 그럼에도 불구하고 온라인에 있는 나의 확장 버전을 유지하려면 지속적인 관리가 필요하다. 프로필이 존재하는 형식(바라닉의 주장처럼)과 그 불변성(우리가 온라인에 없을 때에도 프로필은 항상 공개되어 있다.) 때문이다. 간단히 말해 온라인 아바타를 유지하려면 충분한 시간은 물론 지적으로나 감정적으로나 방대한 노력이 필요하다.

조엘 켈러와 트위터가 그 같은 사실을 증명한다. 그는 2008년에 트위터에 가입했는데, 그 자신의 말에 따르면 트위터를 "엄청나게 많이" 했고 시간이 지나자 팔로어가 1,200명 가까이 되었다고 한다. 하지만 지금 그는 이렇게 말한다. "요즘에는 트위터를 잘 하지 않습니다. 타임라인을 훑어 보고 팔로어들과 대화를 할라치면 시간이 무지막지 드는데다 정신적 소모도 크거든요. 가끔 다시 손을 댔다가도 금세 그만둬 버리죠. 너무 힘들어요." 나는 켈러에게 석 달 정도 팔로어를 늘리는 데 적극적으로 뛰어들어 어떻게 되는지 확인하고 싶은 마음은 없느냐고 물었다. "석 달이면 쓸 수 있는 소설이 얼만데요. 자유 기고로 돈도 좀 벌 수 있을 거고요. 시간이 좀 걸리긴 했지만 난 시간을 쓸 수 있는 생산적인 방법이 많다는 걸 깨달았거든요."

자기 홍보의 파도 뒤에서 점점 더 많은 반발과 역효과가 속출하고 있다는 사실은 별로 놀랍지 않다. 켈러처럼 개인적으로 손사레를 치는 사

인비저블

람이 있는가 하면 적극적으로 앞장서서 큰소리로 의견을 밝히는 사람도 있다. 인터넷을 조금만 뒤져 보면 무수한 블로그 포스팅과 장황한 글들, 심지어는 이런 동향에 불쾌감을 표시하는 사람들도 자주 발견할 수 있다. 2011년에 영화, 음악, 인터랙티브 컨퍼런스인 사우스 바이 사우스웨스트South By Southwest에서 발표한 프레젠테이션의 제목은 "개인 브랜딩이 헛소리인 이유Why Personal Branding Is Bullshit"였다. 그보다 더 화려한 블로그 포스트 제목으로는 "자기 브랜드? 자아도취에 빠진 멍청이라고 선전하는 꼴이다You're Personal Branding Yourself a Narcissistic A-Hole"도 있다. 많은 구독자를 거느리고 있는 테크놀로지 뉴스 사이트인 테크크런치TechCrunch는 2012년에 "인터넷에 개인 브랜딩의 죽음을 위해 건배Here's to the Death of Personal Branding on the Internet"라는 기사를 내보냈다. 여기 기사의 일부를 인용한다. "이제 개인 브랜딩은 모든 사우스 바이 사우스웨스트 세션과 수억 권의 4.99달러짜리 전자책이 다루는 주제가 됐다. 그것은 가짜다. 전혀 생산적이지도 않고 우리가 진짜 인간이 되지 못하게 가로막는 장애물이다⋯⋯. 그것은 트위터 팔로어를 늘리는 방법을 알아낸 이들이 그럴싸한 웹 사이트를 만들고 책을 써서 남들의 시선을 의식하는 수줍음 많은 사람들을 먹잇감 삼고 있는 것일 뿐이다."

웹에서 자기를 홍보하거나 그런 방법을 고민하며 시간을 보내는 것은, 진짜로 무언가를 창조하는 데 써야 할 시간을 자기가 뭔가를 창조할 수 있는 사람이라는 사실을 홍보하는 데 허비하는 것이다. 문제는 그럼으로써 실제로 당신이 감명을 주고 싶은 사람들을 오히려 밀쳐 낼 수 있다는 것이다. 왜냐하면 이제는 스스로를 지나치게 홍보하거나 브랜드화하는 사람은 정직하지 못하다는 인식이 서서히 고개를 쳐들고 있기 때문이다. 어쨌든 브랜딩은 거짓이 아니라 할지라도 긍정적인 면모만을 강조하는 게 본질 아닌가. (페이스북에 만연한 시기심을 생각해 보라. 당신의 페이스북 '친구' 중 자기의 단점에 대해 포스팅하는 사람이 몇이나 되는가?) 한 개인 브랜드 작가는 "개인 브랜드"란 "평판"의 다른 표현에 불과하다며 이를 옹호한 바 있다. 그러나 당신이 그것을 뭐라 부르든 상관없다. 당신이 창조한 브랜드가 진짜라 할지라도, 혹은 의도적으로 거짓말을 하려 한 것은 아니라 할지라도 상관없다. 중요한 것은 당신이 남들에게 어떻게 보일지 걱정하는 데 지나치게 많은 시간을 쓰고 있다는 점이다.

샐린저^{Salinger}나 핀천^{Pynchon}과 같은 은둔형 작가의 시대는 지났다. 오늘날에는 어떤 주요 출판사도 합당한 이유가 없다면(가령 고의적인 마케팅 수법처럼) 작가들이 모습을 감추게 내버려두지 않기 때문이다. 이제 자기 홍보에 참여할 필요가 없다는 것은 소수 엘리트만의 특권이 되었다. 수년 전 데이비드 포스터 월리스가 아직 살아 있을 시절, 나는 그가 혹시나 개인 웹페이지를 열지나 않았는지 헛된 소망을 품으며 수시로 그의 이름을 검색창에 쳐 보곤 했다. 조너선 프랜즌도 아직 홈페이지가 없다.(출판사 홈페이지에 연결된 소개 페이지야 있지만.) 페이스북은 있지만 실제로 그것을 '관리'하는 것은 그의 출판사다. (그가 그런 걸 내키지 않아 한다는 건 누가 봐도 알 수 있다. 심지어 그의 프로필 사진조차 시선을 돌리고 있을 지경이니.) 하버드 버크만 센터$^{Berkman\ Center}$에서 인터넷의 사회적 영향력을 연구하는 대나 보이드^{Danah Boyd}는 젊은이들의 인터넷 사용, 그중에서도 소셜미디어의 이용 실태를 조사했는데, 온라인에 접근할 수 있는 젊은이들이 "거의 포화 상태"로 전체의 95퍼센트에 달한다고 말했다. 그녀의 말에 따르면 이러한 흐름에 참여하지 않은 소수는 "친구들이 먼저 자신을 찾아올 것이기에 굳이 그들과 연락을 취하거나 그럴 필요가 없는 일부 특권층 청소년만이 누릴 수 있는 선택"이다.

그 외의 나머지, 즉 슈퍼스타가 아닌 우리들은 대세에 편승해야 한다. 특정 분야에서 일하는 전문가들이 자기 홍보를 할 필요가 없다는 얘기가 아니다. 다만 자신의 일에 꾸준히 매진한다면 컴퓨터를 멀리한다고 해도 성공이 알아서 당신을 찾아오리라고 말하는 것이다. 개인 브랜드와 자신감을 높이기 위해 남의 관심을 갈구하며 에너지를 소진하는 것보다는 묵묵히 해야 할 일을 할 때 더 큰 보상을 얻을 수 있다. 《사이콜로지 투데이》의 한 기사가 플로리다 주립 대학의 심리학자이며 수십 년에 걸쳐 자존감에 대해 연구하고 있는 로이 바우마이스터^{Roy Baumeister}의 말을 인용한 적이 있다. "내가 권하는 바는 이렇다. 자존감은 잊어라. 자기 훈련과 극기심에 초점을 맞춰라. 최근의 연구 결과에 의하면 개인적으로나 사회적으로나 이 편이 훨씬 유용하다." 이는 인비저블이 우리에게 보내는 메시지이기도 하다. 자존심을 해방시켜라. 남들에게서 인정받아야 한다는 걱정도 내던져라. 당신이 할 일은 당신의 일에 집중하는 것이다.

하나의 비전과 협동의 예술

타인의 그늘 속에서 빛을 창조하다

문제! 지금 당장 생각나는 영화감독 다섯 명은?

자, 그렇다면 이번에는 촬영 감독 한 명을 떠올려 보라.

전혀 모르겠다고? 걱정 마시길. 당신 혼자만 그런 게 아니니까. 사람들은 대개 유명 감독이나 영화배우의 이름만 기억하지만 실제로 영화는 인비저블의 생태계에 의존해 모두의 협동 작업으로 만들어진다. (영화가 끝나고 한도 끝도 없이 올라가는 기나긴 엔딩 크레딧은 괜히 있는 게 아니다.) 그리고 그 긴 명단 가운데 촬영 기사(촬영 감독이나 DP라고도 불린다.)만큼 ─ 감독을 제외하고 ─ 영화의 전반적인 분위기와 모습에 책임이 있는 인물도 없을 것이다. "간단히 말해 촬영 기사는 영화의 빛과 색채를 책임집니다." 로버트 엘스윗Robert Elswit은 말했다. 하지만 쿼터백의 임무가 단순히 '공을 던지는 것'이 아니듯, 촬영 기사의 직무를 이렇게 단순하게 표현한다면 오해를 초래하기 쉽다.

11월의 어느 추운 밤, 나는 뉴욕 이스트빌리지East Village의 이스트 10번 가와 스타이브센트Stuybesant 가가 만나는 모퉁이에 나트륨 가로등의 따스한 주황색 빛 줄기 아래 서 있었다. 아니, 사실을 말하자면 그것은 5미터 상공 위 비계에 매달린 '공중등'이었다. 그렇지만 이 아래 촬영장에서는 마치 가로등처럼 '느껴졌다.' 이것이 바로 영화의 마법, 빛의 마법이다. 인위적인 방법으로 진짜 같은 환상을 만들어 낸다. 당신에게 로버트 엘스윗이라는 이름은 다소 낯설지도 모른다. 하지만 영화 「미션 임파서블: 고스트 프로토콜Mission: Impossible — Ghost Protocol」에서 톰 크루즈Tom Cruise가 두바이에 있는 부르즈 할리파Bukrj Khalifa 건물의 벽을 타고 올라가는 장면을 보며 아찔함을 느꼈다면, 「마이클 클레이튼Michael Clayton」이나 「시리아나Syriana」의 조지 클루니를 보며 영화배우다운 풍채와 카리스마를 느꼈다면, 「부기 나이트Booky Night」의 조잡한 색깔을 보며 1970년대 포르노 영화를 연상했다면, 당신은 그가 무슨 일을 하는지 안다. 만약 당신이 엘스윗이 아카데미 상을 수상한 「데어 윌 비 블러드There Will be Blood」를 비롯해 폴 토머스 앤더슨Paul Thomas Anderson의 영화를 한 편이라도 봤다면 그의 탁월한 솜씨와 천재성을 한껏 들이마시는 것은 물론 감동마저 느꼈을 것이다. 로버트 엘스윗은 상업적으로나 비평적으로나 큰 성공을 거둔 보기 드문 예술가다.

하지만 그의 재능은 항상 감독의 그늘에 가려져 왔다.

우리는 지금 고(故) 제임스 갠돌피니^{James Gandolfini}가 제작한 HBO 채널의 미니 시리즈 「크리미널 저스티스^{Criminal Justice}」의 파일럿^{pilot}(드라마를 확정 방영하기 전 시험적으로 제작하는 제1화 ─ 옮긴이) 촬영 현장에 와 있다. 엘스윗에게는 다소 낯선 환경이다. 일단 그의 전문 분야인 영화가 아닌데다 처음으로 디지털 촬영을 시도하는 첫 대형 프로젝트이기 때문이다. 하지만 두 가지 요인 모두 그가 하는 일에는 아무 영향도 끼치지 못했다. 「본 레거시^{The Bourne Legacy}」처럼 그가 평소 참여하는 영화들에 비하면 예산은 적은 편이지만 HBO는 드라마의 완성도가 높기로 정평이 나 있다. 그리고 엘스윗의 말에 따르면 아날로그 필름으로 촬영하든 디지털 카메라로 촬영하든 그가 하는 일은 본질적으로 같다. 영화(이 경우에는 텔레비전 드라마)를 가장 잘 촬영할 수 있는 방법을 찾아내는 것이다.

검은색 스웨터와 청바지, 운동화 차림에 회색 야구 모자를 눌러쓴 엘스윗은 돋보기 안경을 걸치고 아이패드로 편집용 필름(당일 촬영한 필름을 최초로 프린트한 작업용 필름, 러시 필름^{rush film}이라고도 한다. ─ 옮긴이)을 들여다보고 있다. 그 옆에는 촬영 장비 담당과 조명 팀장이 머리를 맞대고 있다. 문제가 발견된 것이다. 자동차의 앞 유리창에 조명등이 반사되어 비치고 있다. 엘스윗이 만족할 때까지 '공중등'의 위치가 다시 조절되고, 이제 화면에는 희미하게 분산된 빛 줄기만 남았다. 내 주변, 그리고 한 블록 건너 나중에 사용할 다른 세트장에는 수많은 일꾼들이 마치 벌떼처럼 모여 웅성거리고 있다. 모두 촬영에서 서로 다른 영역을 맡고 있는 전문가로, 그중 상당수가 엘스윗의 지휘하에 있다. 제1 조감독^{AD}이 권위적인 태도와 나무랄 데 없는 예의 바름 사이의 균형을 오묘하게 유지하며 스태프들에게 크고 정중한 목소리로 지시를 내린다. 그는 엘스윗과, 파일럿의 감독인 스티브 제일리언Steve Zaillian의 확성기나 마찬가지다. 참고로 제일리언은 「쉰들러 리스트Schindler's List」로 오스카 각본상을 탔다.

제1 조감독이 나를 보고 성큼성큼 걸어온다. "당신 누구요? 지금 뭘 적고 있는 겁니까?" 엘스윗이 그에게 내가 누구인지 설명한다. 잠시나마 어디선가 갑자기 깡패들이 나타나서는 나를 번쩍 들어서 거리 저편에서 촬영장을 기웃거리고 있는 구경꾼들 사이로 집어 던져 버릴 것 같은 분위기가 스쳐 지나갔다. 엘스윗이 돋보기 안경을 벗고 카메라 뷰 파인더를 들여다본다. 그가 소리쳤다. "사운드 장비, 크루들! 뭐든 누구든 — 당신은 빼고요[나를 쳐다보며] — 내 장비만 남고 당장 다 사라져!" 뉴욕에 살면서 수백 번이나 목격했던 광경 속에 직접 들어와 있는 기분은 참으로 묘하다. 내가 '여기', 진짜 카메라 옆에 서 있다니. 심지어 크루들도 뒤로 물러나라는 지시를 받았건만 나는 여기 로버트 엘스윗과 함께 있다. 내일쯤 되면 아무도 내게 시비를 걸지 않을 것이다. 나는 어렵게 얻은 이 특권을 남용하지 않으려고 카메라 뒤로 조심스럽게 한 발짝 물러섰다.

나는 한 젊은 친구와 이야기를 나누게 되었다. 션 마운트Sean Mount는 '무대 장치'를 담당하고 있는데, 그의 임무는 세트에 칠을 하는 것이다. 오늘밤 그는 만약의 사태에 대비해 나와 있다. 예를 들어 엘스윗이 지금 촬영 중인 택시의 색깔이 너무 밝다고 판단하면 그는 요구에 따라 좀 더 어두운 색으로 칠해야 한다. 이처럼 영화 속에는 우리는 짐작조차 하지 못할 별스러운 속임수들이 숨어 있다. 때로 문제가 생기면 션은 택시 표면에 데오드란트를 바르기도 하고 헤드라이트의 톤을 낮추기 위해 비누를 칠하기도 한다. 하지만 오늘은 아직까지 아무 문제도 없었다. 어제도 아무 일도 하지 않았다. 영화 한 편을 제작하는 데 왜 그렇게 많은 돈이 드는지 알 것 같다. 조합원인 그는 일단 출근을 하면 보수를 받기 때문이다. 그렇지만 촬영장은 대단히 역동적인 곳이고 언제 무슨 일이 생길지 알 수 없기 때문에 모든 일벌들은 무조건 근처에서 대기해야 한다. 그날 밤 마운트는 내 절친한 친구이자 가이드가 되어 주었다. 그는 활달한 성격에 아는 것도 많았고, 게다가 엘스윗에게 일할 여유를 줘야 할 것 같았기 때문이다. 나는 속으로 마운트가 오늘 밤에는 뭔가 끝내주는 일을 할 수 있길 남몰래 응원했다. 영화 촬영을 하는 대부분의 시간 동안 배우와 크루들이 오순도순 둘러앉아 하는 일 없이 빈둥거린다는 소문은 진짜였다. 하지만 그동안에도 전혀 쉬지 않고 일에 전념하는 사람이 있다면 그건 바로 로버트 엘스윗이다. 나는 밤샘 촬영이 계속되는 동안 엘스윗이 쉬는 것을 한 번도 보지 못했다. (반면에 이제 막 걸음마를 뗀 어린애를 키우느라 매일같이 새벽 5시 반에 눈을 뜨는 나는 틈만 되면 모퉁이에 있는 푸드 트럭으로 몰래 빠져나가 핫초콜릿과 영양학적으로 심히 의심스러운 군것질거리로 원기를 충전했다.)

다시 말해 엘스윗이 촬영장에서 보내는 시간이 그나마 그가 하는 일 중에서 가장 눈에 띄는 부분이라는 것이다. "영화 촬영은 대단히 창조적인 활동입니다. 이 일을 오래 했는데도 여전히 어렵고 매혹적인 일이에요." 몇 주일 전 엘스윗과 만나 긴 면담을 했을 때 그가 한 말이다. "나는 한시도 쉬지 않고 일에 대해 생각합니다. 지금도 그러고 있고요. 빛을 어떻게 사용할지, 이 영화, 아니 HBO 파일럿에 나오는 세상을 어떻게 창조해야 할지 한동안 고민하게 되겠죠. 배경이 뉴욕인데, 거기다 밤이 많이 나와요. 그러니 조명을 사용하지 않은 것처럼 보여야 합니다. 자연광을 써야 하죠. 실내는 어둡고 음침한데다 자동차도 나옵니다. 관객들에게 스토리를 전달하는 데 내가 어떻게 도움을 줄 수 있을까? 그게 내가 항상 생각하는 겁니다."

엘스윗이 촬영장에서 이런저런 지시를 내릴 수 있는 것은 그가 사전에 엄청난 시간을 들여 계획을 짜 두었기 때문이다. 세계 최고의 운동선수나 유엔의 동시통역사 줄리아 윌킨스 아리처럼 겉으로는 대단히 쉬워 보이거나 타고난 재능처럼 느껴지는 것들도 실은 꼼꼼한 사전 준비가 낳은 결과물이다. "영화는 시간이 돈입니다. 그래서 뭐든 실제로 하기 전에 먼저 계획을 짜야 하죠." 그가 말했다. 「미션 임파서블」이나 「본 레거시」 같은 고예산 영화의 경우에는 이런 준비 작업만도 10주일이 넘게 걸린다. 톰 크루즈가 부르즈할리파를 타고 올라가는 복잡한 액션 장면을 찍을 때에는 "애니메틱스animetics라는 명확하고 구체적인 스토리 보드를 만들어" 카메라를 어디에 놓을지 미리 정해 두었다. "상당 부분을 헬기에서 촬영하긴 했지만 그래도 많은 양을 건물에서 직접 촬영했습니다. 창문을 떼어 낸 다음 구멍 사이로 카메라를 내밀어서 425미터 공중에서 와

이어를 달고 대롱거리고 있는 톰을 찍었죠. 근접 촬영 장면들은 근처에 3층짜리 세트를 세웠고요." 그런 장면을 찍을 때에는 시각 효과 감독과 손발을 맞춰야 한다. 어떤 장면을 어떻게 보이게 찍을지를 결정하는 것은 "보통 감독의 지휘 아래 감독과 미술 감독이 하는 일입니다. 하지만 기술적으로 어떻게 찍느냐는 내 몫이죠." 엘스윗이 말했다.

또 그는 촬영이 섭외된 장소들을 돌아보며 핸드헬드handheld 로 찍을지 레일을 깔아 이동카메라를 사용할지를 결정하고, 감독 및 미술 감독과 함께 빛과 색감에 대한 기나긴 회의에 돌입한다. 준비 기간 동안에는 감독과 함께 참고 자료 삼아 다른 영화들도 자주 연구한다. "「데어 윌 비 블러드」를 기획할 때 폴[토머스 앤더슨]과 나는 [1940년대 존 휴스턴John Huston 의 영화] 「시에라 마드레의 황금The Treasure of the Sierra Madre 」을 많이 참고 했어요. 「펀치 드렁크 러브」를 찍을 때는 고다르Godard 의 「여자는 여자다 A Woman is a Woman 」를 봤고요. 폴은 그 영화에서 많은 영감을 받았죠. 애덤 샌들러Adam Sandler 의 파란색 양복만 영향을 받은 게 아니에요." 한마디로 아무것도 없이 촬영장에 걸어 들어가 즉석에서 모든 것을 해결하는 게 아니란 얘기다.

사전 준비 과정에는 영화의 색조에 대한 토론도 수반된다. 영화색의 '온도'를 결정하려면 감독은 물론 미술 감독, 의상 감독과의 조율도 필수적이다. 「펀치 드렁크 러브」에서 샌들러는 짙은 파란색 양복을 입지만 동료 배우인 에밀리 왓슨Emily Watson 은 색감이 튀지 않는 가을 색상의 옷을 입는다. "폴은 애덤의 옷이 흑백 배경에서 눈에 확 튀길 바랐어요. 평범한 배경들이 멋져 보이게 말입니다." 엘스윗이 설명했다.

영화에서 색은 스토리의 일부분을 교묘하게 표현하는 도구다. 메트로 폴리탄 미술관에서 카라바지오 전시회를 본 시드니 루멧Sidney Lumet 감독 은 자신의 영화 「심판The Verdict」에 나오는 모든 장면들이 카라바지오의 그 림처럼 가을 톤으로 보이길 원한다고 말했다. 하지만 배경의 가구를 비 롯해 일부 짙은 와인색의 소품과 배경들은 관객의 무의식 속에서 스토 리의 여러 요소들을 강조하고 통합한다. (심지어 예고편에서도 짙은 붉은 색 소파와, 어둔 그림 속에서 튀어나온 듯한 테이블 위 빨간 케첩 병이 나온다.) 엘스윗은 설명했다. "린제이 크루즈Linsay Crouse [주인공 여배우]는 법정에서 사실을 털어놓음으로써 승리를 거두죠. 법정에 있는 모든 물건들은 어 두운 색에, 갈색 목재로 만들어져 있어요. 하지만 그녀는 혼자서 카라바 지오의 붉은색 옷을 입고 있습니다!" 그는 말을 이었다. "하지만 현실 속 에서 색은 주의를 산만하게 하지요. 거기에 의미를 부여하려면 색을 통 제해야 합니다."

영화의 색조는 세 가지 방식으로 조율된다. '색상(실제 색깔)', '명암(밝 기)', 그리고 '채도(색의 깊이)'이다. '색온도'라고 불리는 데에는 그만한 이 유가 있다. 19세기 과학자였던 켈빈 경Lord Kelvin은 탄소 막대를 태웠을 때 온도에 따라 불꽃색이 다르다는 사실을 발견했고 그에 따라 빛을 수치 로·나타내는 색온도를 개발했다. 예를 들어 태양광은 5,600켈빈도이고 60와트짜리 전구는 2,200켈빈도이다. 엘스윗은 서로 다른 색 온도에 맞 춰진 촬영용 필름과 그 원리에 대해 설명해 주었다. 그는 할리우드의 관습이나 영화 촬영에 관한 자세한 사항들을 늘어놓다가도 가끔 무심한 듯 유창하게 촬영 기술에 대해 쏟아 내곤 했는데, 조향사인 데이비드 애펠이 화학 박사만큼이나 방대한 지식을 보유한 것처럼 엘스윗 역시 일과 관련된 기술을 익히고 통달함으로써 예술성을 발휘하고 있었다.

엘스윗은 사전 준비 작업이 얼마나 중요한지 설명하며 마지막으로 "돌다리도 두드려보고 건너라."는 말로 마무리했다. 나는 엘스윗에게 혹시 일이 잘못되어 비난을 받은 적은 없느냐고 물었다. "그 정도가 될 때까지 가진 않았죠." 그가 말했다. "일이 잘못되면 어떻게든 중간에 알게 됩니다. 나는 모든 세트 디자인을 검토하고 평면도와 입면도, 도안까지 모조리 확인해요. 그러다 잘못된 점을 발견하면 그 자리에서 즉시 지적하고 문제를 해결하죠." 하지만 그럼에도 막상 촬영을 시작하고 나면 계획대로 되는 법이 없다고 말한다. "내가 폴한테 배운 것 중에 진짜로 중요한 게 있다면 모든 걸 통제하려 들지 말고 가는 대로 그냥 내버려두라는 겁니다." 엘스윗의 작업 과정은 이렇게 요약된다. 사전에 세심하고 꼼꼼하게 준비하기. 그리고 계획대로 되지 않을 테니 항상 예기치 않은 사태에 대비할 것.

아직 단 한 장면도 제대로 찍지 않았는데 엘스윗과 크루들은 45분이 넘게 머리를 맞대고 수근덕대고만 있다. 나는 '무대 장치' 담당인 션에게 혹시 매 장면을 찍을 때 이렇게 긴 논의를 거치느냐고 물었다. 그는 아니라고 대답했지만 "저건 이 작품이 잘 나올 거라는 얘기죠."라고 말했다. 배우들의 탁월한 연기를 빼고, 왜 어떤 영화는 걸작이라 불리는데 다른 영화는 그럭저럭 괜찮은 수준에 그치는지 딱 짚어 말하기는 어렵다. 하지만 관객들이 눈치채지도 못할(적어도 의식적으로는) 세부 사항을 놓고 저 많은 사람들이 45분간 고민하는 것이야말로 좋은 영화와 훌륭한 영화를 가르는 차이일 것이다. 그런 점에서 ─ 요즘 우리 주변에서 쉽게 찾아보기 힘든, 탁월한 수준을 달성하기 위해 세부 사항까지 꼼꼼히 챙기는 헌신적인 노력 ─ 엘스윗은 진정한 인비저블이다. 이곳에서 일하는 크루 중에는 아카데미를 여러 차례 수상한 사람도 있다. 자신들이 하는 일을 제대로 알고 있지 않다면 저런 길고 자세한 토론을 벌일 까닭도 없을 것이다.

촬영 소품인 자동차도 그 나름의 준비 작업이 필요하다. 오늘 밤 찍을 장면을 위해 엘스윗은 조명 및 장비팀에게 배우들이 도착하기 전에 "자동차에 거지 같은 것을 설치하라고" '사전 주문'을 해 두었다. 자동차 후드에 카메라를 설치해 내부를 촬영할 수 있게 하는 것이다. 이런 작업을 미리 해 두었는데도 여기서 클로즈업에 들어갈 택시가 어딘가 여전히 미흡하다. 거리에 비가 온 효과를 내기 위해 물뿌리개 트럭이 바닥에 물을 뿌리며 지나간다. 나는 엘스윗에게 왜 저런 조치가 필요하냐고 물었다. 모니터를 볼 수 있는 나는 이 장면에서 화면에 택시의 내부만 등장한다는 것을 알기 때문이다. "화면에서는 안 보이죠." 그는 대답했다. "하지만 '어쩌다' 멀리 배경이 잡힐지도 모르니까요." 이 정도 시시콜콜한 점까지 신경 쓰다니 약간 지나치다 싶을 정도다. 하지만 그는 곧 다음 장면에 젖은 바닥이 나올 것이라고 덧붙였고 그러자 다소 마음이 놓였다.

오후 7시 40분. 배우들의 리허설이 시작되었다. 앞유리창 너머로 택시 내부를 찍는 카메라 외에도 조수석 창문에 카메라 한 대가 더 부착된다. 엘스윗과 감독 제일리언은 승객이 어떻게 자동차 안에 들어가고, 어떤 자세로 앉아야 두 사람의 얼굴이 화면에 제대로 잡힐지 끊임없이 의견을 주고받는다. 택시의 운전 기사이자(이 드라마가 방영되면 시리즈의 주인공이 될) 파일럿의 주인공은 '운행 중' 등을 끄려다 와이퍼를 작동시키는 흔한 실수를 저지른다. 사람들이 불 켜진 등을 보고 택시에 올라타지만 그는 손님을 태우고 싶은 것이 아니다. 그저 이 빌어먹을 등을 끌 수가 없을 뿐이다. 위장 중인 경찰차가 택시 옆에 멈춰 섰는데 운전 기사가 멈출 지점을 놓치는 바람에 컷이 외쳐진다. 촬영장의 누군가가 "알코올, 접착제, 그리고 면도칼!"을 가져오라고 외친다.

오후 8시. 엘스윗이 이제껏 찍은 장면들을 아이패드로 점검하며 크루들과 의견을 나눈다. 파키스탄계 영국인인 주연 배우 리즈 아메드^{Riz Ahmed}가 다가오자 엘스윗은 그와 호리호리한 검은 머리 미녀(인기 드라마 「가십걸^{Gossip Girl}」과 「스킨스^{Skins}」에 출연했던 소피아 블랙 델리아^{Sofia Black-D'Elia})가 같이 찍은 장면을 보여 주었다. 화면 속에서 아메드와 블랙 델리아는 어둔 밤화려한 조명이 반짝거리는 조지워싱턴 다리를 배경으로 대화를 나누고 있다. 엘스윗이 나를 아메드에게 소개한다.

엘스윗은 영화인들 사이에서뿐만 아니라 영화 애호가들 사이에서도 초일류 촬영 감독이자 필름의 대가(문자 그대로 셀룰로이드 '필름')로 이름높은 인물이다. 그것은 어떤 면에서 개성 강한 셀룰로이드 필름의 열혈

한 지지자 폴 토머스 앤더슨과의 끈끈한 관계 덕분이기도 하다. (앤더슨은 「마스터The Master」를 제외한 모든 영화를 엘스윗과 함께 찍었다. 「마스터」에서 다른 촬영 감독과 일한 이유는 엘스윗이 촬영 도중 목 부상을 입었기 때문이다. 두 사람은 2013년 「인히어런트 바이스Inherent Vice」로 다시 호흡을 맞췄다.) 그래서 엘스윗이 이번 작품에서 디지털 촬영을 한다는 것은 상당히 놀라운 일이다. 엘스윗은 디지털은 필름과 노출 범위가 다르고 명암 대비가 적으며 이미지가 좀 더 평면적으로 느껴지는 경향이 있다고 말했다. "하지만 조도가 낮을 때에는 훌륭하죠." 비록 아이패드로 보는 편집용 필름이긴 하지만 그의 말이 옳은 것 같다. 근사한 교량을 배경으로 젊은 남녀가 대화를 나누는, 우디 앨런Woody Allen의 「맨해튼Manhattan」의 한 장면을 연상시키는 그 아름다운 광경을 바라보며 짜릿한 향수와 즐거움을 느꼈다. 셀룰로이드 필름을 능수능란하게 다루는 것으로 이름 높은 엘스윗이 디지털 촬영에도 쉽게 적응한다는 사실은 그가 얼마나 뛰어난 융통성을 지니고 있는지를 입증한다. 엘스윗은 오랜 경험을 통해 쌓인 특유의 '방식'을 지녔지만 감독이나 프로젝트, 각 장면의 필요에 맞춰 그것들을 조절해 나간다.

온몸에 오한이 드는 바람에 나는 다시 잠시 짬을 내어 핫초콜릿 한잔을 한다. 자리로 돌아오니 션이 바깥쪽 인도가 아니라 촬영장에 나가 있다. 그가 택시의 앞유리창과 백미러가 연결된 부분을 손보는 모습을 보고 있으려니 벤치에만 앉아 있던 자식이 갑자기 시합에 불려 나가 스타 선수가 된 것처럼 묘한 자부심과 설렘이 느껴진다. 마침내 그가 해낸 거야! 하지만 션이 드디어 촬영에서 중요한 역할을 하게 되었다는 기쁨보다도 내 가슴을 더 벅차오르게 한 것은 그가 지금 무슨 일을 하고 있는지 깨달았을 때였다. 션이 지금 하는 일은 로버트 엘스윗이 어째서 그 분야의 대가인지를 한 장면으로 압축해 보여 주고 있었다. 파일럿 촬영에 사용되는 택시는 실제로 두 대지만 관객들에게는 한 대처럼 보여야 했다. 두 대 중 한 대는 길 건너에 있는 두 번째 세트장에 있었는데 오늘 밤 나중에 촬영에 사용될 예정이고 어제도 촬영에 사용되었다. 그런데 엘스윗이 택시 백미러 부근에 묻은 5센트 크기의 작은 검은색 얼룩이 어제 촬영한 택시에 있는 얼룩보다 "한 단계 더 어둡다."는 사실을 발견한 것이다. 션은 두 얼룩을 똑같은 수준으로 만들기 위해 투입되었다. 나는 엘스윗의 예리한 관찰력에 감탄할 수밖에 없었다. 그렇게 사소한 부분까지! 션이 보도 위로 올라왔다. 그는 「너스 재키」Nurse Jackie」와 「팔로잉 The Following」을 비롯해 숱한 TV 드라마와 영화에 참가한 베테랑 스태프다. 그가 고개를 가로저으며 말했다. "저걸 알아차리다니 대단해요." 과연 드라마를 보는 시청자들도 알아차릴까? 그건 알 수 없는 일이다. 어쩌면 의식적으로는 깨닫지 못할지도 모른다. 하지만 이처럼 완벽을 추구하는 철저함이야말로 엘스윗이 지금의 경력을 쌓을 수 있었던 토대다.

"나 같은 일을 하는 사람들 중에서 자존감이 낮은 사람은 없을 겁니다. 내 말은, 이 일을 하려면 자신감이 충만해야 하거든요." 엘스윗이 내게 말했다. 그는 대개 원하는 결과를 얻어 내는 데 주력하는 인물이지만 인터뷰를 할 때든 아랫사람을 관리할 때든 자신의 일과 지위에서 안정감과 편안함을 느끼는 사람만이 가질 수 있는 차분하고 익숙한 권위를 뿜어 낸다. 촬영장에서 회의가 길어질 때에도 아무리 시간이 촉박하다 한들 목소리가 올라가는 법이 없다. "내가 촬영장에 직접적으로든 간접적으로든 고용한 사람이 60명에서 70명이나 됩니다. 장비팀, 조명팀, 카메라팀이죠." 그가 말한다. "내가 그들의 기분을 상하게 하는 데 소중한 시간을 쓴다면, 만약 그들이 나를 볼 때마다 마음이 상하거나 일을 하기 싫어진다면, 일을 즐겁게 할 수가 없다면, 그러면 내 일에도 차질이 생기죠. 이 일을 하면서 가장 먼저 배운 건 크루들을 관리하는 것도 중요한 내 역할이라는 겁니다. 나도 젊었을 때에는 성질머리 고약하고 머저리 같은 촬영 감독 밑에서 일해 본 적이 있어요. 그런 인간이 되진 말아야죠."

이처럼 상호 존중하고 협력하는 업무 방식은 미술 감독이나 특히 감독과 일할 때 매우 중요하다. 엘스윗은 영화 촬영은 "참으로 복잡하고 많은 에너지가 필요한 작업"이라고 말한다. 감독과 촬영 감독은 영화를 어떻게 찍을지 반드시 합의를 도출해야 한다. "솔직히 내 의견과 다르다고 해도 어쩔 수 없어요. 결국엔 감독이 해 달라는 대로 해 줘야 하니까요." 왜냐하면 "그게 말입니다, 사실 이건 내 영화가 아니거든요." 그는 말한다. "자주 일을 같이 한 조명 기사 친구가 하나 있는데 — 알코올 중독자 모임에 다녔죠. — 한번은 이러더군요. '그거 알아? 자네는 그냥 옆에서 거들어 주는 사람일 뿐이야!' 그래서 내가 맞장구를 쳐 줬죠. '맞아, 그렇지!' 하지만 영화감독들은 정말 끔찍한 부담감에 시달립니다.

잘 알지도 못하는 사람들이 2000만, 3000만, 아니 8000만 달러나 1억 5000만 달러를 그냥 줬다고 생각해 보세요. 그러니 도와주지 않으면 어쩌겠습니까?" 이런 지지와 보조는 그들이 촬영장에 들어오기 전부터 시작된다. 사전 준비 작업은 그에게 "감독의 아이디어를 뒷받침할 통찰력을 제공한다." "원래 그 일의 목적이 그거니까요."

엘스윗의 풍부한 기술과 경험, 명성에도 불구하고 그가 감독의 비전을 실현하는 보조자의 역할에 머무르는 데 만족하고 있다는 사실은 꽤 신기한 일이다. 아마 그 이유 중 하나는 그가 위대한 감독들을 숭배하기 때문일 것이다. "내가 하는 일은 다른 사람들도 할 수 있어요." 새빨간 거짓말! 물론 그처럼 겸손한 사람이라면 진심으로 그렇게 믿고 있을지도 모른다. "하지만 폴은 존재하지 않는 것들 속에서도 시적(詩的)인 연결성을 찾아낼 수 있는 사람이죠. 그런 건 아무나 할 수 있는 게 아니에요." (아주 드물게 '감독들과 문제가 생길 때'에는 그도 보조적인 역할을 집어 던지기도 한다. "벤 애플렉Ben Affleck하고는 일하는 게 힘들었습니다. 진짜 착한 친구긴 한데, 촬영에서는 도무지 의견이 맞지가 않았거든요. 아마 내가 선을 좀 넘었을지도 모릅니다." 그는 솔직히 털어놓았다.)

"그 많은 사람들과 '함께' 최상의 결과를 일궈 내기 위해 노력한다는—내게 주어진 일의 한계 내에서—점이 마음에 듭니다." 그는 말했다. "조명팀, 장비팀, 전기팀, 촬영 보조와 촬영 기사, 모두 숙련된 기술을 갖춘 그 분야 전문가들이죠." 그는 말했다. "영화가 끝나고 엔딩 크레딧에 한도 끝도 없이 이름이 나오는 기술자들이야말로 진짜 유능한 사람들입니다." 크루들 가운데 엘스윗에게 가장 중요한 사람은 아마도 영화의 전체적 모습을 좌우하는 미술 감독일 것이다. 몇 시간에 걸친 면담 내내 그가 가장 자주 언급한 사람도 미술 감독이었다. 한편 앤더슨—어쩌면 자기 자신에 대해 말하는 것인지도 모른다.—에 대해서는 이렇게 평했다. "그는 기술 크루들의 능력이 영화의 질에 얼마나 직접적으로 영향을 끼치는지 압니다. 그래서 실력 있는 사람들을 보면 계속 함께 가고 싶어 하죠." 반면에 "대부분의 영화사나 일부 제작자들은 그들을 언제든 갈아치울 수 있는 소모품처럼 생각합니다."

함께 일하는 크루들에 대한 존중심과 감독의 그늘 아래 머무르는 데 만족하는, 아니 나아가 포용하는 마음가짐, 그리고 촬영장에서의 철저한 직업 의식은 엘스윗이 어떻게 이처럼 큰 성공을 거둘 수 있었는지를 말해 준다. 와튼 스쿨의 저명한 교수이자 베스트셀러 『기브 앤 테이크 Give and Take』에서 높은 성과를 성취하는 데 있어 협력과 너그러움이 얼마나 중요한 역할을 수행하는지 분석한 바 있는 애덤 그랜트Adam Grant는 일에 대한 로버트 엘스윗의 태도와 접근법이 어떻게 성공을 이끌어 냈는지 설명한다.

내가 그랜트에게 연락을 취했을 때 그는 인비저블의 개념에 대해 아주 열성적인 반응을 보였다. 우리는 인비저블의 개념이 그의 연구 내용과 어떻게 일치하는지 길고 진지한 대화를 나눴다. 그는 말했다. "내 경험에 의하면 인비저블은 받는 것보다 주는 것을 더 중요하게 생각합니다." 그리고 그 결과 그들은 소속 조직이나 해당 분야에서 성공을 거두게 된다. '베푸는 사람'이 된다는 것은 공동 작업의 중요성을 이해하는 것이다. (인비저블에 대한 조사 과정에서 그랜트 같은 저명한 학자들로부터 많은 도움을 받고 배우고 나니 '기브 앤 테이크'의 개념이 얼마나 타당한지 이해할 수 있었다.)

그랜트는 저서에서 인습 타파주의자이자 창조적 천재인 프랭크 로이드 라이트가 '20세기의 첫 사반세기 동안' 어떻게 그토록 활발히 다수의 작품들을 내놓을 수 있었는지 설명한다. 사실 라이트는 홀로 작업하는 경향이 있었고 완만하게 표현하면 융통성이 없는 작자였다. (여러 프로젝트에서 조수로 일한 아들 존이 나중에 보수를 요구하자 라이트는 "존이 태어나서 그때까지 일평생 아들에게 들어간 비용을 항목별로 작성한 청구서를 보냈다.") 그러한 성향은 그에게 도움이 되기도 했지만 그리 오래 가지는 못했다. 1925년에서 33년 사이 그의 경력은 무너지기 시작했다. 1932년 즈음 라이트는 세계적으로 유명한 건축가이긴 했지만 기본적으로는 늘 실업자였다. 사실 라이트가 부활할 수 있었던 것은 노련한 견습생들과 함께 일하기 시작한 덕분이다.* 그랜트는 특히 창조적 분야에서 공동 작업이 중요하다고 말한다. 그러면서 심장 전문의에 관한 연구를 예로 들었는데, 일련의 실험 결과 심장 전문의들은 단순히 경험을 쌓을 때가 아니라 똑같은 간호사와 마취 전문의, 그리고 수술팀과 함께 반복적으로 일

---

* 공동 작업에 대한 라이트의 무관심과 부족한 협동심은—3장에서도 언급된—오만한 태도와 결국 엔지니어를 해고시킨 행동에서도 여실히 드러난다.

할 때에만 실력이 향상되었다. 구체적으로 말하자면 의사와 수술팀의 밀접한 관계가 환자의 사망률을 낮춘다는 얘기다.

이 같은 현상은 금융 부문에서도 나타난다. 하버드 대학 연구진은 유명 주식 분석가가 혼자서 "다른 회사로 이직하면 실적이 하락한다."는 사실을 발견했다. 그들은 함께 일하던 팀을 같이 데려갔을 때에만 직장을 옮긴 후에도 성공을 지속했다. 그러니 로버트 엘스윗이 뉴욕이든 LA든 무슨 영화를 찍든 감독이 누구든 거의 항상 똑같은 크루들을 고용한다는 점은 그다지 놀라운 일이 아니다. "「본」 시리즈는 일하는 사람이 좀 많을 뿐이고, 폴 토머스 앤더슨 영화는 좀 적을 뿐이죠." 그는 말했다. 나는 엘스윗에 대해 조사하면서 아카데미상과 후보 경력은 차치하고라도 그가 영화계 내부와 영화 애호가들 사이에서 탁월하고 비전 있는 촬영 감독으로서 타의 추종을 불허하는 명성과 인지도를 보유하고 있음을 알게 되었다. 그래서 솔직히 그런 사람이라면 이른바 할리우드 거물답게 거만하고 뻣뻣할 것이라고 생각했다. 엘스윗은 두둑한 보수를 받으면서 매우 혼란스럽고 역동적인 환경 속에서 다양한 사람들로 이뤄진 팀을 하나로 이끈다. 하지만 그런 그를 가장 돋보이게 하는 것은 그가 감독을 돕고 보조하며 다른 크루들과 협력하고 있다는 점이다. 그를 성공으로 이끈 것은 바로 그런 태도다.

엘스윗을 따라다니면서 나는 데니스 푼을 떠올렸다. 그 역시 건축가의 그늘 아래에서 일하며 고비용의 복잡한 프로젝트 속에서 대규모 팀을 이끌고 있다. 그럼에도 푼은 내게 항상 그의 역할은 팀을 이끄는 리더가 아니라 다른 사람들과 함께 힘을 합치고 노력하는 조력자로서의 의미가 더 크다고 말했다. "우리는 구조 공학자일 뿐입니다. 그래서 다른 전문가들과 힘을 합쳐야 하죠. 풍동 전문가, 기계 기술자, 전기 기술자, 배관공 등 모두와 한 팀으로 일해야 합니다." 기나긴 대화 끝에 나는 푼이 '그 모든 요소를 하나로 통합하는' 건물의 구조적 설계를 총괄하고 있음을 시인하게 하는 데 성공했다. 그는 초고층 건물에 대한 경험이 풍부하기에 다른 컨설턴트들은 보지 못하는 점들을 좀 더 쉽게 발견한다고도 인정했다. 하지만 자신을 리더로 규정하는 데 대해서는 눈에 띄게 꺼려하는 것 같았다. 세계적인 회사의 부사장이며 세계 최고의 건물들을 다수 건축한 인물인데도 말이다. 데니스 푼이 업무에 대해 이야기를 나눌 때면 반사적으로 '나'보다 '우리'라는 단어를 더 자주 사용한다는 점에도 주목해야 한다. 그런 언어적 습관은 짐 하딩과 데이비드 애펠도 마찬가지다. (특히 애펠의 경우는 인비저블이 얼마나 협력적인 사고방식을 갖추고 있는지를 현저히 보여 준다. 애펠의 성공은 개인의 창의성에 크게 의존하고 있기 때문이다.)

로버트 엘스윗과 그의 부인 헬렌이 LA에 집을 지었을 때의 일이다. 그들은 부엌에 커다란 U자형 아일랜드 조리대를 놓고 싶었다. 부엌 수리를 하는 동안 로버트는 촬영 때문에 집을 떠나 있었기에 헬렌이 공사를 감독해야 했다. 촬영이 끝나고 집에 돌아온 로버트는 부엌을 보자마자 "뭔가 잘못됐어."라고 말했다. "하지만 U자가 완벽하잖아!" 헬렌이 말했다. 공교롭게도 건축가는 U자를 비대칭으로 만들어야 한다는 로버트의 구체적인 요구를 깜박했던 것이다. "로버트는 U자의 한쪽이 20센티미터쯤 짧아야 한다고 했어요. 그래야 움직이기도 편하고 부엌 한쪽에 있는 커다란 전망창으로 곧장 걸어갈 수 있다고요. 그래서 사람들을 불러다 아일랜드를 다시 만들었죠. 그런데 그거 아세요? 그이 말이 옳았어요." 나중에 내가 이 이야기를 엘스윗에게 하자 그는 이렇게 대꾸했다. "어떤 촬영 감독 집에 가든 집의 방향이나 해가 뜨고 지는 위치, 채광 같은 걸 다 염두에 두고 지었다는 걸 알게 될 겁니다. 촬영 감독 머릿속에는 그런 게 너무 자연스럽게 자리 잡고 있어서 자기가 살 집을 보면서도 그런 생각을 할 수밖에 없거든요."

로버트와 헬렌이 처음 사귀던 시절, 로버트는 데이트를 할 때마다 그녀의 사진을 찍어 댔다. 그래서 헬렌은 생각했다. "와우, 이 사람 날 정말 좋아하나 봐. 나한테 완전 푹 빠졌잖아?" 하지만 나중에 그녀는 그녀의 얼굴에 빛이 일정한 각도로 비칠 때에만, 또는 하늘색이 특이한 색조를 띨 때에만 그가 자신의 사진을 찍는다는 사실을 알아차렸다. 헬렌은 말했다. 아직도 "그이는 늘 목에 라이카 카메라를 걸고 다녀요." 로버트 엘스윗은 영화를 좋아한다. 그리고 빛을 가지고 노는 것을 좋아한다. 자기가 좋아하는 일을 하는 것이 성공에 어떤 영향을 끼치는지 결코 과소평가하지 마라.

나는 엘스윗에게 내가 만난 모든 인비저블에게 물었던 질문을 던졌다. 수백만 관객들이 좋아하는 영화를 창조하는 데 있어 그토록 중요하고 필수적인 역할을 수행하고 있건만 대중이 그를 알아주지 않을 때, 어떤 기분을 느끼는가? 그는 자신이 '왜' 영화 업계에 들어오게 되었는지 설명하는 것으로 대답을 대신했다. 로버트 엘스윗은 LA에서 성장했다. 그는 어린 시절부터 텔레비전으로 흑백영화 수백 편을 보며 자랐고, 전 세계를 배경으로 하는 다양한 영화들이 실제로는 그의 집에서 '고작 10킬로미터도 떨어지지 않은 곳'에서 만들어졌다는 사실을 알고 깜짝 놀랐다. 하지만 그의 마음을 가장 사로잡은 것은 '영화의 화면'이었다. "경이로웠죠. 그 화면들이야말로 내게는 가장 신기한 것이었습니다. 왜냐하면 그것들이 내 감정을 쥐락펴락하고, 나를 영화에 푹 빠져들게 만드는 원인이었으니까요." 엘스윗은 화면에 집착하게 되었다. 열 살 때 그는 당대 유명 촬영 감독들의 이름을 모두 외우고 있었다. 열세 살 때에는 심지어 프라이어스 클럽Friars Club(유명 인사들의 친목 단체 — 옮긴이)에서 거장 촬영 감독과 점심을 먹었다. 엘스윗이 왜 감독의 그늘 아래 머무르며 대중의 반응에는 신경 쓰지 않는지를 이해하기 위해 내가 알아야 할 것은 그게 전부였다.

엘스윗은 촬영 감독이 되는 지름길을 밟지도 않았다. 그는 처음에 연극 무대의 미술과 조명 부문에 뛰어들었지만 기술적 지식이 부족함을 깨닫고 — "좋은 목수가 되긴 글렀더라고요!" — 용기를 내어 영화 학교에 지원했다. "거의 불가능한 일처럼 보였죠." 그렇지만 그는 걱정하지 않았다. "영화 학교를 졸업한 뒤에는 일자리를 구하는 데에만 혈안이 됐습니다. 먼저 보조 기사로 일하면서 그 바닥이 어떻게 돌아가는지 알고 싶었죠." 미래가 분명치 않다는 점 또한 아무 문제도 되지 않았다. 1970년대 후반에 그는 몇 년간 특수 효과 촬영을 했는데 한동안은 조지 루카스George Lucas의 유명한 시각 효과 회사인 인더스트리얼 라이트 앤드 매직Industrial Light and Magic에서 일하며 「E.T.」와 「제다이의 귀환Return of the Jedia」 같은 영화에 참여하기도 했다. 1980년대에는 TV 영화와 드라마에서 계속해서 경력을 쌓았고 천천히 장편 극영화에 손을 대기 시작했다. 그러다 1994년, 메릴 스트립과 케빈 베이컨 주연의 고예산 액션 영화인 「리버와일드River Wild」를 계기로 드디어 큰물에 입성한다. 그는 2년 후에 찍은 「리노의 도박사Hard Eight」를 시작으로 폴 앤더슨과 끈질긴 인연을 맺게 되었으며, 그때부터 승승장구하기 시작했다.

이제 엘스윗은 자신과 어울리지 않거나 마음에 들지 않는 프로젝트는 거절할 수 있는 입지에 올라 있다. "노라 에프론의 영화는 모두 거절했습니다." 그는 말했다. "난 코미디에는 젬병이거든요. 내가 그 영화를 찍으면 아무도 안 웃을 겁니다." 그가 코미디 영화를 잘 찍지도 못하고 혹은 찍고 싶지도 않다는 것은 무엇을 의미하는가? "메릴 스트립과 로맨틱 코미디를 찍어야 하는데 그녀를 예쁘고 사랑스럽게 찍지 못하면 잘리는 거죠." 그가 말했다. "「인크레더블 헐크The Incredible Hulk」보다 「맘마미아Mamma Mia」에 들어간 특수 효과가 더 많을걸요. 나이 많은 여배우들의 클로즈업은 모조리 후시 작업을 거쳤을 거고요. 요즘엔 다 그렇습니다."

엘스윗은 많은 일류 여배우들이 심지어 특정한 조명 효과를 요구할 때도 있다고 말했다. 그런 일은 가끔 영화의 리얼리티를 손상시킨다. "「사랑과 추억The Prince of Tides」에서 바브라 스트라이샌드가 창문 앞에 서 있는 장면이 있어요. 배경은 낮이고 '창밖으로는' 바깥 풍경이 내다보이죠." 그렇지만 조명이 앞에서 비추고 있기 때문에(틀림없이 배우의 요청이었을 것이다.) "그녀의 그림자가 창문 쪽으로 드리워집니다. 실제로 그런 건 '불가능'한데 말이죠."

그는 미국과 영국의 촬영 환경이 얼마나 다른지도 설명한다. 영국 배우들은 대체로 자신의 외모가 완벽하게 보이는 데에는 그다지 관심이 없다. 그렇지만 찍는 영화에 따라 엘스윗은 그 중간의 경계를 걷는 것을 선호한다. "사실 「마이클 클레이튼」은 인공적인 느낌을 주면 안 되는 영화죠. 그렇지만 잘나가는 스타 배우가 출연하는 영화이기도 해요. 어쨌든 조지 클루니를 보여 줄 때는…… 특별한 인물처럼 비춰 줘야 하니까요." 안젤리나 졸리를 찍을 때에는 각 장면마다 그녀가 화면에 어떻게 비칠지 일일이 고려해야 했다. "반대로 대부분의 영화들은" 인물들이 있는 "장소, 즉 공간을 중심으로 삼습니다." 내가 수많은 촬영 감독들을 두고 하필 엘스윗에게 연락을 한 이유는 그의 작품들을 무척 좋아하기 때문이다. 그가 찍은 영화에는 다른 대형 할리우드 영화에서는 보기 힘든 리얼리즘이 살아 있다. 내가 왜 「부기 나이트」나 「시리아나」, 「데어 윌 비 블러드」를 봤을 때에는 엄청난 감동을 받은 반면 수많은 로맨틱 코미디나 '흥행 보장 수표' 영화들은 그렇지 않은지는 정확하게 설명할 도리가 없다. 하지만 지금은 이해한다. 그것은 바로 빛 때문이다. 로버트 엘스윗의 마법 덕분이다.

내가 이 일을 하면서 운이 좋았던 것은 「마이클 클레이튼」 같은 영화를 할 수 있었다는 것이다. 「마이클 클레이튼」은 단순히 주인공이 친한 친구의 살인 사건을 해결하려다 실패하고 마지막에 가서 많은 이들의 죽음에 책임이 있는 여자를 협박할 방법을 찾아내는 이야기가 아니다. 그것은 나이 마흔여덟이 되어 자신의 존엄성을, 자신이 중요하게 생각했던 것들을 모두 잃어버렸다는 사실을 깨달은 중년 남자의 이야기다. 그에게는 이제 자긍심이 한 방울도 없다. 그는 해결사다. 창녀다. 그는 청년 시절에 자신이 역겨워하던 인생을 고스란히 살고 있다. 더구나 그 모든 일이 어쩌나 서서히 일어났는지 스스로는 그 사실을 깨닫지도 못한다. 그러나 어떤 일을 계기로 자신을 다시 찾을 기회를 얻게 된다. 그것이 「마이클 클레이튼」의 줄거리다.

위의 글은 조지 클루니가 왜 그 영화에 출연하게 되었는지를 설명하는 것이 아니다. 이것은 엘스윗이 「마이클 클레이튼」에 대해 설명하는 글이다. 이제껏 우리는 엘스윗이 감독에게 바치는 경의, 함께 일하는 동료들에게 품고 있는 존중심에 대해 다뤘지만 실제로 그의 궁극적인 의무는 영화의 내용을 뒷받침하는 것이다. 엘스윗은 사교적이고, 시간에 관대한 사람이다. 내가 그와 나눈 긴 인터뷰와 사적인 만남들, 촬영장 견학, 그리고 여러 차례의 전화 통화를 거치며 가장 놀란 것 중 하나는 그가 자신이 작업한 영화 내용이나 구체적 촬영 기법에 대해 말할 때면 그어느 때보다도 활기에 넘친다는 사실이다. 엘스윗이 하는 일은 이처럼 소소한 역할들의 총합으로 이루어져 있다.(놀라운 점은 거시적이고 넓은 관점으로 전략을 준비하는 CEO들이나 매일같이 자신의 일에만 매달려 있는 기술자들과는 달리, 엘스윗은 이 두 역할을 동시에 맡고 있다는 것이다.)

"등장인물이 많은 영화를 다룰 때는" 그리고 사전 준비를 제대로 마쳤다면, "영화에서 따로따로 진행되는 다섯 개의 이야기를 어떻게 서로 다르게 풀어 갈지 선택해야 합니다." 그가 말했다. "가령 「시리아나」에서 제프리 라이트와 맷 데이먼, 조지 클루니의 역할을 다룬다고 치죠. 이 각각의 인물들에게 조명을 모두 똑같은 식으로 비출 것인가? 아니면 약간 차이를 둘 것인가? 아니면 장소에 따라 다르게 할 것인가? 그건 언제나 스토리에 달려 있습니다. 아니면 인물에 따라 다 다를 수도 있죠."

"우리 촬영 감독들이 확실히 알고 있는 게 한 가지 있다면 사람들이 뭔가를 보는 방식, 그림을 보는 방식, 거슬러 올라가면 미술사 전반에 걸친 구상미술을 보는 방식 덕분에, 빛이란 누군가의 감정을 전달하고 소통하는 가장 직접적인 방식이라는 겁니다." 엘스윗은 말했다. "영화에서 인물의 감정을 가장 적나라하게 드러내는 요소는 배경음악을 빼면 바로 빛과 색입니다. 물론 많은 감독들이 그렇게 생각하지 않거나 상관하지 않지만요. 하지만 촬영 감독은 다릅니다." 그는 말을 이었다. "인물을, 그리고 그들이 존재하는 방이나 공간을 어떻게 비출 것인가가 중요합니다. 영화의 내용과 눈에 보이는 화면을 어떤 방식으로든 감정적으로 연결하는 거죠. 그런 감정, 느낌을 만들어 내는 게 중요한 겁니다."

1930년대의 필름은 광량이 많이 필요했기 때문에 기술적인 한계가 있었다. 촬영장이 밝을수록 공간을 현실적으로 담는 데에도 한계가 있었다. 엘스윗은 말했다. "지금처럼 주변광을 부드럽게 만드는 건(때는 10월의 어느 오후였고, 우리는 커다란 창이 있는 맨해튼의 한 호텔 바에 앉아 있었다.) 1930년대, 1940년대, 1950년대만 해도 굉장히 어렵거나 아예 불가능했습니다. 고감도 필름이 나오고서야 가능해졌지요." 필름 기술의 발전은 1960년대 후반, 그리고 특히 1970년대 영화계에 "자연주의 혹은 현실주의로의 변화"가 나타난 이유를 어느 정도 설명해 준다고 엘스윗은 말한다. 내가 사랑하는 그 시기의 화면들은 당연하게도 엘스윗에게도 큰 영향을 주었다. 엘스윗은 할리우드 세트장의 인공적인 조명보다 "덜 인위적이고 덜 연극적인, 보다 자연에 가까운 조광 방식"을 따르게 되었다. "대신에 할리우드식은 아주아주 드라마틱하죠. 하지만 드라마틱한 것과 연극적인 것 사이에는 차이가 있습니다."

엘스윗이 그 시대에 품고 있는 애정은 영화에 대한 그의 기술적 접근 방식이 스타일을 넘어 거의 철학적 선택에 가까운 것임을 말해 준다. "어쨌든 중요한 것은 영화의 내용입니다. 일단은 대본이 중심이고, 그 장면 안에서 인물이 무슨 생각을 하고 무슨 감정을 느끼는지를 표현하는 게 중요하죠." 그는 이렇게 덧붙였다. "그러니까 아무 이유도 없이 화면 그 자체에만 주목하게 만든다면, 당신이 뭔가를 잘못했다는 뜻입니다." 엘스윗의 이 말은 인비저블이 그들의 일에 대해 갖고 있는 인식을 완벽하게 설명하고 있다.

밤 9시 30분. 엘스윗은 촬영을 하는 동안 파이프 담배를 피운다. 기온

이 점차 내려가고 있다. 조감독이 확성기에 입을 대고 외친다. "여긴 이 스트빌리지예요!" 길 건너편에서 구경 중인 군중들을 가리키며, "저 사람들에게 아주 잘해 줘야 합니다! 허리케인을 이겨 낸 사람들이라고요!"(허리케인 샌디가 뉴욕을 덮친 지 얼마 되지 않았을 때였다.) 위장 중인 경찰차가 택시 옆에 멈춘다. 경찰은 택시 운전 기사와 몇 마디를 나눈 뒤 다시 차를 몰고 사라진다. 하지만 실은 화면의 프레임 밖에서 대기하며 촬영장 안에 머무르고 있다. 화면 안에서 경찰이 차를 몰고 사라진 듯 보여야 하지만 실제로는 옆에서 빈둥거리고 있는 탓에 경찰차의 경광등이 — 실생활에서는 대단히 보기 드물지만 왠지 영화에 나오는 모든 위장용 차량들은 다들 하나씩 갖고 있는 듯한 — 뷰 프레임 안에서 번쩍거리며 경찰이 사라졌다는 환상을 깨트린다. 그들은 재촬영에 들어갔다. 경찰차가 화면에서 물러난 뒤 경광등을 끄자 문제는 해결되었다. 다만…… 이번에는 브레이크 등이 시야에 들어온다. 다음 테이크에서는 경찰차가 화면에서 빠져나가자마자 아예 자동차의 엔진을 끄기로 했다.

이런 일련의 과정들은 꼭두새벽까지 계속되었다. 최고의 전문가들이 매달려 뭔가를 완성시키는 모습은 매우 아름답게 느껴진다. 마치 내가 응원하는 스포츠팀이 어려운 시합에서 아슬아슬하게 승리를 거두는 것처럼 벅찬 감동이 있다고나 할까. 우리 팀이 시합에 지는 것은 싫지만 그렇다고 너무 쉽게 낙승하는 것도 별로다. 우리는 스트레스와 그로 인한 보상을 '원한다.' 그 둘은 서로 먹고 먹히는 관계다.

몇몇 장비 및 카메라 담당 크루들이 카메라 위치를 바꾸는 동안 경찰

인비저블

차가 천천히 프레임 밖으로 굴러나가 다음 장면을 준비한다. 션과 나는 따뜻한 핫초콜릿과 커피가 담긴 종이컵으로 손을 데우며 그 광경을 지켜보았다. 엘스웟이 제일리언과 잠시 상의를 하더니 한 발짝 물러나 파이프를 손에 쥔 채 생각에 잠겼다.

'프런트맨'을 받쳐 주는 숙련된 기술

철저히 사라지는 법

플랭크는 그가 하는 일과 어찌나 밀접하게 얽혀 있는지 그의 이름은 아예 기타를 일컫는 은어가 됐다. 그의 본명은 피트 플레먼츠[Pete Clements]. 기타 및 무수한 관련 장비들과 깊은 관련이 있지만 놀랍게도 뮤지션은 아니다. 지난 20년 동안 플랭크는 우리 세대에서 가장 유명하고 성공적인 밴드인 라디오헤드의 기타 테크니션으로 일해 왔다. 순식간에 표가 매진된 라디오헤드 콘서트에서 팬들이 높은 데시벨의 전자 기타가 내뿜는 소리의 벽을 누릴 때, 그들이 생각하는 것은 음악이요, 보는 것은 무대 위에서 멋진 연주를 펼치는 기타 연주자일 것이다. 그러나 플랭크가 없다면 공연장은 고요한 정적에 휩싸이게 된다.

라디오헤드는 환상적인 음향 효과를 활용하는 밴드로 유명하고, 세

명의 기타리스트는 복잡하게 연결된 수많은 이펙트 페달과 음향 장비들을 이용해 근사한 소음을 만들어 낸다. 하지만 만일 그중 하나가 고장나거나 문제라도 발생한다면 그 연속된 소리의 사슬들은 순식간에 무너질 수 있다. 플랭크는 그의 일을 완벽하게 해낼 때(그리고 운이 따라 줄 때) 그늘 속에 남아 있게 되며, 그것이야말로 그가 바라는 바다. 왜냐하면 플랭크는 다른 인비저블과 마찬가지로 오직 뭔가 잘못되었을 때에만 수면 위로 떠오르는 인물이기 때문이다.

남들의 관심을 피하고자 하는 바람이 얼마나 지독한지, 나와 플랭크의 만남은 하마터면 성사되지 못할 뻔했다. 2013년 라디오헤드의 월드 투어 당시 독일 쾰른에서 있었던 일이었다. 피트(나는 그를 이렇게 부르는 게 좋다.)는 수백만에 이르는 라디오헤드 팬들에게는 잘 알려져 있지 않지만 종종 기타 전문 잡지나 밴드의 독특한 사운드의 비결을 찾는 이들에게서 인터뷰 요청을 받곤 한다. 이처럼 엄청난 규모의 열성적인 추종자들을 거느린 밴드(라디오헤드는 3000만 장 이상의 음반을 판매했고 전 세계를 돌며 콘서트를 할 때마다 매진을 기록한다.)와 함께 일할 때면 유난히 광적인 팬들은 어떻게든 뒷문을 찾아 그들이 사랑하는 스타들과 그들의 창작 과정에 대해 알려고 하기 마련이다. 그래서 그는 그와 비슷한 요청들을 매번 거절해 왔다. 이유는 많은데, 대부분은 밴드의 사생활 때문이기도 하지만 그보다는 피트가 엄청나게 수줍음이 많은 사람이기 때문이다. 나와 얘기를 나눌 때에도 눈에 띄게 불편해하는 기색이 느껴질 정도였다. 하지만 결국 그를 취재할 수 있었던 것은 내가 수많은 인비저블을 다룰 것이며 그는 그중 한 사람에 불과하다고 설득한 덕분이었다. 그것은 그가 다른 사람의 시선과 관심을 견딜 수 있는 유일한 방법이었다.

랑세스 아레나Ranxess Arena는 약 2만 명의 인원을 수용할 수 있는 곳이다. 이런 특별한 장소가 텅 비어 있을 때 발을 들여놓는 것은 참으로 기묘하고도 가슴 설레는 경험이다. 이 거대하고 고요한 공간에는 에너지가 가득하다. 특히 이곳의 유일한 목적이 수많은 사람들과 웅장한 소리로 가득 채워지는 것일 때에는 더더욱 그렇다. 나는 십 대 때부터 공연을 보러 다녔고 대형 콘서트장에도 자주 가 봤다. 그래서 중앙 입구가 아니라 아무 표식도 없는 관계자용 출입구를 통과하며 보안 요원들에게 VIP용 출입증을 들어 보여 줄 때면 왠지 모를 뿌듯함을 느꼈다. 지금 시각은 오전 9시 15분. 나는 백스테이지로 향했다. 내일 아침까지 쉼 없이 이어질 플랭크의 하루는 벌써 시작돼 있었다.

플랭크는 백라인 크루의 공식적인 우두머리다. '백라인backline'은 드럼 세트와 기타, 앰프, 이펙트 페달 등 밴드가 사용하는 모든 악기와 음향 장비를 일컫는 말이다. 밴드 멤버들은 각자 전속 테크니션을 데리고 있다. 라디오헤드의 메인 기타리스트인 에드 오브라이언Ed O'Brien과 조니 그린우드Jonny Greenwood는 애덤과 던컨이 담당한다. 애덤은 베이시스트인 콜린 그린우드Colin Greenwood의 장비도 같이 책임지고 있는데 베이스 장비는 대부분 크게 신경쓸 필요가 없기 때문이다. 드러머인 필립 셀웨이Philip Selway의 장비는 사이먼이 담당한다. 플랭크는 백라인 크루를 관리하는 한편, 묘한 분위기를 지닌 리드 싱어이자 기타리스트인 톰 요크^{Thom Yorke}의 전속 테크니션이기도 하다. 육중하고 거대한 조명 도구와 음향 장비를 사용하는 투어 공연에서 백라인은 상대적으로 규모가 작은 장비이며 트레일러 열 대에 실려 이동한다. 하지만 그것은 공연과 밴드에게는 가장 중요한 장비이기도 하다. 투어의 크루팀이 무장한 군대라면 백라인 팀은 최정예 특수 부대다.

나중에 스테이지가 될 공간에서 조명 장비(나중에 천장 위에 설치될)가 조립되는 동안, 실제 스테이지는 아레나 중앙에서 준비 중이다. 이렇게 하면 백라인팀이 무대에서 장비를 세팅하는 동안 조명팀도 할 일을 할 수 있다. 크루들이 효율성을 최대화하기 위해 활용하는 방법 중 하나인 셈이다. 조명 장비가 완성되고 나면 스테이지를 뒤로 밀어 제자리에 고정한다.

오늘 밤 나는 스테이지 옆에서 공연 내내 플랭크가 일하는 모습을 지켜볼 수 있길 바라고 있다. 하지만 그는 확답을 줄 수가 없다고 했다. 라디오헤드는 내가 지금 여기 있는 것을 모르고, 그 사실을 알게 되었을 때 어떤 반응을 보일지 모른다. 지금으로서 분명한 것은 공연을 준비하는 낮 동안에는 그를 따라다녀도 된다는 것뿐이다. 공연을 앞둔 준비 작업은 플랭크가 하는 일에서 큰 부분을 차지해서 다소 안심이 되긴 했지만, 전체 과정에서 공연이 얼마나 짧은 시간을 차지한다 한들 그것이야말로 가장 강렬하고 인상적인 시간이 아닌가. "두 시간 내내 취해 있는 거나 마찬가지죠." 플랭크가 말했다. 그는 사정이 어찌 될지 모르니 일단 스탠딩석 표를 주겠다고 했다. 밴드 멤버들의 반응은 그렇다 쳐도 그는 자신이 일하는 공간에 누군가를 들여보내는 것 자체를 주저했고, 고용주가 2만 명의 팬들 앞에서 아무 문제 없이 공연할 수 있도록 몰두해 일하는 동안 누가 옆에서 알짱거리는 것이 탐탁치 않은 듯했다.

온갖 전자 기기들과 이리저리 움직이는 육중한 장비들, 조명 장치를 세우느라 서커스처럼 흔들거리는 높은 사다리, 천정 근처에 달려 있는 PA 스피커 등 공기 중에 남성 호르몬이 떠다니는 게 느껴질 정도다. 실제로 지금 여기서 일하는 이들은 전부 남자였다. 게다가 '다들' 칙칙한 검은 옷차림이었다. 조금씩 벗겨지는 회색머리를 짧게 자르고 구레나룻을 기른 플랭크는 왼쪽 어깨 뒤쪽에 '라디오헤드' 로고를 수놓은 노스페이스 재킷, 짙은 회색 카고바지에 날렵한 등산화를 신었으며, 학구적으로 보이는 무테 안경을 쓰고 있다. 여기저기서 다양한 상자와 부품을 내리고 옮기느라 날카롭게 부딪치거나 덜컥거리는 소리가 울리긴 했지만 전반적으로는 신기할 정도로 조용했다. 모두가 자신이 할 일을 잘 알고 있었다. 일사분란하게 먹잇감을 옮기는 개미떼 같았다.

백라인 상자만 해도 60개나 됐다. 상자 위에는 색깔로 표시된 삼각형 문양들이 그려져 있는데, 상자를 트럭에 어떻게 싣고 어디에 놓고 스테이지의 어느 쪽에 내려놓아야 하는지를 알려 주는 표시였다. 가령 우측/중앙/좌측은 각각 빨간색/녹색/파란색이다. 이런 분류 체계가 없다면 적재 과정 중에 모든 짐이 뒤섞여 뒤죽박죽 혼란 그 자체가 될 터였다. 모든 공연에는 밴드가 전속으로 고용한 40명 남짓의 고정 크루들과 더불어 현지 크루들이 합류하는데, 대개는 거친 인부들과 몇몇 숙련된 기술자들이다. 플랭크가 현지 크루들에게 상자가 가야 할 곳을 가리키며 그의 팀과 함께 일하라고 지시한다. 당연하지만 현지 크루들은 그가 고안한 분류 체계를 이해하지 못하기 때문이다. "현지 사람들에게는 늘 잘해 줘야 합니다." 그가 말했다. "무례하게 굴면 협조를 잘 안 해 줄 수도 있거든요."

퀼른의 10월은 꽤 쌀쌀했다. 나는 머리 위에 흐린 하늘을 이고 거친 바람과 이슬비를 맞으며 호텔방에서 공연장까지 걸어갔다. 이슬비가 내리는 텅 빈 야외 공연장은 춥고 으슬으슬했다. 나는 아레나가 이토록 추운 것이 애초에 돈을 내는 관객들만 염두에 둔 터라 일꾼들은 고려하지 않은 탓인지, 아니면 아예 처음부터 의도적인 것인지 궁금해졌다. 어쨌든 공연이나 경기를 준비하는 크루들은 몸으로 일하다 보면 땀을 빼게 될 테니까 말이다.

한 치의 낭비도 없이 척척 일하고 있건만 무대 장치를 설치하는 데만도 엄청나게 오랜 시간이 걸렸다. 백라인 설치가 시작된 것은 실질적으로 정오가 다 되어서였다. 내 손끝은 얼어붙어 파랗게 질려 있는데 플랭크는 백라인 장비가 내려지자마자 노스페이스를 벗어던졌다. (당연히 검은색) 티셔츠와 문신이 거의 바랜 팔뚝이 드러났다. 링에 올라가는 권투 선수가 로브를 벗어 던지듯이 상자가 열리고 재킷을 벗어 던진다는 건 이제부터가 진짜 시작이라는 뜻이다. 밴드와 오래도록 인연을 맺어 온데다 그가 하는 일의 본질적 특성 때문에 플랭크는 엄밀히 말하면 크루들

중 제일 고참은 아니지만 적어도 비공식적으로는 그런 취급을 받고 있다. 그는 아마도 이 투어에서 가장 중요하고 가장 큰 책임을 지고 있는 사람일 터다. 공연 중에 조명이 꺼져도 쇼는 계속될 수 있다. 그러나 앰프에서 기타 소리가 흘러나오지 않으면 공연은 끝장이다.

플랭크는 크루들 중에서도 특이하게 월급쟁이처럼 일 년 내내 라디오헤드를 위해 일한다. 투어가 없을 때에는 녹음실에서 장비와 앰프를 관리하고, 다양한 솔로 프로젝트를 보조하며, 공연이 없을 때 투어용 장비를 보관·관리하는 행정적인 업무도 맡고 있다. (호주 공연을 끝으로 투어가 끝나면 모든 장비는 선박에 실려 영국으로 돌아간다. 미국에도 플랭크가 관리하는 똑같은 장비가 한 세트 더 있는데, 장비를 대서양 건너로 옮겨 다니는 것보다 두 개의 세트를 운용하는 편이 더 싸게 먹히기 때문이다.)

밴드와 각별한 사이인데도 플랭크는 누구에게나 친절하고 상냥하다. 이는 '재능 있는 사람'이나 사업가를 보좌하는 매니저나 홍보 담당들 사이에서는 매우 보기 드문 특성이다. 적어도 내가 지난 수년간 회사 동료 직원이나 기자, 또는 사실 검증가로서 접촉을 시도한 경험에 따르면 그렇다. 그날 플랭크는 관리자 역할을 수행하느라 무대 설치 등 몸으로 하는 일을 옛날만큼 할 수가 없다고 여러 차례 미안하다는 듯이 털어놓았다. 그래도 그는 일손이 필요하다 싶으면 언제든 아랑곳하지 않고 일꾼들과 함께 상자를 올리거나 무거운 짐들을 천장으로 끌어 올린다. 문자 그대로 손을 더럽히지 않고서는 못 배기는 성격인 듯 싶었다. 플랭크는 밴드의 프런트맨을 담당하는 테크니션이면서 동시에 여러 크루들을 돌보고 관리한다. 크루들이 어떤 물건을 어디에 놓고 이 문제를 어떻게 해결해야 할지 물어볼 때마다 끊임없이 대답하고 고민한다. 기술자로서든 관리자로서든 해결해야 할 문제는 산더미지만, 그는 한 역할에서 다른 역할로 재빨리 능숙하게 오고 간다. 플랭크에게 이 두 가지 직무는 똑같은 것이다. 그는 개인적으로나 감성적으로나 세계적으로 유명한 이 록밴드가 월드 투어를 성공적으로 치를 수 있길 바라고 있다.

오늘이 지나면 다시는 얼굴 볼 일도 없을 현지 크루들은 톰 요크에게 플랭크가 얼마나 멋진 사람인지 말해 주지도 못할 것이다. 이 글을 읽은 플랭크가 내 칭찬을 보고 어색해서 어쩔 줄 몰라 하는 모습이 눈에 선하다. 그가 원하는 것은 단순하다. 해야 할 일을 조용히 완수하는 것. 하지만 밴드는 어떤 방식으로든 그의 탁월한 능력을 알아차린 게 틀림없다. 플랭크가 그만큼 뛰어나다는 사실을 모른다면 자그마치 20년 동안이나 그를 고용해 밴드의 가장 귀중하고 소중한 자산을 맡길 리가 만무하기 때문이다. "내 연구에 따르면 우리는 잘 알려지지 않거나 인정받지 못하고 있다고 생각하는 사람들을 더 존중하는 경향이 있습니다." 스탠포드 대학의 사회학자인 롭 윌러는 보상 없는 일을 하는 사람들과 그러한 행위가 그들의 지위에 끼치는 영향에 관해 연구한 바 있다. "그런 익명의 친절한 행위는 깊은 감명을 주는데, 왜냐하면 그것이 타인을 돕고 싶다는 진심 어린 욕구에서 우러났다고 여겨지기 때문이죠." 그는 말했다. 윌러는 "우리는 남을 돕는다고 주장하는 사람이 아니라 직접 행동하는 사람들을 존경하며" 그러한 존경심은 일터에서의 지위와 경력 발전에 긍정적 영향을 끼친다고 말한다.

애덤 그랜트의 『기브 앤 테이크』에 인용된 스탠포드 대학 교수 프랭크 플린Frank Flynn의 연구는 윌러의 연구 결과를 뒷받침한다. 그는 대형 통신사의 엔지니어들을 연구해 그랜트의 "주는 사람"과 "받는 사람", "받은 만큼 주는 사람" 중 어떤 유형에 속하는지 분류했다. 그 결과 (별로 놀랍지는 않지만) 받는 사람은 사회적으로 가장 낮은 지위에, 주는 사람은 가장 높은 지위에 있음을 발견했다. 하지만 주는 사람은 "생산성"이라는 비용을 지불해야 했다. 주는 사람의 생산성은 세 개 집단 중에서 가장 낮았다. 생산성도 가장 낮고 업무의 질도 가장 낮았다. 그랜트는 또한 이러한 결과가 판매 사원에게 해당된다는 사실을 알았다. 늘 다른 사람을 돕는다면 실적은 하락한다. 그러나 신기하게도 성공과 생산성 그래프에서 가장 높은 곳에 있는 사람은 받는 사람도 받은 만큼 주는 사람도 아니었다. 정상에 있는 사람은 주는 사람이었다. 최고의 위치에 있는 주는 사람의 다른 점은 '더 많이' 준다는 것이었다. 흥미롭게도 "생산성이 하락하는 주는 사람은 적게 주는 사람이다." 플랭크는 자신의 전문 분야에서 명실공히 최고의 지위에 있을 뿐만 아니라 이 커다란 조직을 관리한다. 왜냐하면 그는 자신의 일에 헌신할 뿐만 아니라 다른 사람들을 돕기 때문이다.

이러한 "주는 사람"의 태도는 리더십은 물론 개인의 성취감과도 밀접하게 연결되어 있다. 로체스터 대학University of Rochester의 심리학자 에드워드 L. 디시Edward L. Deci와 리처드 M. 라이언Richard M. Ryan이 처음 주창한 자기결정성 이론은 현재 여러 학자들에 의해 연구 발전되고 있는데, 라이언 박사에게 '인비저블'의 기본 개념을 설명하는 이메일을 보냈을 때 이런 답장을 받았다. "그것은 기본적인 심리적 욕구 충족에 관한 자기결정성 이론의 가정과 일치합니다. 실제로 남을 돕는 것은 대단히 욕구충족적인 행위이며, 보상이나 인정과 같은 외적 요인에 의한 행위는 성취감이 덜하죠."

피트 클레멘츠는 처음부터 보이지 않는 조력자로 일하는 것을 좋아했고, 앞장서서 영광을 추구하기보다 이름 없는 일원으로 남는 것을 선호했다. 1979년에 그는 영국 옥스퍼드에 있는 한 펑크 밴드에서 기타를 연주했다. 하지만 몇몇 멤버들이 새로운 밴드를 조직하면서 밴드가 쪼개지게 되자 그는 연주를 그만두고 "깊이 생각한 끝에" 밴을 한 대 사서 밴드를 공연장에 데려다주는 일을 시작했다. 그리고 또 그즈음 오토바이 사이드카 경주팀의 기술자로 일하기 시작했다. 플랭크는 그 일에 대해 이렇게 설명했다. "트럭에 온갖 것들을 싣고 트랙에 나가서 다시 다 내리는 겁니다. 그런 다음 모든 게 제대로 돌아가게 만드는 거죠. 오토바이는 항상 최상의 상태여야 하고요." 이제 오토바이 대신에 기타가 되었을 뿐, 그가 하는 일은 본질적으로 같다. 그는 "어디론가 가서 물건을 모조리 꺼내 모든 것들이 제대로 돌아가게 완벽하게 해낸 다음, 다음 장소로 가는 것"을 좋아한다. 투어 공연을 하는 것과 똑같다. 플랭크는 아무리 힘들어도 영원히 길 위를 떠돌 운명인가 보다. 어떤 인비저블은 어쩌다 그런 길에 들어서게 되어 시간이 지나면서 자신이 하는 일과 역할에서 보상을 찾게 된다. 하지만 피트 클레멘츠는 항상 손으로 하는 일의 즐거움을 알고 있었고, 팀의 일부가 되는 것에서 보상을 얻었다. 플랭크는 수줍음이 많다고 성공하지 못하는 것은 아니며 심지어 혼자서 일할 필요도 없다는 것을 입증하는 살아 있는 증거다. 그는 공동 작업의 대가이되 화려한 스포트라이트로부터 멀리 떨어져 있을 뿐이다.

1980년대 초반에 플랭크는 옥스퍼드에 작업장을 열고 그 지역 뮤지션들에게 기타를 제작하거나 수리해 주기 시작했다.* 그 일을 한 지 10년쯤 되는 1992년 12월의 어느 날, 에드 오브라이언이 수리가 필요한 기타 몇 대를 들고 그를 찾아왔다. 그때가 플랭크가 에드나 라디오헤드의 이름을 처음 들은 순간이었다.

"기타를 고쳐 준 뒤에 우리는 한동안 잡담을 나눴죠. 그러다 그가 몸담고 있는 밴드 이야기가 나왔습니다." 플랭크가 말했다. 당시 라디오헤드는 아직 신생 단계였기 때문에 기타 테크니션이 필요했다. 그 뒤로 라디오헤드 투어팀은 밴드와 플랭크, 5년 전까지 투어 매니저였던 팀 그리브스Tim Greaves, 그리고 아직까지도 밴드의 사운드를 담당하고 있는 짐 워런Jim Warren으로 구성되었다. 그때 플랭크는 킨크스The Kinks와 함께 일하고 있었는데 라디오헤드의 전속 테크니션이 되면서 그들과는 손을 떼기에

---

* 플랭크는 더 이상 기타를 제작하지 않지만 에드와 톰, 컬트(The Cult)의 빌리 더피(Billy Duffy)와 클래시(The Clash)의 조 스트러머(Joe Strummer) 등은 그가 만든 기타를 구입하거나 연주한 적이 있다.

이르렀다. 라디오헤드가 「더 벤즈The Bends」―크게 성공한 데뷔 음반인 「파블로 허니Pablo Honey」의 후속 음반―를 녹음하게 되었을 때 플랭크는 녹음 과정에 함께 참여해 달라는 부탁을 받았다. (이렇게 큰 성공을 거둔 밴드와 플랭크 같은 전문성을 갖춘 테크니션이 투어뿐만 아니라 음반 녹음에도 참여하는 것은 별로 드문 일이 아니다. U2의 기타리스트인 더에지The Edge 밑에서 오랫동안 테크니션으로 일했던 댈러스 스쿠Dallas Schoo도 그랬다.) 처음에 플랭크는 세 기타리스트와 베이시스트를 모두 관리했지만 시간이 흐르고 라디오헤드의 명성이 차츰 퍼져 나가자 백라인 크루의 규모 또한 불어나기 시작했다. 그때를 생각하면 플랭크는 어떻게 자신이 그 많은 일을 다 홀로 처리했는지 신기할 따름이다.

라디오헤드와의 작업이 플랭크의 진을 홀딱 빼놓았기 때문에 그는 몇 년간 옥스퍼드에 있는 작업실로 돌아갈 수가 없었다. 다만 마지막 몇 년 간에는 일을 다시 시작하기도 했는데, 개인적으로 그 일이 너무 좋은 나머지 포기할 수가 없었기 때문이다. 또 항공용 악기 운반 케이스를 만드는 작은 사업을 시작하기도 했다. 뭔가를 고안하고 직접 만드는 일에 대한 그의 관심과 흥미는 거의 밑 빠진 독과도 같다. 플랭크가 혼자서 일하는 것을 좋아하면서도 그 커다란 콘서트 투어 팀을 조율하고 관리하는 역할을 맡고 있다는 사실은 그저 신기할 따름이다. 하지만 또 다른 한편으로는 별로 이상한 일이 아닌 것 같다. 그 두 가지 역할이 그의 내면 깊숙이 보이지 않는 보상을 채워 주는 점을 생각하면 말이다.

12시 30분. 여성(와우! 여자!) 피아노 조율사가 건반을 두드린다. 텅 빈 공연장 가득, 커다란 금속 케이스가 찰캉찰캉 삐걱거리며 부딪치는 소리, 파이프가 조립되는 덜컹거리는 소음, 지게차의 엔진 소리, 전기 드릴의 윙윙거림과 무대 장치 담당자의 잘그락거리는 렌치 소리 사이로 맑은 음정이 울려 퍼진다. 나중에야 나는 투어팀에 나름 네 명이나 되는 여자들이 있다는 사실을 알았다. 제작 보조와 마사지 치료사, 요리사, 그리고 컴퓨터 담당자였다.(피아노 조율사는 현지 스태프였다.)

12시 40분. 메인 사운드 보드가 스탠딩석 뒤쪽 중앙에 설치된다. 내 등 뒤에서는 탐탐을 통통 두드리며 북피를 조절하는 소리가 들렸다.

조명이 매어 달린 거대한 수평 트러스가 스탠딩석 가장자리 9미터 위 공중으로 끌어올려진다. 잠시 후에 그 아래에는 공연을 위한 스테이지가 마련될 것이다. 머리 위에 떠 있는 조명 장치는 시간을 되돌려 내 십대 시절에 각인된 장면을 떠올리게 한다. 1998년 데프 레파드^{Def Leppard}의 「내게 설탕을 쏟아 줘^{Pour Some Sugar on Me}」 뮤직 비디오의 첫 장면에 나온 등 그런 조명 장치가 조립되던 모습. (여러 명과 같이 쓰는 작가 사무실에서 이 뮤직 비디오를 보는데, 하필 1980년대 메탈에 열광한 여자애들이 카메라 앞에서 몸을 흔들어대는 장면에서 여자 동료가 옆을 지나가는 바람에 변명하고 싶어 죽을 뻔했다. "아니, 진짜예요! 난 책을 쓰려고 자료를 조사하고 있는 것뿐이라고요!") 고속으로 찍은 그 영상은 전체적으로 무슨 일이 벌어졌는지를 보기에는 유용하지만, 거기 압축된 시간에 살을 붙이고 구체화하기에 우리의 상상력은 아직 너무 빈약하다. 오늘 텅 빈 아레나에서 공연 준비 과정을 직접 목격하기 전까지 나는 그 거대한 원형 조명을 조립하는 데

인비저블

얼마나 많은 사람들의 시간과 노력이 들어갔는지 짐작조차 하지 못했다. 그러니 백라인과 사운드 보드, 그 외의 다른 것들에 대해서는 두말할 필요도 없을 것이다.

플랭크가 커다란 항공용 케이스 하나를 열었다. 내부에 충격 방지폼이 채워져 있는 큼지막한 금속 트렁크인데, 기타 열 대가 각각 원래의 운반용 케이스에 담겨 머리에서 발끝까지 서로 나란히 맞댄 채 일렬로 놓여 있다. 상자 바깥에 색깔 코드가 표시되어 있듯이 안에 담긴 물품들도 플랭크의 분류 체계를 충실하게 따르고 있다. 케이스 안쪽 뚜껑에는 플랭크가 한눈에 알아볼 수 있는 표시가 그려져 있다. 이 기타들은 모두 정확한 순서와 위치에 맞춰 꾸려졌다. 플랭크가 장비를 챙기고 다시 푸는, 거의 의식에 가까운 행위는 평범한 사람들은 상상도 하지 못할 만큼 꼼꼼함의 극치를 달린다.

12시 50분. 누군가 드럼 테크니션인 사이먼에게 제발 그만 좀 하라고 부탁한다. 피아노 조율사가 피아노 소리를 들을 수가 없다고 항의하는 듯하다. 남자는 여성의 요청에 기사도를 발휘하고, 감사 인사를 받는다. 하지만 투어팀 전체가 극도의 프로 의식을 공유하고 있음을 생각하면 설사 피아노 조율사가 키가 190센티미터나 되는 브루터스라는 이름의 건장한 사나이였다 할지라도 기꺼이 그 요청을 수락했을 것이다. 지게차의 불쾌한 기름 냄새와 연기 냄새가 코끝을 스쳤다. 돌아보니 금방이라도 물어뜯을 듯이 삐쳐 나온 갈래살 두 개가 옆을 지나간다. 나는 다들 바삐 일하고 있는 와중에 방해가 될까 봐 관객석 쪽으로 가기로 했다.

스탠딩석을 가로질러 걸어가는데 가로대에 두꺼운 금속 사슬로 묶인 PA 스피커가 내 머리 위로 대롱거리며 들려 올라가고 있다. 오른쪽에는 굵직한 밧줄이 천장에서 점점 더 빠른 속도로 사삭거리며 떨어져 내려 바닥에 또아리를 튼다. 9미터 위에서 떨어지고 있으니 혹시라도 머리에 맞으면 심각한 부상을 입을 수도 있다. 올해 투어 도중에 일어난 사고 때문인지 유난히 이런 위험에 촉각을 곤두세우게 된다. 투어 크루들이 유독 조직적이고 충실한 태도로 일에 임하는 것도 혹시 그 때문인지 모른다.

지난 봄의 일이다. 일 년 동안 계속되는 라디오헤드의 월드 투어 도중, 4만 장의 표가 팔린 토론토의 한 공원 공연장에서 임시 야외 스테이지가 붕괴하는 바람에 밴드의 드럼 테크니션이 사망하고 세 명이 부상을 당했다. 플랭크도 그때 스테이지 위에 있었다. 그는 사고에 대해 말하기를 꺼려했지만 "우지끈 하는 소리를 듣고 즉시 달리기 시작했다."고 털어놓았다. 사고 이후 라디오헤드는 공연을 모두 취소했다. 여러 달이 지난 후에도 그 비극의 여파가 떠다니고 있다. (온타리오 노동부는 공연의 프로모터인 라이브 네이션 캐나다Live Nation Canada와 무대 설치 회사, 그리고 엔지니어를 13개 죄목으로 기소했다. 임시 스테이지의 건축 자재가 "허용 단위 응력을 능가하지 않고도 설치가 예정된 모든 짐과 압력을 지탱하거나 그에 저항할 수 있게" 설계 및 건축하는 데 실패했다는 이유였다. 나는 이 책에 등장한 인비저블 사이에서 멋진 공통점들을 발견해 왔는데, 이런 사고와 관련해 공통점이 생기게 되어 상당히 의기소침해질 수밖에 없었다. 그 사고의 법 공학을 분석하기 위해 고용된 것이 데니스 푼의 회사인 손튼 토마세지였던 것이다.)

아카이 헤드 러시Akai Head Rush, EHX 아이언 렁 보코더Iron Lung Vocoder, 텔레노르디아Telenordia 컴프레서, 텔레노르디아 트레블 부스터Treble Booster, 크라우더 핫케익Crowther Hotcake, 라인 6 DL4Line 6 DL4, EHX 홀리 그레일Holy Grail, EHX 스몰 스톤 나노Small Stone Nano, 보스Boss TU-2, 테크Tech 21 XXL, 터보 랫Turbo Rat, 부두 랩Boodoo Lab, 페달 파워 2 플러스Pedal Power 2 Plus, 래디얼 엔지니어링Radial Engineering, 다이렉트 박스direct box, 어쿠스틱 라인을 위한 보스 AB-2 스위치.

《뉴요커》의 음악 평론가 알렉스 로스Alex Ross가 라디오헤드의 세 기타리스트들을 놓고 "겹겹이 기묘한 아름다움이 배어 나오는", 그리고 "미로처럼 뒤얽힌 음악 디자인"이라고 일컬은 "사운드의 최첨단 혁신"을 창조하려면 무엇이 필요할까? 가공할 만한 음악적 재능과 기교가 필요하다. 그리고 그와 더불어 정말로 어마어마한 양의 사운드 장비가 필요하다. 위의 목록들은 SF에나 나오는 상상 속 용어가 아니다. 톰 요크가 실제로 공연 때 사용하는 이펙트 페달의 목록이며 오늘 밤 공연을 위해 플랭크가 세심하고 꼼꼼하게 무대 위에 정해진 순서대로 배열하는 장비들이다. 음향 장비가 설치되는 것을 보고 있으니 공연에 대한 기대감이 열 배쯤 더 부풀어 오른다. 괴물 같은 원형 조명 장치는 완성되었다. 그러나 '이것들'이야말로 마법의 원천이다.

록 기타 연주자들이 사용하는 장비를 잘 모른다면 기타를 단순히 앰프에 연결하는 것과는 거리가 멀다는 사실부터 알아야 한다. 록 기타가 그토록 다재다능한 이유는 다양한 이펙트 페달과 장비를 사용해 사운드의 톤과 느낌을 폭넓게 변조할 수 있기 때문이다. U2의 「이름 없는 거리Where the Streets Have No Name」의 시작 부분에서 더에지가 연주하는 사랑스러운 아르페지오는 딜레이 장치가 없다면 만들어지지 못했을 것이다. 슬래시Slash가 건스 앤드 로지스Gun's and Roses의 「정글에 온 것을 환영한다Welcome to the Jungle」의 인트로를 연주할 때도 마찬가지다. 반 헤일렌의 「사랑 얘기는 않을 거야Ain't Talking' Bout Love」의 우주 공간에서 울려 퍼지는 듯한 전설적인 기타리프는 플랜저flanger(전자 기타에 사용되는 딜레이 이펙터 중 하나―옮긴이)를 통해 창조된 것이다. 심지어 누가 봐도 적나라하게 왜곡된 기타 소리도 단순히 디스토션 페달distortion pedal을 이용한 것이 아니다. (궁금한 사람들을 위해 말해 두자면 그 소리를 만드는 것은 앞 목록에서 언급한 터보 랫이다.) 이펙트 장치의 신호 처리는 요크가 사용하는 페달 내부에서 이뤄지거나 연주자와 떨어진 곳에 있는 음향 기기인 "랙마운트rackmount"를 거치는데, 랙마운트에는 유선 리모컨처럼 기계의 세팅을 바꾸는 페달들이 부착되어 있다. 수많은 랙마운트 장비와 풋 페달의 설치가 워낙 복잡한 탓에 기타 연주자가 미리 프로그램해 놓은 이펙트 조합을 버튼 하나로 조정할 수 있도록 주문 제작한 풋 스위치 보드가 사용된다.

서로 다른 음악은 물론, 동일한 곡 내에서도 다양한 이펙트가 사용된다. 그래서 이펙트 '페달'을 이용하는 것이다. 그래야 기타 연주자들이 손으로는 연주를 하면서 발로 이펙트 효과를 자유자재로 줄 수 있기 때문이다. 너바나Nirvana의 「십 대 정신다운 냄새Smells Like Teen Spirit」는 짧고 날카로운 단주로 시작해 밴드 전체가 합류하는 폭발적인 디스토션으로 이어지는데, 이때 커트 코베인Kurt Cobain은 보스 DS-1을 밟는다. 가사 부분으로 돌입했을 때에는 DS-1에서 발을 떼고 '코러스chorus' 페달을 밟아 떨리는 듯한 소리를 창조해 낸다. 이제 스테이지 위에서 격렬하게 몸을 흔드는 기타리스트를 상상해 보라. 이펙트 페달이 "스톰프 박스Stomp box(일명 꾹꾹이)"라고 불리는 데에는 그만한 이유가 있다. 어지간히 밟히기 때문이다.

플랭크는 모든 이펙트 페달을 4분의 1인치 케이블로 연결한다. 페달을 연결할 때에는 일정한 순서에 따르는데, 그래야 모든 기기가 순조롭게 작동하고 노브knob(원형 조절기)로 알맞게 세팅할 수 있기 때문이다. 요크가 사용하는 십수 개 이상의 페달에 노브가 각각 서너 개씩 달려 있으니 세팅할 게 얼마나 많은지 대충 짐작이 갈 것이다. 두말할 필요도 없겠지만, 플랭크는 각 페달의 세팅에 대해 세세한 자료와 기록을 구비하고 있다. 가장 기본적이고 중요한 일은 배터리를 항상 완전히 충전해 놓는 것이다. 페달이 고장나거나 제대로 작동하지 않는다면 새로운 페달을 구입해야 하고, 플랭크처럼 기술의 거장이라면 내부 전선이나 회로를 손 봐 수리를 할 수도 있다. 플랭크는 요크가 사용하는 앰프도 함께 관리하고 있다. 메인 앰프 — 투어용으로 맞춤 주문한 복스 AC30 — 는 무대 뒤에 설치된 보조 AC30과 함께 사용된다. 앰프에도 고음, 저음, 거리감, 프리 앰프, 음량을 조절하는 노브가 여러 개 달려 있으며 효율적인 일처리를 위해 모든 앰프에는 각각의 노브를 어디에 맞춰야 하는지 표시되어 있다. 플랭크는 "일관성"이 비결이라고 말한다. (참고로 이런 장비들이 뮤지션에게 얼마나 중요한지 예를 들자면 디에지의 테크니션인 댈러스 스쿠는 비행기를 탈 때 그의 맞춤형 AC30을 옆자리 1등석에 태우곤 했다.)

그리고 이제, 마지막으로 악기가 남았다. 이 투어를 위해 요크는 기타를 열두 대나 가져왔다. 플랭크는 케이스에서 기타를 꺼내 두 개의 기타 스탠드에 여섯 대씩 세워 넣는다. 깁슨Gibson SG 두 대, 에피폰 카지노 Epiphone Casino 두 대, 길드Guild M85, 마틴Martin 000-18 한 대. 그중에서 플랭크가 제일 좋아하는 기타는 1962년 블랙 펜더 재즈마스터Fender Jazzmaster다. 몇 대는 반짝거리는 새것이지만 나머지는 오랜 세월의 손때가 묻어 있다. 오른쪽 팔이 닿는 앞부분은 수만 번의 손동작 때문에 페인트가 바랬고, 뒷면 중앙은 벨트 버클 때문에 움푹 패어 있으며, 기타의 넥 부분과 지판은 왼손의 땀과 기름 때문에 거무스레하게 변해 있다. 기타 연주자들은 자신이 아끼는 악기를 수십 년 혹은 평생 동안 사용하기로 정평이 나 있는데 특유의 상처와 흠집들은 오래 입은 청바지처럼 개개인의 악기에 개성을 부여한다.

모든 기타는 반드시 주기적으로 줄을 갈아 줘야 하고 공연 시간이 다가올수록 튜닝도 다시 해 줘야 한다. 대부분의 기타들에는 톤과 음량을 조절하는 노브가 붙어 있어 세팅을 해야 하고, 여러 개의 픽업 스위치도 위, 아래, 혹은 중간으로 맞춰 준다. (픽업pickup은 기타 앞면, 기타 현 아래 있는 작은 사각형 부분으로 간단히 말하자면 기타 현의 떨림 소리를 '포착pickup'하는 마이크라고 할 수 있다.) 기타의 넥에 가까운 곳에 위치한 픽업은 브리지bridge(기타 현을 몸체에 고정하는 판 ─ 옮긴이)에 가까운 픽업과 완전히 다른 톤을 내기 때문에 올바른 픽업을 선택하는 것이 아주 중요하다. 각각의 기타들은 대개 서로 다른 곡에 사용되며 세팅 또한 전부 다르다. 플랭크는 어떤 곡에 카포^{capo}가 필요한지 —카포는 음의 높이를 올리고 싶을 때 기타 넥에 고정하는 막대기다.— 또 몇 번 프렛^{fret}(지판 위에 반음 간격으로 나 있는 쇠 —옮긴이)에 끼워야 하는지도 알아야 한다. 그는 여섯 개의 카포를 갖고 있는데 각각 사용될 기타 넥의 두께에 따라 눈금을 다르게 조정해 놓았다. 어떤 곡은 변칙 튜닝이 필요하기 때문에 만약 그 기타를 다시 사용해야 한다면 연주곡이 끝난 뒤에 다시 기본 튜닝으로 바꿔 놓아야 한다.

플랭크는 대관절 이 산더미 같은 일들을 어떻게 다 처리할 수 있는 거지? 그만이 알고 있는 특별한 법칙 덕분이다.

적어도 공연을 시작하기 몇 시간 전, 백라인 크루들은 그날의 연주곡 목록을 받는다. 같은 공연을 여러 번 반복하는 일부 밴드와는 달리 라디오헤드는 언제 어디서든 100곡이 넘는 노래들을 마음껏 자유롭게 조합해서 공연할 수 있다. 플랭크의 머릿속에는 라디오헤드의 거의 모든 곡의 세팅이 저장되어 있지만 참고용으로 늘 기본 세팅 기록을 가지고 다닌다. 일단 연주곡 목록을 받고 나면 각각의 노래 옆에 그만 아는 암호를 적는데, 이를 보면 아무리 바쁘고 정신없는 콘서트 도중이라도 다음 곡에 어떤 기타를 사용하고 어떻게 세팅해야 하며 어떤 이펙트 페달을 어떻게 변경해야 하는지 금세 파악할 수 있다.

그날 오후 공연 시작 전에 주어진 짧은 휴식 시간에 우리는 가까운

LOTUS FLOWER ———— PX VOC L6
AIRBAG ———— JAZ b/6 XXL b ⮌
BLOOM ———— W JAZ n T7-OFF
KID A ————●
MYXOMATOSIS ——●
BODYSNATCHERS —— SG DROP D n
THE GLOAMING ——●
SEPARATOR ———— E CAS CAP 6 b
MEETING IN THE AISLE — SG b
NUDE ————————●
PYRAMID SONG ———— PIANO
RECKONER ———— SG n
THERE THERE ———— THIN DGD XXL ⮌
NATIONAL ANTHEM — SG2 DROPD b OFF
FERAL ————————●
PARANOID ANDROID —— HUM P/u

GIVE UP THE GHOST —— MARTIN DROP D
SUPERCOLLIDER ———— + PEDAL BOWED
PLANET TELEX / LUCKY ——
                        T CAS b
MAGPIE ———— E CAS CAPO GE
STREET SPIRIT ———— 330 b AMP DOWN.

STAIRCASE ———— PROPHET ⬇
EVERYTHING IN ITS RIGHT PLACE—RHODES
IDIOTEQUE ————● TROLLY ON

V01 11 OCT PARIS(1)

곳에 있는 조용한 카페를 찾았다. 핫초콜릿 잔을 앞에 두고 플랭크는 며칠 전 파리 공연에서 사용했던 연주곡 목록을 꺼냈다. 몇 년간 프로 기타리스트가 아니었다면(그리고 청소년 시절에 이런 것에 열광하지 않았더라면) 플랭크의 설명을 들어도 이게 도대체 무슨 소린지 전혀 이해할 수 없었을 것이다.

독자 여러분을 위해 몇 가지 암호 해독에 도움이 될 정보를 알려 주겠다.

"에어백Airbag" 암호: JAZ = 펜더 재즈마스터 기타. b/a = b현을 A까지 낮출 것. XXL = 테크 21 XXL 디스토션 페달. b = 브리지 픽업

"블룸Bloom" 암호: W JAZ = 흰색 재즈마스터 기타. n = 넥 픽업. T7 = 트레블 노브를 7로. OFF↑ = 앞 곡에서 사용된 (엄청나게 시끄러운) XXL 페달을 끌 것

13시 20분. 플랭크와 다른 테크니션들이 라인 검사 — 메인 PA에 연결된 모든 앰프와 마이크가 제대로 작동하는지 검토하는 것 — 를 2시에서 3시로 미루는 문제를 놓고 상의하고 있다. 일정이야 대략 정해져 있지만 워낙 해결할 일이 많기에 자주 뒤로 밀리기가 일쑤다. 그렇지만 오늘 공연에는 사운드 체크를 하지 않을 예정이고(이유는 플랭크도 모른다.), 그러니 라인 검사를 나중에 해도 별 문제는 없을 것이다. 그때 스물여덟 살인 플랭크의 아들이 전화를 걸어 왔다. 화면에 뜬 이름을 보고 플랭크의 얼굴이 환하게 빛난다. "……나한테 전화했다고 미안해할 필요는 없단다, 얘야. 너도 알잖니……."

아들이 어렸을 때 플랭크는 투어에 자주 참가했다. 때로 그것은 가족들에게 매우 힘든 일이다. "아이가 어릴 때는 정말, 아주 힘들죠. 내가 잉베이 맘스틴Yngwie Malmsteen 같은 헤비메탈 투어를 다녔을 때에는 우리 애들이 무척 어렸습니다. 그리고 [그런 투어에는] 결혼해서 애가 있는 사

람이 거의 없어서 파티를 자주 했어요." 그가 말했다. "하지만 애가 있는 가장은 그런 데 끼어서 놀기가 힘들죠. 그래서 나는 혼자서 자주 밖에 나가 돌아다니곤 했지요. 혼자 있는 게 좋았어요." 화가인 플랭크의 부인은 투어에 찾아오는 일이 드물었는데 요즘에는 그를 만나러 자주 온다. 그가 쉬는 날이면 공연장 한쪽에서 만남을 갖기도 한다. "나도 아내가 보고 싶습니다." 그가 말했다. "우린 아주 오래된 사이거든요. 어렸을 때부터 알던 사이였죠."

"투어가 시작되면 눈코 뜰 새 없이 바빠지고 늘 뭐가 어떻게 되고 있는지 파악하고 있어야 합니다. 발동이 걸리려면 시간이 좀 걸리죠. 하지만 한 열흘쯤 지나면 익숙해져요." 그는 말한다. "며칠 지나면 대충 감이 잡힙니다. 언젠가 끝날 거라는 걸 알면 2, 3주일 정도 떨어져 있는 것도 나쁘지 않아요." 나중에 내게 보낸 이메일에서는 이렇게 말했다. "투어 기간은 일주일에서 몇 년에 이르기까지 아주 다양합니다. 주로 비용과 장소에 달려 있죠. 비용과 거리를 고려해 가장 실용적인 방식으로 일정을 짭니다. 투어 규모가 크면 중간에 휴가를 내서 집에 며칠 들를 수도 있어요. 보통 4주일쯤 되면 나 같은 사람도 진저리가 나는데, 그나마 일정표가 있어서 언제 어디로 가는지 아니까 견딜 만하죠."

하지만 투어는 다른 곳에서는 찾아보기 힘든 동지애를 낳는다. "투어를 자주 하다 보면 네다섯 명쯤 되는 사람들과 각별한 사이가 되어 시간도 자주 같이 보내게 됩니다." 플랭크가 말했다. "난 그런 분위기가 좋아요. 서로 농담삼아 틱틱거려도 아무렇지도 않은 사이요. 동료들이랑 같이 지내면서 웃고 떠들고, 그러면서도 할 일은 철저하게 하는 거죠. 이런 일을 하는 사람들은 대부분 심지가 굳고, 무슨 얘기든 할 수 있어요. 음악 장비 말고도 과학이나 자연 풍경, 오토바이, 자동차, 비행기 얘기를 꺼내도 말이 통하죠. 투어에서 제일 재미난 건 며칠 동안 운전을 하는 때죠. 하루 종일 아니면 이틀 내내 캐나다나 미 대륙을 횡단해서 뉴멕시코나 애리조나에 가는 겁니다. 손에는 커다란 시리얼 박스를 들고 우물거리면서 뭐든 입에서 나오는 대로 떠들고, 가끔은 트럭 휴게소에 들러서 쓸모도 없는 물건이나 사고. 그런 게 투어의 참맛입니다. 공연 때문에 받는 스트레스도, 압박감도 없을 때요."

이번 투어에는 총 다섯 대의 버스가 동원되었다. 플랭크와 애덤, 던컨, 사이먼의 백라인 버스와 회계사와 두 명의 판촉 담당이 타고 있는 버스다. "우리 버스는 대체로 조용하면서도 흥겨워요. 대부분 투어를 하면서 친해진 친구들이거든요." 플랭크가 말했다. 때로 그들은 오토바이를 타거나 등산을 하는 등 야외 활동을 함께 즐기기도 한다. 하지만 다른 점이 있다면 다른 사람들은 투어가 끝나면 다른 일감을 찾아 떠나지만 플랭크는 계속 머무르며 밴드를 위해 일한다는 것이다. "내 시간을 거의 다 잡아먹습니다. 장비를 관리하고 녹음에 관여하는 것만으로도 벅차요. 항상 뭔가를 점검하거나 보수해야 하니까요." 그가 말했다. "아니면 새 장비를 사거나 정리를 하기도 하고요." 밴드와 가까운 사이라는 이유 때문에 그는 다른 크루들과 약간 거리를 두게 된다. 다른 크루들은 투어 내내 호텔방을 함께 나눠 쓰는 데 익숙하지만 플랭크는 독방을 쓴다. 가끔은 아예 호텔에 묵지 않을 때도 있다. 가령 암스테르담에서 쾰른으로 왔을 때처럼 야간에 이동을 하다 보면 버스에서 밤을 보내야 하는 일도 드물지 않다. 호텔에 묵지 않을 수도 있다. 세 개의 도시에서 연속 세 번의 공연을 해야 한다면 잠을 희생할 각오를 해야 한다.

기타는 기타 스탠드에서 대기 중이고, 이펙트 페달은 순서대로 배열되어 있다. 플랭크는 기타를 한 대씩 집어 들어 스트랩 뒤에 벨크로로 부착되어 있는 작은 검은색 상자를 찔러 본다. 톰 요크는 기타에 무선 시스템을 사용하는 유일한 밴드 멤버다. 무선 시스템을 사용하면 불편하게 질질 끌리는 전선에서 해방될 수 있다. 널찍한 무대를 끝에서 끝까지 뛰어다녀도 전선이 엉킬 걱정을 하지 않아도 된다. 하지만 덕분에 플랭크에게는 골칫거리가 하나 더 늘었다. 그에게 라이브 공연에서 가장 중요한 순간은 한 곡이 끝날 때마다 요크에게 새 기타를 건네주는 때다. 그러면 짧은 시간이나마 두 기타의 무선 전파가 동시에 방출되고 만약 그가 방금 건네받은 기타의 스위치를 재빨리 *끄지* 않으면 귀에 거슬리는 날카로운 기계음이 비명을 질러댈 것이다. 공연 도중에 그런 일이 일어난다고 생각해 보라. 엄청난 재앙이다. 하지만 플랭크는 시간을 절약할 교묘한 해결책을 생각해 냈다.

그가 만지작거리고 있는 검은 상자는 무선 송신기다. 그것들은 수신기와 똑같이 UHF 주파수를 사용하는데, 수신기는 앰프 뒤에 있다. (수신기에서 이펙트 페달로, 다시 앰프로 전선이 연결되어 있다.) 송신기의 온/오프 스위치는 스트랩에 매어 놓은 작은 걸쇠 뒤에 있는데, 그는 걸쇠를 벗기고 스위치를 켜야 하는 번거로움을 피하기 위해 송신기 위에 약 2.5밀리미터 크기의 구멍을 뚫어 스위치 회로를 노출시켜 놓았다. 이제 어둠 속에서도 볼 수 있게 끝에 밝은색 테이프를 감아 놓은 가는 송곳으로 그 구멍을 살짝 누르면 무선 장치를 손쉽게 끄고 켤 수 있다.

이런 발상을 할 수 있다는 것 자체가 플랭크가 20년 동안 라디오헤드로부터 전폭적인 신임을 받으며 선임 테크니션으로 일할 수 있었던 이유이기도 하다.

최고의 자리에 오르려면 주어진 일을 잘하는 것만으로는 부족하다. 대가가 되고 싶다면 다른 사람들과 '다른' 방식으로 임무를 해낼 수 있어야 한다. 더더욱 감탄스러운 점은 이런 종류의 독창적이고 창의적인 일이야말로 플랭크가 좋아하는 것이라는 사실이다. 그는 평범한 물건들을 고치고 개조하면서 성취감을 맛본다.

이는 별로 놀라운 일도 아니다. 개인적으로든 직업적으로든 성공적인 인비저블은 개인적 보상에서 동기를 얻고 독창적인 해결책을 발견하는 과정을 만끽하기 때문이다.

"맞아요. 난 그런 걸 아주 좋아합니다." 내가 나중에 그 무선 장치에 대해 이야기하자 그는 이렇게 대답했다. "그게 바로 내가 진짜로 관심이 있는 것들이거든요. 난 기타든 뭐든 그런 기계들이 작동하는 법을 알아내고 이걸 어떻게 건드리면 뭐가 어떻게 되는지 알아내는 게 좋습니다. 아이디어를 떠올리고 실천에 옮기는 창의적인 과정이 좋아요. 성능을 더 낮게 만들거나, 원하는 목적에 맞춰 손을 보거나, 아니면 원래 그런 용도는 아니더라도 내가 원하는 기능으로 개조하거나 뭐 그런 거 말입니다."

플랭크는 언제나 '뭐든' 분해하는 것을 즐겼다. "여덟 살 때 어머니가 시계를 갖다 줬는데 그걸 산산이 분해해 버린 기억이 납니다." 그가 말했다. "부품을 순서대로 늘어놓았죠." 그의 창의성은 남들을 돕고자 하는 욕구와 맞닿아 있다. 플랭크는 그저 모든 일이 잘되기를 바랄 뿐이다. 그는 일을 성취하기 위해 더 열심히 노력하고, 그러기 위해서는 사소한 부분까지도 세세하게 신경 쓸 줄 알아야 한다. "쉽게 싫증을 내는 성격이라서요." 그는 말했다. 그리고 그가 따분함을 해결하는 방법은 뭔가를 만드는 것이다.

흥미롭게도 그가 느끼는 자부심은 결과에 기초하지 않는다. 나는 악기나 장비를 부숴 버리는 록 뮤지션들의 전통에 대해 거론하며 그런 일이 생기면 심혈을 기울여 장비를 관리하고 정비하는 사람들은 어떤 기분이 드느냐고 물었다. 라디오헤드는 더 이상 악기나 장비를 망가뜨리지 않지만 몇 년 전만 해도 "톰은 기타 줄을 모조리 잡아 빼 버리거나 그 비슷한 행동을 하곤 했다."고 플랭크는 대답했다. "하지만 그런 것들을 중요하게 생각해 본 적은 없습니다. '이 일을 하느라 하루 종일 고생했는데 망가뜨려 버리다니!' 같은 생각을 해 본 적도 없고요. 기타를 부수고 싶다면, 뭐 어쨌든 그건 그 사람 맘이죠." 그러더니 그는 (1980년대 밴드인) 카트리나 앤드 웨이브스Katrina and the Waves와 일했을 때 있었던 일을 들려주었다. 어느 날 카트리나가 "기타를 산산조각 냈어요. 본체, 넥, 모조리요.

'이제 기타는 꼴도 보기 싫다.'는 투였죠. 그런데 그다음 날에 공연이 있었어요. 스칸디나비아에 있는 놀이공원에서요. 마침 거기 작업장이 있더라고요. 그래서 하루 종일 거기서 나사를 조이고 접착제를 붙이고 핀으로 고정하고 별별 짓을 다 해서 어떻게든 기타를 다시 조립했습니다. 그리곤 공연 때 노래 몇 곡이 끝난 다음에 '하! 내가 고쳤지롱!' 하고 말하듯이 자랑스럽게 기타를 건네 줬죠. 그때 카트리나 표정이 얼마나 가관이었는지!"

익숙하게 장비를 다루는 전문 뮤지션과 작곡가들처럼 톰 요크도 장비에 대한 기본 지식은 어느 정도 갖추고 있겠지만 플랭크가 사용하는 미묘한 요령이나 비책에 대해 알고 있을지는 심히 의심스럽다. 그는 그저 모든 것들이 올바로 작동하고 있다는 것을 알 뿐이다. 사실 검증 전문가와 마취 전문의처럼 플랭크 역시 자신의 임무를 완벽하게 수행할수록 눈에 띄지 않는 투명인간이 된다. 플랭크의 일은 톰 요크가 공연을 하는 동안에는 장비들에 대해 아무 걱정도 할 필요가 없게 만드는 것이다. 만약 그렇게 되면 뭔가 잘못되었다는 표시다. 나는 플랭크에게 물었다. "혹시 밴드가 '잘했어요! 이걸 고쳐 줘서 고마워요……' 같은 말을 한 적이 있나요?" "아뇨. 그런 적은 없죠……." 그는 말꼬리를 흐렸다. 그들은 처음부터 그가 일을 완벽하게 수행하길 기대한다. 마치 환자들이 마취 전문의에게 "날 죽이지 않아서 고마워요."라고 말하지 않는 것과 비슷하다. 아무도 마취의가 수술 도중 환자를 죽게 하리라고는 전혀 의심치 않는다. "그게 우리가 하는 일입니다. 우리가 돈을 받고 하는 일이죠. 가능한 한 최상의 상태로 만드는 거요."(플랭크가 다른 인비저블처럼 '나'가 아니라 '우리'라는 단어를 사용한 데 주목하라. 일에서 완벽함을 추구하면서도 여전히 겸손하다.)

대부분의 사람들과는 달리 자신이 하는 일이 남의 눈에 띄지 않기를 바란다면 당신이 선택할 수 있는 유일한 자세는 겸손함인지도 모른다. 어쨌든 마취의인 멜처 박사가 말했듯이 당신은 절대로 과일바구니를 받지 못할 테니까 말이다.

그리고 물론 그런 태도는 일 자체보다도 더욱 위대하고 중요하다. 그것은 인간들의 상호작용이고 팀 멤버들, 특히 프런트맨과의 관계를 정립하는 방식이다. "나 같은 테크니션과 뮤지션은 아주 독특하고 흥미로운 관계를 맺고 있죠." 플랭크가 말했다. "우리는 그냥 사물을 다루는 게 아니라 인간과 그 사람 성격을 다루는 겁니다. 사람을 읽을 줄 알아야 해요. 사실 무척 어려운 일이긴 합니다만." 그것은 매우 중요한 일이다. "무슨 일이 생겨도 당황해서는 안 됩니다. 그 사람들이 믿을 건 당신밖에 없거든요. 혹여 뭐가 잘못되더라도 무조건 차분하고 자신 있게 보여야 해요."

16시. 나는 플랭크와 함께 무대 한쪽에 있는 기타 스탠드 사이에 편안하게 자리를 잡고 있다. 그때 밴드의 기타리스트인 에드 오브라이언이 전속 테크니션인 애덤과 이야기를 나누며 지나간다. 내 쪽을 흘깃 쳐다보지만 딱히 신경을 쓰는 것 같지는 않다. 갑자기 쥐구멍이라도 있으면 들어가고 싶은 기분이 엄습했다. 지적이고 진지하고 실력도 뛰어나며, 이른바 까칠하고 까다로운* 프런트맨이 있는 라디오헤드는 상당히 폐쇄적인 그룹이다. 그들은 어떻게 하면 언론의 관심을 끌 수 있느냐보다 어떻게 하면 전 세계 열렬한 팬들로부터 그들의 정신적 안정과 사생활을 보호할 수 있느냐에 더 큰 관심을 두고 있다. 플랭크가 오브라이언을 향해 걸어간다. 만약에 그가 플랭크더러 나를 쫓아내라고 하면 어쩌지? 톰 요크도 같은 생각이라면? 들리는 것이라곤 나지막한 웅얼거림뿐이다. 플랭크가 몸짓으로 나를 가리키더니 다시 뭐라고 말을 잇는다. 나는 달리 어찌할 바를 몰라 멋쩍게 웃어 보였다.

이 책에 소개된 인비저블의 세상에 접근하기 위해서는 집요한 끈기와 불굴의 의지를 발휘해야 했다. 하지만 그중에서도 유명 록 밴드의 기타 테크니션만큼 까다로운 상대는 없었다. 라디오헤드 같은 최고의 록 밴드는 철저하게 격리된 거품 속에서 활동한다. 이 글을 기획했을 때 나는 후보 명단을 만들었는데, 먼저 밴드가 아주 유명해야 했고(유명할수록 좋았다.), 뛰어난 음악적 기교로 인정받고 있어야 했으며(인정받을수록 좋았다.), 그리고 이 책을 쓰는 동안 투어를 하고 있어야 했다. 아이러니컬하게도 막다른 골목에 무수히 부딪치고 온갖 뮤지션의 매니저나 홍보 담당에게서 수많은 발뺌과 부조리한 거절을 당한 끝에 마침내 내가 벽을 넘을 수 있었던 밴드는 명단의 1순위에 올라 있던 라디오헤드

---

* 요크는 "어제 나는 깨어나서 끔찍한 맛을 봐야 했지."(Yesterday I woke up sucking a lemon) (「모든 것을 제자리에(Everything in its' right place)」의 가사—옮긴이)라는 노래를 부르는데도 어째 전혀 농담처럼 느껴지지 않는 사람이다.

였다. **그것은 마치 미시건, 코넬, 그리고 오벌린**Oberlin **대학에** 떨어진 후에 하버드 대학에서 입학 통지서가 날아온 것과 비슷한 일이었다. 생각해 보면 여기 퀼른에 찾아올 수 있었던 것만으로도 대단한 성과다. 어쩌면 나는 지금 백라인이라는 금지된 영역에서 욕심을 너무 과하게 부리고 있는 것인지도 모른다. 이곳은 그들만의 은밀한 성소다. 인터넷에 라디오헤드가 사용하는 음악 장비만 전문적으로 다루는 블로그도 있는 판이다. 기타광들에게, 하물며 나 같은 헐렁한 팬에게조차 이건 열세 살짜리 소년이 여자 라커룸에 들어와 있는 것 같은 행운이다.

온몸의 신경을 다해 귀를 쫑긋 세우고 있던 나는 브라이언이 순간 내쪽으로 몸을 틀며 가벼운 영국 억양으로 이렇게 말하는 것을 똑똑히 들었다. "좋아요."

"에드가 당신이 기타 옆에 있는 걸 보고 '대체 저 인간은 누구야?' 하는 표정으로 날 쳐다봤어요." 플랭크가 말했다. 그러나 이 책의 취지를 설명하자 에드는 금세 안심했다고 한다. 플랭크는 그에 관한 책이 나온다고 하자 다른 크루들이 자신을 놀려댄다고도 했다. 하지만 이상하게도 오브라이언은 그와 일하는 기타 테크니션이 책의 주인공이 되리라는 신기한 사실을 알고도 미소조차 띠지 않았다. 이 밴드의 단절된 분위기는—감정적으로나 신체적으로나—언론과 팬들뿐 아니라 크루들에게도 해당되나 보다. 심지어 수십 년 동안 함께 일해 왔고 친숙하고 편안한 녹음실에도 출입하며 멤버들의 사생활에도 관여할 수 있는 플랭크마저 결과적으로는 스태프 중 한 명일 뿐이다.

그전에 나는 플랭크에게 기타가 열두 대나 되는데 공연 중간중간 스트레스를 받으면서 서둘러 튜닝을 다시 하느니 차라리 기타마다 필요한 튜닝을 맞춰 놓고 차례대로 사용하면 되지 않느냐고 물은 적이 있다. 플랭크처럼 모든 일을 체계적으로 하는 사람이라면 그런 수고를 하는 것이 대단히 번거로울 텐데 말이다. 그의 대답은 아주 애매하고 신중했다. 문득 내가 잘못된 질문을 꺼냈다는 사실을 깨달았다. 요크의 일은 플랭크가 일을 하기 쉽거나 편하게 하게 도와주는 것이 아니다. 요크의 일은 뮤지션으로서, 예술가로서, 공연을 하고 연주를 하는 것이다. 그리고 플랭크의 일은 요크가 그렇게 할 수 있도록 옆에서 보조하는 것이다. 만약 요크가 똑같은 기타를 그때마다 다르게 튜닝해서 사용하고 싶어 한다면 플랭크는 그렇게 해 주어야 한다. 그와 라디오헤드 멤버들, 그리고 밴드와 오랜 기간 동안 함께 해 온 크루들은 더 이상 서툴고 어린 소년이 아니라 다 큰 성인이며, 수십 년 동안 서로 친밀한 관계를 유지해 왔다. 플랭크가 해야 하는 역할 중 하나는 친구와 고용주 사이의 흐릿한 경계를 어떻게 항해해야 할지 명확하게 아는 것이다.

'무대 뒤 출입증'이란 잔뜩 흥분된 감정과 떳떳한 권한, 그리고 유명인을 접할 수 있다는 의미를 함축한 단어다. 비록 임시에 지나지 않아도 소수에게만 허용된 세계에 발을 들여놓을 수 있는 티켓이다. 하지만 오늘밤, 나는 그보다도 더 좋은 것을 손에 넣었다. 나는 공연 '스테이지' 위에 있다. 메인 스테이지보다 두 계단 아래 있는 오른쪽 보조단에는 플랭

크와 애덤, 그리고 에드와 콜린, 톰의 장비들이 설치되어 있고 왼쪽 보조
단에는 던컨과 조니의 장비가 배치되어 있다. 우리는 그늘 속에 숨어 관
객들을 내다보고 있다. 내가 아는 한 톰 요크는 내 존재에 대해 알지 못
한다. 그렇지만 오브라이언이 플랭크에게 내가 여기 있어도 좋다고 했으
므로 안심하고 플랭크가 일하는 모습을 지켜볼 수 있었다.

　20시 45분. 오프닝 무대가 끝나고 라디오헤드가 등장하기 직전, 플랭
크가 스테이지 위를 바삐 오간다. 기타를 튕겨 보고 이펙트 페달을 껐다
켜며 점검한다. 나는 플랭크가 기타와 그의 임시 작업장 사이에 있는 이
비좁은 공간을 최대한 자유롭게 사용할 수 있게 도와주려고 애썼다. 그
는 재빨리, 그렇지만 침착하게 모든 기타를 몇 번이고 다시 조정했다. 이
번에는 목이 구부러지는 핀포인트 조명을 낡은 보스 튜너 위에서 이리
저리 조절하더니 내가 있는 곳에서는 보이지 않는 뭔가의 전선을 서둘
러 수리했다. 그게 뭔지 물어볼 생각도 없다. 이제는 말을 걸 겨를도 없
으니까. 플랭크는 콧잔등에 안경을 걸치고는 튜너의 LED 불빛들을 뚫어
지게 쳐다본다. 마지막으로 무선 장비를 점검하고 벨크로가 단단히 채
워져 있는지 스트랩을 두 번씩 확인했다. 그 모습을 보며 나는 영화에서
봤던, 블랙호크에서 강하하기 직전 마지막으로 장비를 점검하는 특수
부대 요원을 떠올렸다.

　21:01 플랭크가 귀에 맞춤형 인이어 모니터(in-ear monitor)를 낀다.
　21:02 관객석의 조명이 꺼진다. 독일 라디오헤드 팬들 2만 명이 함성을 지른다.

21:03 팬들의 환호를 받으며 밴드가 어두컴컴한 스테이지 위에 자리를 잡는다.
21:04 플랭크가 스테이지 위로 걸어 나가 톰 요크에게 기타를 건넨다.

공연이 한창 중인 스테이지 위에서 귀마개를 끼고 있으려니 소리가 그렇게까지 크게 들리지는 않는다. 다만 마치 음파 무기가 발산하는 극저파가 두개골 안에 들어 있는 뇌를 덜그럭거리며 뒤흔들고 있는 것만 같다. 아직 전기가 발명되지도 않은 시대에서 건너온 시간 여행자라면 이런 상황이 얼마나 끔찍하고 공포스러울지 상상해 본다. 이 엄청난 소리와 소음, 어찌나 크고 강력한지 '듣는 것이 아니라 뼛속까지 진동이 느껴지는' 이 소리는 자진해서 즐기는 것치고는 좀 이상하다. 플랭크는 공연장은 진동이 너무 심하기 때문에 현장에서 어쿠스틱 기타를 튜닝하는 것은 거의 불가능하다고 말했다. 그는 음을 들을 필요도 없다. 핀업을 어쿠스틱에 연결하더니 전선을 곧장 튜너에 찔러 넣었다. 샵과 플랫 정도는 구분할 수 있지만 몸체와 현이 너무 많이 울려서 공연 도중에는 튜너가 음을 명확하게 읽기가 어렵다.

플랭크는 불안해하기보다는 무대에 집중하고 있다. 그와 애덤은 거의 무의식적으로 리듬에 맞춰 기계적으로 껌을 씹어 댄다. 서너 곡 연주된 후에야 나는 비로소 플랭크가 처음으로 긴장을 푸는 것을 볼 수 있었다. 그는 밴드를 주시하며 음악에 심취해 있다. 하지만 잠시 후, 몸을 돌리더니 다음 차례가 된 기타를 집어 들고 미세 조정을 시작했다. 기타는 매우 섬세하고 변덕스러운 악기다. 목재와 현이 끊임없이 팽창하거나 수

축하기 때문에 기온과 장력에 따라 지속적으로 조절해 주어야 한다. 현하나를 팽팽하거나 느슨하게 조정하면 기타 전체의 장력에 영향을 끼치고, 그러면 다른 현들도 소리가 변하게 된다. 하나씩 조율하다가 높은 E나 낮은 E에 이르면 처음부터 다시 튜닝을 해야 하는 것이다. 하지만 이 정도 수준까지 튜닝을 반복하다 보면 고작 1센트cent(음정의 단위. 1센트는 반음의 100분의 1 — 옮긴이)가 어긋난다고 해도 무방하다. 이런 튜닝 의식은 실제로 유용하다기보다는 플랭크를 바쁘게 만드는 데 의의가 있는 듯하다.

플랭크는 한 곡이 끝날 때마다 같은 행동을 반복했다. 곡 목록을 들여다보고 다음 기타를 집어든 다음, 현을 조절한 후 전체 세팅을 다시한 번 점검하고, 기타 넥을 움켜쥔 채 곡이 끝나면 곧장 요크에게 건네줄 만반의 태세를 갖춘 채로 무대를 지켜본다. 무선 송신기를 껐다 켜는그의 손놀림은 숙련된 외과 의사와 맞먹을 정도로 신속하고도 정확해서촉각을 곤두세우고 주목하지 않으면 순식간에 놓치기 일쑤다.

앙코르 때가 되자 나는 플랭크에게 내 일반석 표를 이용해 스탠드석에 합류하자고 제안했다. 나는 조심스럽게 스테이지 아래로 뛰어내려, 구렁이마냥 굵은 전선줄이 엉킨 덤불숲을 지나 팬들이 꿈처럼 선망하는백스테이지를 가로질러 아주 약간의 갈망의 대상일 뿐인 스탠딩석으로나아갔다. 나는 그제야 무거운 임무에서 해방되어 평범한 팬처럼 즐거운 마음으로 콘서트를 즐길 수 있었다. 미처 깨닫지는 못했지만 플랭크와 함께 있으면서 그의 스트레스와 치밀함, 충실한 직업 의식을 마치 내 것인 양 받아들이고 있었던 것이다. 밖에서 동경하는 밴드와 엔터테인먼트 세계의 일부가 되는 것은 근사한 일이긴 했지만 직업은 직업이다. 그리고 일을 하는 동안에는, 심지어 그게 당신의 일이 아닐지라도 순수한 팬심을 발휘하기가 힘든 법이다.

톰 요크는 엄청난 히트곡인 「패러노이드 안드로이드Paranoid Android」를 어쿠스틱으로 연주하고 있다. 들썩이는 당김음 구조, 부드러운 어쿠스틱 기타와 폭발적인 전자 기타 반주, 마치 치타가 전속력으로 질주하다 순식간에 방향을 바꾸듯이 예기치 못한 순간 둘 사이를 매끄럽게 오가는 탁월한 기교. 요크가 사용하는 기타에는 A/B 스위치를 지나는 두 개의 '채널' 즉 아웃풋이 있어, 요크가 스위치를 바꾸면 1번 채널에서는 부드러운 파트에서 부르는 원래의 '순수한' 소리가 그대로 흘러 나가고 2번 채널에서는 디스토션 페달을 거친 사운드가 나간다. 그러다 어느 지점에서 요크가 A/B 스위치를 밟아 1번 채널로 넘어갔는데 기타의 왜곡된 소리가 바뀌지 않았다. 나는 일생의 대부분을 기타를 치며 보냈고 20대 때에는 프로로 활동하기도 했다. 록 음악에 대해 빠삭하게 알고 있으며 각종 이펙트 페달과 콘서트에 대해서도 잘 안다. 그렇지만 솔직히 털어놓으면 나는 공연이 끝나고 플랭크가 말해 줄 때까지 그런 실수가 있었다는 사실을 눈치채지 못했다.

"그래요, A/B 스위치가 고장 난 거죠." 그가 한숨을 내쉬었다. "간혹 그런 일이 생깁니다. 안쪽이 닳거나 먼지가 끼어서 지저분해지면 그래요. 내일 분해해서 청소를 해 봐야겠군요. 그래도 안 되면 배전 쪽을 살펴보거나 새로 사야죠." 플랭크는 새 장비를 사야 할지도 모른다는 생각에 다소 낙담한 듯 보였다. 수리가 불가능하다는 사실은 그에게 일종의 패배를 의미한다.

그 말을 듣고 나자, 그 일이 일어난 순간을 상상할 수 있었다. 정말로 있었던 일인지 아니면 일종의 왜곡된 기억인지는 확실치 않지만 말이다. 그 곡이 연주되는 동안 관중들의 열기는 최고조로 타올랐고 공연은 절정에 이르렀다. 솔직히 「안드로이드」처럼 강렬한 노래라면 디스토션이 작동하지 않아도 아무도 눈치채지 못했을 것이다. 또는 설사 그 사실을 눈치 챈 사람이 있더라도 의도적인 일이었다고 생각하리라. 하지만 플랭크와 요크는 순식간에 알아차렸다.

공연이 끝나자마자 99퍼센트의 팬들이 물밀듯이 빠져나갔다. 그날 오전 중에 있었던 준비 과정을 거꾸로 되돌리듯이 몇 분 전까지 수천 명의 팬들이 흥분해서 날뛰던 플로어 위로 스테이지가 밀쳐졌다. 플랭크와 백라인 크루는 곧장 임무에 달려들어 온갖 기기와 장비들을 분해하고 해체해 다시 비행용 운반 케이스에 담기 시작했다. 현지 크루와 일꾼들은 지시를 기다리며 주위를 어정거렸다. 자정 무렵이 되자 대부분의 케이스가 꾸려졌고, 플랭크는 일꾼들에게 각각의 상자를 어떤 트럭에 가져다 실어야 하는지 지시하기 시작했다.

백라인 상자들이 추운 차고에서 대기 중인 트레일러 18대에 차곡차곡 실리기 시작했다. 어떤 짐이 어디로 가야 하는지를 알려 주는 플랭크의 정리 체계 기호가 상자의 앞쪽에 그려져 있었다. 나는 그의 호의 덕분에 트럭 안에 들어갈 수 있었다. "데이비드! 빨간색 상자 옆에 서 있어요!" 플랭크가 외쳤다. "움직이지 말고! 그럼 안 다칠 테니까!" 나는 실시간으로 진행되는 3D 테트리스 게임 안에 있었다. 경사로를 타고 트럭에 들어온 운반용 케이스가 무시무시한 굉음을 내며 내 옆을 스쳐 지나간다. 현지 크루들은 짐 싣는 규칙을 모른다. 이런 일을 날마다 하는 것도 아니고 몇 달 전에 다른 대륙에서 있었던 끔찍한 사고에 대해서도 모른다. 그들은 끊임없이 거대한 상자들을 밀어 올렸고, 비교적 작은 트렁크만 한 짐들은 무심한 열의를 발휘해 아무렇게나 다뤘다. 왠지 점점 무서워지기 시작했다. 스스스스스스 쾅! 스스스스스스 쾅! 경사로를 지나 정해진 구역으로, 상자들이 번개 같은 속도로 내 주변에 쌓이기 시작했다. 미친 듯이 달아오른 분위기 속에서 내가 세상에서 두 번째로 무서워하는 악몽 속에 들어와 있다는 사실을 깨달았다. 조금만 있으면 나는 이 안에 갇히게 될 터였다. 나는 테트리스를 할 때마다 사람들이 이를 가는 공간 안에 있었다. 한 줄을 없애야 하는데 딱 한 칸이 비어서 어쩔 수가 없는 거기 말이다. 하지만 트럭 안에서 이곳은 내가 매달릴 수 있는 유일한 구원지이기도 했다. 모든 일이 너무나도 빨리, 그리고 시끄럽게 일어나고 있었다. 크고 육중한 상자들은 무시무시할 만큼 신속하게 움직였고, 게슴츠레한 눈을 가진 서툰 인부들은 어서 빨리 이 일을 끝내고 따뜻한 곳에서 몸을 녹이고 싶은 듯 보였다. 나는 이 테트리스 게임에 참가하라는 플랭크의 제안을 받아들인 것이 엄청난 실수는 아니었는지 의심스러워지기 시작했다. 상자들이 계속해서 내 주위로 높이 쌓여 간다. 마침내 내가 갇혀 있다는 사실을 알아챈 플랭크가 말을 입 밖으로 내지도 않고 상자 몇 개를 들어 내라고 신속하게 지시했다. 나는 바닥에 납작한 오징어가 되어 들러붙는 최악의 공포가 현실이 되기 전에 재빨리 트럭에서 뛰어내렸다.

플랭크의 체계적인 명단과 도식 체계는 단순히 짐 정리를 효율적으로 하기 위한 것이 아니다. 그는 국경을 넘을 때 세관을 무사히 통과할 수 있도록 장비 목록을 작성하는 책임을 지고 있다. "목록을 작성하는 건 힘든 일입니다. 세관에서는 목록을 죽 훑어보다가 갑자기 하나를 딱 찍어서는 그걸 보여 달라고 하거든요. 아니면 상자를 연 다음 '목록에 있는 이걸 보여 주시오.'라고 할 때도 있죠." 이처럼 전체적인 장비 운송을 책임지고 있으면서도 플랭크는 이곳저곳을 기웃거리며 짐을 나르는 것을 도와주지 않고서는 못 배기는 습관을 가지고 있다. 몇몇 크루들이 현지 일꾼들에게 특정 상자가 어디로 가야 하는지 지시를 내리는 데 그친다면 플랭크는 짐칸에 올라가 그들과 '함께' 상자를 밀고 당긴다. 그가 현장의 세세한 점까지 일일이 간섭하기 때문이 아니다. 그저 그들을 도와주고 싶기 때문이다. 두 시간 남짓한 공연 내내 신경을 곤두세우고 있었던 플랭크가 말한다. "더 이상 몸 쓰는 일은 잘 안 하지만 트럭에 짐을 싣다 보면 몸을 움직이는 것만으로도 긴장이 풀립니다." 그렇게 많은 양의 일을 하면서도 별 불평이 없다니 나로서는 신기할 따름이다. 날이 추운지라 나는 보온용 셔츠에 검은색 후드, 거기에 얇은 군용 재킷까지 걸

쳤건만 플랭크는 티셔츠 한 장만 걸친 채 땀을 뻘뻘 흘리고 있다. 정말로 몸을 움직이는 걸 좋아하나 보다.

전에 플랭크에게 다른 크루들이 그를 어떻게 대하는지 물어본 적이 있다. 일단 밴드와 워낙 오래 일한데다 측근들 중에서도 가장 친밀하고 신망이 두터울 테니 말이다. 그러자 그는 "별로 생각해 본 적 없는데요."라고 대답했다. 겸손한 척을 하는 게 아니다. 그는 팬들의 눈에 보이지 않는 것은 물론이요, 크루들 세계에조차 녹아들고 싶어 한다. 라디오헤드와 일하던 초창기, 지금보다 훨씬 적은 인원으로 훨씬 많은 일을 해야 했던 당시에 능력을 입증하지 못했다면 그는 지금처럼 대규모 인력을 관리하는 자리를 얻지 못했을 것이다. 그가 현재의 자리로 승진한 것이 아니다. 그가 하는 일이 그가 감당할 수 있는 책임의 규모에 맞춰 성장한 것이다. 플랭크는 자신이 얼마나 많은 일을 해야 하든 개의치 않는다. 어쨌든 그는 가장 고참 크루이기 때문이다. 플랭크가 지금과 같이 될수 있었던 것은 모든 일에 세심하고 지극한 주의를 기울였기 때문이다. 앞서 언급한 바 있는 코넬 경제대학원 교수인 스티븐 소어는 인비저블의 세 가지 특성 중 타인의 인정이나 관심을 추구하지 않는 첫 번째 특성이 "'5단계 리더십'이라고 불리는 리더십 개념"과 일치한다고 말했다. 그것은 전 스탠포드 경영대학원 교수이자 『좋은 기업을 넘어 위대한 기업으로*Good to Great*』와 『성공하는 기업의 8가지 습관*Built or Last*』 등 수많은 경제경영 베스트셀러의 저자인 짐 콜린스*Jim Collins*가 제시한 이론이다. 콜린스의 견해에 따르면 경영인의 가장 높은 단계인 5단계에 이른 사람들은

"개인적으로는 겸허한 성격과 직업적으로는 강인한 의지라는 다소 모순적인 특성"을 갖추고 있다. 콜린스는 그의 저작에서 5단계 리더들이 "자기 개인보다 회사와 '업무', 대의에 대해 강하고 열성적이며 다소 강박적일 정도의 포부"를 가지고 있다고 지적했다. 한편 소어는 콜린스의 견해를 지지하는 일련의 학자들이 "변혁적 리더십"이라는 개념에 대한 실증적 연구를 진행 중이라고 덧붙였다.

1994년 즈음 플랭크의 표현에 따르면 라디오헤드가 그들의 첫 "아폴로급 투어"를 했을 당시 플랭크는 라디오헤드로부터 프로덕션 매니저가 되어 주지 않겠냐는 제안을 받았다. 그것은 엄청난 제안이었다. 한동안 그는 프로덕션 매니저로 일하면서 기타를 관리했는데 얼마 후 자신이 과도한 업무 때문에 "지쳐가고 있음"을 깨달았다. "선택을 해야 했죠." 그는 말했다. 선택은 별로 어렵지 않았다. "내가 잘 알고 좋아하는 분야는 바로 기타와 장비였습니다." 실제로 플랭크는 5단계 리더의 모든 특성을 갖추고 있지만, 일부 경영대학원 교수들에게는 아쉬울지 몰라도 자신이 좋아하는 일에 몰두하기 위해 직위를 포기하고 밑으로 내려왔다. 우리는 대중의 조명과 각광을 받는 일이 대단한 명예라고 생각한다. 하지만 플랭크는 자신이 그러한 사람에 해당되지 않음을 알고 있다. 낮은 곳에서 일한다고 해서 일 전체에서 당신이 차지하는 비중이 줄어드는 것은 아니다. 당신의 입지가 축소되는 것도 아니다. 플랭크는 남들의 인정이나 '발전'에만 집중한다면 자기 자신이 만족할 만한 성취감을 얻지 못하리라는 것도 안다. 그가 원하는 자부심과 보상은 일 자체에 대한 헌신과 전문적인 노력에서 기인한다.

이번 여행을 하기 전에 나는 공연이 진행되는 동안 플랭크와 함께 스테이지에 있는 것이야말로 최고의 경험이 될 것이라고 생각했다. 나는 성인이 된 이후 줄곧 라디오헤드의 열렬한 팬이었고, 20년 전이나 지금이나 「OK 컴퓨터OK Computer」나 「더 벤트」 같은 음반을 듣고 있으면 뭔가가 울컥 치밀곤 한다. 그들은 내 영웅이다. 짧은 시간이나마 밴드와 같이 시간을 보내고 그들의 인기를 실감하며 무대 뒤에서 콘서트를 내다보는 기분은 말로 형용하기 힘들 정도로 최고다. 그런데도 내가 이 여행에서 가장 즐거운 시간을 보내고 열렬히 몰두했던 때는 플랭크가 소임을 다하는 모습을 지켜보던 그날 오후였다.

겸손함과 자부심의 조화

"나는 탁월함을 추구합니다.
완벽함을 추구하는 과정이야말로 내가 받는 보상이죠."

수백 킬로미터의 해안을 따라 뻗어 있는 통가스 국립 삼림지^{Tongass} National Forest는 수천 개의 섬과 안개에 뒤덮인 피오르드, 그리고 알래스카 남동쪽의 고지대 목초지를 넓게 아우른다. 이곳은 지구상에서 가장 넓은 온대 다우림으로 연간 약 600센티미터 이상의 강우량을 기록한다. 주요 수목으로는 거대한 솔송나무와 삼나무를 들 수 있는데, 통가스 삼림지에서 가장 웅장한 자태를 자랑하는 것은 가문비나무의 일종인 시트카 스프루스^{Sitka Spruce}다. 시트카 가문비나무는 키가 거의 60미터에 이르고 700살 이상 살 수 있으며, 매우 독특한 특성을 지니고 있다. 춥고 안개가 자욱하며 강우량이 많은 통가스의 기후는 수목의 성장을 늦추기 때문에 유난히 깨끗하고 촘촘한 나이테가 새겨진다. 또 가문비나무는 섬유질의 형태가 길고 고르며 중량 대 강도가 현저하게 높다. 바로 이런 속성 덕분에 가문비나무는 규모는 비교적 작을망정 그 영향력과 인지도는 매우 높은 산업 분야에서 높은 평가를 받고 있다. 바로 뛰어난 '소리 공명' 때문이다. 깁슨, 테일러Taylor, 마틴 같은 회사들도 기타 제작에 오래도록 이 나무를 이용해 왔지만, 시트카와 가장 깊고 밀접한 관계를 맺고 있는 기업은 역시 160년 전통을 자랑하는 피아노계의 명가 스타인웨이Steinway일 것이다.

이들의 최고 걸작이라 할 수 있는 스타인웨이 D 피아노는 전 세계 주요 연주회장의 90퍼센트 이상에서 사용된다. 345파운드(약 156킬로그램) 무게의 강판과 현, 그 외 자잘한 부품을 제외하고 피아노의 85퍼센트는 목재로 구성된다. 측면의 우아한 곡선은 단단한 단풍나무판을 휘어 만든 것이다. 하지만 피아노의 진정한 진수는 27파운드(약 12킬로그램)밖에 되지 않는 공명판이다. 오직 시트카 가문비나무로만 만들어지는 이 공명판은 피아노 소리가 전체 오케스트라의 소리를 뚫고 우리의 귀에 닿을 수 있게 해 준다. 스타인웨이 D는 매년 130대가량 제작되는데 일류 연주홀에서 권고하는 가장 이상적인 수명은 10년에서 12년 정도다. 하지만 피츠버그 교향악단Pittsburgh Symphony Orchestra, PSO의 고향인 하인즈 홀 Heinz Hall에서는 스타인웨이 D를 벌써 13년째 쓰고 있다.

2월의 한 수요일 오후, 하인즈 홀 백스테이지. PSO의 피아노 조율사인 피터 스텀프Peter Stumpf가 금요일 공연에 대비해 '악기'를 조율하고 있다. 플랭크와 마찬가지로 음악을 연주하는 '프런트맨' 뒤에 숨어 있는 스텀프는 어쩌면 플랭크보다도 더욱 관객들에게 간과되는 존재다. 교향악단의 연주회에 가는 사람들은 연주자의 솜씨에 감탄한다. 어쩌면 연주회장의 구조와 음향 효과를 칭찬할지도 모른다. 악기 자체의 뛰어남을 떠올릴 수도 있다. 하지만 그 특별한 공연과 공간을 위해 며칠 내내 피아노를 조율하고 조정한 조율사가 없었다면 그토록 아름다운 소리는 나지 않을 것이다.

나는 이 책에 음악계의 프런트맨 뒤에서 일하는 인비저블을 두 명이나 포함시켰다. 크게 보면 비슷한 일을 하고 있지만 세부적인 환경과 업무 요인에서는 엄청나게 큰 차이가 있기 때문이다. 이들은 사실 검증 전문가와 마취 전문의만큼이나 멀리 떨어져 있다. 간단히 말하자면 아주, 아주 많이 다르단 얘기다. 숱한 기타와 온갖 전자 장비들을 항시 관리 및 유지해야 하는 플랭크와 달리 스텀프가 하는 일은 연주회에 사용되는 악기 한 대를 관리하는 것뿐이다. 그리고 플랭크가 연주자가 연주를 하는 내내 옆에서 대기하며 동시통역사인 줄리아 윌킨스 아리처럼 팽팽한 긴장 상태를 유지해야 한다면 스텀프는 넉넉한 사전 준비 시간을 활용하되 조명이 꺼지기 전에 무조건 모든 일을 끝마쳐야 한다. 혹여 공연 도중 뭔가가 잘못된다면 그때는 너무 늦은 것이다. 이처럼 일의 종류가 다르고 월드 투어를 하는 록 밴드와 고루한 클래식 교향악단이라는 대조적인 환경에서 일하고 있지만 플랭크와 스텀프는 둘 다 능숙한 기술자이며, 컴퓨터 자판을 두드리는 것 말고도 손으로 다른 일 하는 것을 좋아하는 장인들이다. 그리고 무엇보다 그들은 다른 인비저블과 더불어 중요한 공통된 특성을 갖추고 있다.

스텀프의 일은 깊고 풍부한 이론적 지식을 창의적으로 응용하는 것이다. 그것은 데이비드 애펠이 화학 및 후각적 지식을 향수 조제라는 예술적 행위의 시발점으로 삼는 것과 같다. 거장의 수준에서 스타인웨이 콘서트 그랜드피아노 D 같은 정교하고 섬세한 악기를 전체적으로 조정하고 튜닝하는 것은 그것을 '조화롭게' 만드는 것이다. 그리고 스텀프 같은 고수에게 '조화'란 고정된 관념을 의미하지 않는다. 콘서트용 그랜드 피아노는 거대하고 웅장한 악기다. 길이는 3미터에 육박하고 무게는 거의 500킬로그램이나 나가며 그 이미지는 '영속성'이다. 하지만 스텀프에게 피아노는 자유롭게 조절하고 변형할 수 있는 것이다. 자동차 개조 전문가의 눈에 비치는 주차된 자동차처럼, 해커들이 보는 컴퓨터 프로그램 코드처럼, 피아노는 그의 창조적인 비전을 거쳐 필요에 따라 변형되고 수정된다.

그것이 바로 스텀프가 하는 일이다. 그는 청바지에 흰색의 긴팔 티셔츠, 그리고 소매를 걷어 붙인 푸른색 줄무늬 남방을 걸치고 있다. 하얀 염소수염에 안경을 썼고, 얼굴과 머리 스타일은 머리숱이 좀 많을 뿐 배우 에드 해리스[Ed Harris]를 약간 닮았다. 그는 피아노 안쪽에 손을 넣어 손수 만든 도구로 — 놋쇠 덩어리 끝에 날카로운 바늘이 튀어 나와 있어 마치 빅토리아 시대의 고문 도구를 연상시키는 — 양모 펠트로 만들어진 해머[hammer]를 콕콕 찔러 대고 있다. 이런 식으로 피아노의 음색과 톤을 조절하는 것이다. 기타나 다른 현악기는 시간이 지날수록 소리가 그

으해지지만 피아노는 현이 오래되어 낡으면 소리가 오히려 가벼워진다. 시간이 지나면서 현을 두드리는 해머의 펠트 부분이 반복된 접촉으로 인해 응축되고 단단해져 소리가 가벼워지는 것이다. 펠트가 지나치게 딱딱해지면 톤이 가벼워진 나머지 까슬하고 불쾌한 소리가 날 수도 있다. "자기 전에 베개를 팡팡 쳐서 푹신하게 만드는 거랑 비슷합니다. 그게 지금 내가 하는 일이죠." 스텀프는 계속 해머를 찌르면서 말한다. "이러면 가벼운 톤이 사라집니다. 하지만 아주 조심스럽게 해야 해요. 잘못하면 펠트가 망가지니까요." 88개의 피아노 건반 중 대다수와 그에 상응하는 해머들은 각각 세 개의 현을 타현하기 때문에 스텀프는 해머가 마음에 드는 톤을 만들어 낼 때까지 하나, 둘, 혹은 세 지점을 모두 손본다. 이는 각고의 수고가 필요한 과정일 뿐만 아니라 다른 수많은 조율 과정처럼 숙련된 손과 귀가 필요하다.

만약에 현이 끊어지기라도 한다면, 특히 연주회 직전에, 그는 다시 묶어서 유지하는 편을 선호한다. 비록 그 방법이 성공하는 경우는 90퍼센트 정도에 불과하지만 말이다. 하지만 현을 새것으로 바꾸면 새 현은 낡은 현과 톤이 현저하게 다르기 때문에 수많은 해머들을 거기에 맞춰 재조정해야 한다. 관객들이 이미 자리에 앉아서 기다리고 있다면 어떤 옵션이든 달갑지 않기는 마찬가지다. "이 일을 하려면 배짱이 있어야 합니다." 스텀프는 말한다. "사실이든 아니든 나는 내가 오케스트라 단원들만큼이나 내 일을 잘한다고 믿습니다. 이건 내 일이니까요. 자기 능력에 대한 확신이 있어야 해요. 이 가방만 있으면……" 그는 피아노 위에 놓여 있는, 다양한 연장으로 채워진 가죽가방을 토닥인다. "슈퍼맨이라도 된 것처럼 느껴지죠." 잘난 체 하는 것이 아니다. 그는 다만 능력에 걸맞은 자부심과 자신감을 갖고 있을 뿐이다.

피츠버그 교향악단의 명성은 이 도시의 소박한 인구(중심 지구가 전국 22위)와 미흡한 사회경제적 영향력을 가볍게 초월한다. 이곳 공항에 내렸을 때 당신을 가장 먼저 맞이하는 대형 표지판은 '하인즈 케첩의 고향'이다. 누가 이곳 주민들이 돈을 벌고 생계를 유지할 수 있게 해 주는지 — 여기요! 케첩 좀 주세요! — 알 만한 대목이다. 피츠버그 교향악단은 하인즈 사와 그 외 다른 단체들의 일곱 자리에 달하는 후원금 덕분에 그 명성을 유지하기에 부족함 없는 역량을 보유하게 되었다. 세계 최고 교향악단 중 하나의 본거지인 빈의 무지크페라인 홀Musikverein Hall에 상주 오케스트라로 초청받았을 때 빈의 한 클래식 음악 비평가는 기사에서 이렇게 말했다. "오직 최고의 교향악단만이 이런 영광을 얻습니다. 그러므로 그들[PSO]은 세계 최고의 교향악단 중 하나라고 할 수 있지요." 이 같은 명성에는 유명한 스타 연주가들의 방문과 그들의 명성에 어울리는 훌륭한 악기에 대한 기대감이 뒤따른다.

내가 여기 도착한 지는 얼마 되지 않았지만 연주회장은 벌써부터 얼마 후에 있을 연주회에 대한 기대감으로 충만하다. 전국적 명성을 지닌 PSO도 요즘에는 전국의 수많은 교향악단과 마찬가지로 생존을 위해 발버둥치고 있는데 이번 연주회가 매진을 기록한 것이다. 내 옆을 지

나는 스태프들이 희망에 부푼 대화를 나눈다. 나와 인사를 나눈 하인
즈 홀 이사진 중 한 명은 얼마나 들떠 있는지 금방이라도 하늘로 날아
갈 것 같았다. 스텀프의 고객 중 한 명은 제발 표를 구해 달라고 졸라 대
고 있었다. 이번 연주회 시리즈가 매진된 이유는 인기 있는 프로그램을
기획한 이유도 있지만 ─ 거창한 라흐마니노프^{Rachmaninoff}와 무소륵스키
^{Mussorgsky}의 작품들 ─ 무엇보다 초청된 피아니스트 때문이다. 러시아 음
악계의 총아인 38세의 데니스 마추예프^{Denis Matsuev}가 연주를 할 예정이었
다. '시베리아 곰'이라는 별명을 가진 마추예프는 키가 190센티미터가 넘
는 우람한 사내로 "힘과 에너지가 넘치는 정력적인 피아니스트"였다. "그
사람은 한 번도 본 적 없는 방식으로 피아노를 치죠." 스텀프가 말했다.
"난 사람이 손가락만으로도 그렇게 할 수 있다는 걸 처음 알았어요. 일
년 전에 여기서 연주를 한 적이 있는데 무대를 부수는 줄 알았다는 농
담까지 돌았을 정도라니까요. 그 정도로 파워가 탁월합니다." 그러나 솜
씨 좋은 NFL 선수처럼 마추예프의 진정한 장점은 힘이나 체력이 아니라
정교함과 노련미에 있다. 수상 경력은 일일이 읊을 수도 없을 만큼 화려
하고 ─ 그중에는 23세에 국제 차이콥스키 콩쿠르에서 우승한 것도 포
함된다. ─ 세계 유수의 교향악단과 함께 연주해 왔다. 《로스앤젤레스 타
임스^{Los Angeles Times}》의 한 필자는 그가 "북쪽에서, 아니 아마 세계를 통틀
어 가장 빠른 손을 지닌 인물"일 것이라고 평했다. 그러나 시베리아 곰의
힘과 이번 콘서트에 연주할 격렬한 음악 때문에 스텀프는 유난히 신중
한 주의를 기울여 피아노를 조율하고 있다. 그러기 위해서는 그가 이제

껏 쌓아 온 경험과 능력을 백분 발휘해야 할 것이다. "누가 이번에는 왜 이렇게 일을 오래 하느냐고 묻더군요." 스텀프가 말했다. "그래서 곰한테 대비해야 한다고 대답했죠!"

어렸을 때 가끔씩, 아마도 우리 부모님이 생각날 때면, 한 남자가 찾아와 집에 있는 작은 그랜드피아노를 손보곤 하던 일이 떠올랐다. 하지만 현의 장력을 조절해 음을 맞추는 튜닝은 피아노를 관리하는 한 가지 방법일 뿐이다. 피아노, 특히 최상급 연주자가 연주하는 피아노는 스텀프가 방금 한 것처럼 각각의 부품을 물리적으로 만져 줘야 할 뿐만 아니라 정기적으로 기계 장치를 관리하고 보수해야 한다. 스텀프의 말에 따르면 피아노 건반 하나당 조율할 수 있는 요소가 서른 내지 서른다섯 가지나 있다고 한다. 무엇을 어떻게 손볼지 결정하고 그것을 실행에 옮기는 것은 과학과 예술, 기술의 결합이다. 비록 서른다섯 가지 요소를 전부 손대지는 않더라도 이처럼 오랫동안 수명을 유지하며 훌륭한 소리를 내는 악기를 최상의 상태로 유지하려면 스텀프는 보다 적극적으로 행동해야 한다.

"데이브, 잠시만 옆으로 비켜 있어요." 스텀프가 말했다. 그는 피아노 건반 양쪽 옆에 있는 판을 들어내 옆에 세워 두고는 재빨리, 하지만 부드러운 동작으로 안쪽에 있는 액션action(각종 레버와 해머가 붙어 있는 전체 건반 판)을 끄집어내 작업대 위에 올려놓았다. 피아노 외장 밖으로 나온 섬세한 기계 내장을 보고 있으려니 외과 수술을 보는 것 같은 메스

꺼움이 올라왔다. 실제로 스텀프도 이를 의료 상황에 비유했다. "절대로, 다시 강조하지만 절대로, 액션을 떨어뜨리면 안 됩니다. 그건 산부인과 의사가 신생아를 받다가 바닥에 떨어뜨리는 것과 똑같아요. 그런 일이 생기면 절대로 안 됩니다." (나중에 나는 피아노 조율사들이 피아노 액션을 꺼내는 동영상을 몇 개 찾아봤다. 그들은 아주 힘겨워 보였고 다소 서툴렀으며 안절부절못하는 것 같았다. 그런 다음 나는 전에 찍어 놓았던 스텀프의 영상을 틀어 보았다. 내 기억 속과 마찬가지로 그의 동작은 물 흐르듯 거침없었고 무한한 집중력을 발휘하되 침착하고 편안해 보였다. 탁월한 운동선수가 극도로 어려운 동작을 손쉽게 해내듯이 스텀프도 다른 인비저블처럼 보기 드문 전문성을 갖추고 있다.)

스텀프는 해머의 옆면에 거친 사포 조각을 조심스럽게 문지르며 조금씩 아래쪽으로 내려간다. 해머는 원래 고른 타원형이지만 지속적으로 사용하다 보면 점점 평평해져서 현과 접촉하는 부분에 홈이 생긴다. 스텀프는 그때마다 조금씩 펠트를 뜯어 내지만 그러면 해머의 수명 또한 단축된다. 어쨌든 최상의 연주를 위해 해머의 모양을 가다듬는 것은 필수적인 과정이다. "해머가 현을 두드리는 지점이 너무 넓으면 소리가 달라집니다. 특히 피아니시모[약하게]를 칠 때 티가 확 나죠." 그가 설명했다. "약하게 연주할 때는 현에 쪽 하고 살짝 키스를 하는 것처럼 닿아야 합니다. 딱 한 부분만 자극하는 거죠. 해머가 닿는 부분이 너무 넓으면 소리에 간섭이 일어나거나 왜곡이 발생해서 소리가 망가집니다. 또 반대로 너무 좁으면 접촉이 충분하지 못하고요. 적절한 음색을 뽑아 내려면 달

인비저블

갈처럼 고르게 다듬어야 하죠."

해머의 형태를 다듬는 것 같은 몇몇 과정은 전 세계 피아노 조율사들이 공통적으로 하는 일이지만 스텀프가 특정 연주자나 음악에 맞춰 악기를 특별히 조율하는 준비 작업은 거의 예술의 영역에 가깝다. "내가 하는 모든 일이 사실상 표준 절차와는 거의 어긋나 있다고 보면 됩니다." 그는 말한다. "예를 들어 스타인웨이의 해머는 보통 내가 원하는 것보다 살짝 높은 곳에 있어요. 내가 해머의 높이를 낮추는 건 충분한 '타격 거리'를 주기 위해서고요. 그렇게 하면 연주자가 힘의 강약을 좀 더 자유롭게 조절할 수 있거든요." 스텀프가 설명했다. 당신이 누군가에게 주먹질을 한다고 상상해 보자. 상대방의 얼굴에서 주먹이 겨우 10센티미터 떨어져 있을 때보다 거리에 더 여유가 있을 때 당신이 발휘할 수 있는 힘과 통제력은 늘어난다. 스텀프가 해머의 위치를 낮게 조정하는 것도 그와 같은 이치다. 라흐마니노프의 피아노 협주곡 2번은 아주 인기 있는 곡이고, 스텀프는 마추예프와 같은 유명 피아니스트가 재능을 십분 발휘할 수 있는 미세한 공간과 여유를 제공함으로써 실질적으로 연주자가 마법을 부릴 수 있는 토대를 마련해 준다.

하지만 그렇다고 너무 멀리 가게 만들지는 않도록 늘 주의해야 한다. "이러면 해머가 현에 닿기까지의 시간이 아주 미세하게 늘어납니다." 그가 말한다. "연주자들이 악기에 미리 익숙해져야 하는 게 이런 이유 때문이에요. 이번에는 평소보다 건반을 살짝 일찍 눌러야 할 겁니다. 손가락이 건반을 누른 순간부터 소리가 날 때까지 약간의 시간차가 있을 테니까요. 한 천분의 몇 초 정도 정도긴 하지만요. 원래 스타인웨이에도 시간차는 있는데 내가 방금 그걸 조금 늘렸거든요." 스텀프는 말한다. 연주자들은 대부분 준비 운동을 할 때 "악기에 적응합니다. 손가락을 통해서 그 미묘한 차이를 금세 알아차리죠."

피아노의 작동 원리에는 간단한 물리학이 큰 역할을 한다. 만약 당신이 건반을 아주 살며시, 조심스럽게 누른다고 치자. 그러면 해머는 현을 치지 못한다. 심지어 건반을 끝까지 모두 누르더라도 말이다. 이는 "해머 접근^{let off}(해머가 앞으로 진행하다 적당한 거리에서 되돌림하는 것 — 옮긴이)"이라는 것 때문인데, 스텀프가 지금 건반을 하나하나 눌러 가며 해머가 잭^{jack}의 영향에서 벗어나 관성에 따라 움직이는 지점을 확인하는 것이다. 해머가 끝까지 움직이려면 어느 한도 이상의 기본 속도가 필요하다. "해머 접근이 현에 너무 가까우면 문제가 생길 수 있습니다. 최악은 현을 타격하는 데도 되돌림하지 않고 계속 위로 움직이는 거죠. 그렇게 되면 타현과 댐퍼^{damper}가 동시에 작동하게 되니까요."

스텀프는 이번 연주회에 가장 알맞다고 여기는 최적의 세팅과 그 방식에 맞춰 피아노를 조율해 나간다. 이런 조정을 할 때면 마치 도미노를 하듯이 하나가 바뀌면 다른 요인들도 순차적인 영향을 받는다. 가령 해머 접근은 건반이 떨어지는 속도에 영향을 주고, 펠트 표면을 정리하면 해머의 높이가 낮아지는 식이다. "나는 규칙을 깨트리는 사람입니다." 스텀프가 말한다. "그때그때 사정에 맞춰 조절하는 것을 좋아하죠. 어쨌든 중요한 것은 내가 원하는 게 뭔지 정확히 알아야 한다는 겁니다."

해머 조정이 끝난 후, 스텀프는 아무렇게나 건반을 두드리기 시작한다. 마치 내 두 살짜리 아들내미가 장난감 피아노를 가지고 노는 것 같다. 어찌나 공격적으로 건반을 쾅쾅거리는지 보는 내가 겁이 날 정도다. "내가 얼마나 건반을 세게 치고 있는지 보이죠?" 그는 다시 힘껏 피아노를 내리치며 말한다. "가정집을 방문하는 조율사들은 이런 식으로 피아노를 치지 않아요. 하지만 내가 지금 이렇게 '세게' 두드리지 않는다면……." 그는 '세게 두드린다'는 단어가 대문자로 느껴질 정도로 힘껏 건반을 유린한다. "나중에 곰이 피아노를 칠 때 음이 흐트러질지도 모르거든요." 그는 피아노 내부에 있는 무수한 금속 조율핀으로 내 관심을 돌렸다. "내가 이 핀을 돌리면 와이어가 팽팽해집니다. 하지만 팽팽해지는 건 대개 와이어의 앞부분이죠. 여기 이 조율핀에서 끝에 있는 아그라프 agraffe까지요. 그러면 거기서 압력을 풀어 줘야 하는데, 가장 좋은 방법이 이렇게 충격을 주는 겁니다."

언젠가 연주회 도중 음이 튄 적이 있다. "브람스의 피아노 협주곡 작품 번호 15번 D단조였죠. C#5 화음의 끝부분이 어긋나면서 연주가 흐트러졌어요." 그는 자신이 겪었던 전투를 설명하는 병사처럼 말한다. "나는 그때 네 번째 줄에 앉아 있었는데, 당장 무대 위로 올라가 그걸 고치게 15초만 준다면 100달러라도 더 냈을 겁니다. 심하게 티가 날 정도는 아니었지만 내 귀에는 분명히 들렸어요."

스텀프의 일에는 침착하고 평온한 마음가짐이 필수이고 교향악단은 그에 걸맞게 조용하고 차분한 공간이지만, 나는 스텀프도 줄리아 윌킨스 아리처럼 일종의 아드레날린 중독자라는 사실을 알아차렸다. 완벽한 소리를 얻기 위해 자신이 '해야 할' 일을 한계까지 밀어붙이는 부분을 이야기할 때면 그의 눈이 번득이곤 했다. 스텀프는 곰이 라흐마니노프를 발코니석 마지막 줄까지 들리도록 건반을 두드리는 모습을 상상하며 악기를 만졌다. 그리고 윌킨스 아리처럼, 그 역시 극도의 집중력과 엔돌핀의 시너지 작용을 통한 칙센트미하이의 몰입을 경험했다. 후에 그 현상에 대한 이야기가 나오자 그는 이렇게 말했다. "연주회를 준비하는 조율 작업이라든가 정기 점검처럼 솜씨를 극도로 발휘해야 하는 지루한 일을 할 때 자주 발생하죠. 꼭 시간이 멈춘 것 같은 느낌이에요. 아무 생각도 안 나고요. 한번은 열 시간 동안 먹지도 마시지도 않고 일을 한 적이 있는데 전화가 울리는 것도 못 들었어요. 나는 탁월함을 추구합니다. 내가 얼마나 오래 일하는지는 아무도 모를걸요. 하지만 상관없어요. 완벽함을 추구하는 과정이야말로 내가 받는 보상이니까요."

이처럼 정밀한 작업에 열정적으로 임하는 스텀프를 보면 꼼꼼함에 대한 그의 집착은 타고난 것처럼 보인다. 하지만 그래픽 디자이너인 마크 레빗이 디자인 학교에서 특정 작업을 반복해서 치밀한 능력을 키웠듯이 피터 스텀프 역시 이 일을 시작한 초기에 그러한 철저함의 중요성을 배웠다. "셰넌도어에 있는 음악 학교에 다닐 때 일인데, 우리 선생님이 전화번호부를 열더니 사람 머리카락을 한 가닥 끼웠어요. 그러더니 그 위에 책장을 하나 덮고는 머리카락이 느껴지냐고 묻더군요. 당연히 그 정도는 느낄 수 있었죠. 그랬더니 이번에는 다시 그 위에 몇 장을 더 덮고는 이번에도 느껴지냐고 하더라고요. 그다음에는 또 몇 장 더 덮었고요. 끝에 가서는 아홉 장 밑에서도 머리카락을 느낄 수 있었습니다." 그는 말했다. "우리 손가락은 믿기 힘들 정도로 미세한 부분까지 감지할 수 있는 엄청난 능력을 갖고 있어요. 연주자가 좋아하는 피아노와 '별로'라고 생각하는 피아노는 때로 아주 작고 미세한 차이에서 옵니다."

"나는 피아노 소리를 듣고 사랑에 빠졌습니다. 완전 초보였는데 그래도 피아노 소리가 좋았고, 그 악기를 사랑했어요. 나중에는 그게 어떻게 작동하는지 궁금해지더군요. 어떻게 해야 더 좋은 소리를 낼 수 있을지도요." 어느 날 저녁 연주회장 밖에서 저녁식사를 하는 데 스텀프가 털어놓았다. "피아노 조율사가 집에 올 때마다 옆에 앉아서 같이 들여다보곤 했어요. 많이 귀찮게 굴었죠. 고등학교를 졸업할 즈음 그게 내가 하고 싶은 일이라는 걸 알았지만 진로 상담 교사가 그러지 말라고 날 설득했습니다. 피아노는 이제 구식이라고, 그러니까 좋은 직업이 아니라고 했어요. '넌 수학을 잘하니까 회계사나 엔지니어가 되라.'고 했죠." 스텀프는 피츠버그 대학에서 2년 반 동안 경영학을 전공했지만 결국 그만두고 말았다. 그 후로 그는 몇 년간 작은 인쇄소에서 일했다. ("적어도 그것도 손으로 하는 일이었으니까요.") 하지만 서른 살 때 그는 자신이 "가야 할 길로 돌아가기로" 결심했다.

그는 용기를 그러모아 피아노 조율사 자격증을 따기 위한 일 년짜리 프로그램에 등록했다. (스텀프는 현재 활동 중인 피아노 조율사 가운데 공식 교육을 받거나 자격증을 가진 사람은 3분의 1 정도밖에 안 되며, 그 밖에는 어깨 너머로 배우거나 독학을 했을 것이라고 짐작한다.) "자격증을 딴 뒤에는 피츠버그로 이사했습니다. 기술은 있었는데 고객이 없었죠." 그가 말했다. 하지만 어떻게든 헤쳐 나가야 했다. "그래서 교회나 학교에 편지를 보냈어요. 피아노 기술자인데 일자리를 찾고 있으니 기회를 달라고요. 거기서 처음 할로윈을 맞았을 때에는 애들한테 심포니Symphony 초콜릿 바를 돌리면서 안에 10달러짜리 피아노 조율 할인 쿠폰을 넣었죠. 그랬더니 고객이 몇 명 생기더군요. 또 어퍼 세인트클레어[피츠버그 교외에 있는 학구]에서 그들이 고용한 사람이 안 오는 바람에 내게 연락을 하기도 했고요. 그렇게 고객이 생겼죠. 다른 사람 일자리를 빼앗으려던 건 아니었지만 어쨌든 적극적으로 일감을 찾으러 다녔습니다." 그러자 조금씩 노력의 결실이 드러나기 시작했다. 처음 몇 년간은 생계를 유지하기 위해 인쇄소에서 계속 일을 해야 했지만 얼마 안 가 충분한 돈을 벌게 되자 그는 전적으로 피아노 일에만 매달리게 되었다. 그리고 그때부터 "사방에서 추천을 받기 시작했습니다."라고 말한다.

스텀프는 16년 동안 피츠버그 근방에서 성공적인 피아노 조율사로 활동하며 가정집과 교회, 학교에서 일했다. "나는 피아노를 재조립하고 현을 갈았습니다. 단순히 음만 맞추는 조율사가 아니라 피아노 전체를 관리하는 기술자였죠. 음 조율만 하는 사람들은 꽤 많았는데 그 사람들과 경쟁하고 싶지는 않았거든요." 그는 말했다. 2006년, 그가 "큰 바닥"에 진출할 수 있었던 두 차례의 커다란 전환점이 찾아왔다. 카네기 멜론 대학 Carnegie Mellon University에 직원으로 고용돼 스타인웨이 D 피아노 다섯 대를 관리하게 된 것이다. 또 PSO의 자리를 놓고 면접을 보게 되었다. 그는 어떻게 이런 큰 도약을 하게 된 걸까?

"운이 좋았죠. 일을 하면서 까다로운 고객들을 일찍이 많이 만났거든요. 연주자나 대학 교수들이요." 그가 말했다. "덕분에 내 역량도 한껏 시험하게 되었지요. 그 사람들 요구를 전부 들어주는 건 엄청 어려운 일이었는데 시간이 지나니까 나도 같이 발견하더라고요. 그 사람들이 내 능력을 이끌어 낸 겁니다." 나는 스텀프에게 그의 목표가 무엇이었느냐고 물었다. PSO처럼 유망한 일자리를 얻는 것이었나? "난 그 일을 얻게 되리라고는 '상상도' 하지 못했습니다. 여기서 15년째 일하던 사람이 있었거든요. 실력도 좋았고요. 그런데 대인관계가 별로 좋지 못해서 해고되고 말았죠. 그래서 악단은 클리블랜드 음악학교에서 사람을 데려오고 동시에 근방에서 기술자를 수소문하기 시작했죠. 그래서 까다롭고 안목이 높은 몇몇 사람들에게 연락을 해서 누구를 쓰고 있는지 물었는데 그 중 몇 명이 내 고객이었던 거예요." 덕분에 스텀프는 일찌감치 후보 명단에 오를 수 있었다.

PSO는 세 대의 피아노를 보유하고 있다. 협주용, 오케스트라용, 연습용이다. 지금 스텀프가 마추예프를 위해 조율 중인 협주용 피아노는 가장 중요한 악기로, 초청 피아니스트가 교향악단과 협주를 할 때에만 사용된다. 오케스트라용 피아노는 교향악단에 소속된 피아니스트가 정기 연주회를 할 때 사용하며, 연습용은 말 그대로 연습용이다. 협주용 피아노가 제일 중요하긴 하지만 피아노 기술자는 이 세 악기를 모두 관리해야 한다. 처음에 스텀프는 오로지 오케스트라용 피아노에만 손을 댈 수 있었다. "클리블랜드 친구가 협주용을 맡았죠. 교향악단이 그 친구를 고용하는 데 돈을 무지막지 들였어요. 나는 오케스트라용을 관리했는데 협주용에 뒤지지 않을 정도로 소중하게 다뤘습니다. 정말 열과 성을 다해서 일했어요. 내가 조율을 마친 뒤에 교향악단 피아니스트인 로드리고 오제다Rodrigo Ojeda가 앉아서 피아노를 쳐 보고는 눈에 띄게 소리가 좋아졌다고 했어요. 그러다가 클리블랜드 친구가 맡은 피아노에 문제가 생겼죠. 불만이 이는 바람에 그 사람을 해고하고 나한테 기회를 줬습니다."

스텀프가 가장 고생한 경험 중 하나는 클래식계의 두 거물인 예핌(브론토사우르스)* 브론프만Yefim Bronfman과 엠마누엘 액스Emanuel Ax를 위해 피아노를 조율했던 때다. "브론프만을 위해 처음 일할 때, 2시에 리허설이 있었는데 1시 40분에 조율을 하다가 현이 끊어졌어요." 그것은 협주용 피아노에서 12년 만에 처음 일어난 일이었다. "30초 동안 머릿속으로 온갖 비명과 욕설을 다 내뱉은 후에야 다시 일에 착수할 수 있었죠." 스텀프는 스타인웨이 모델 D의 모든 현이 담겨 있는 비상용 상자를 가지고 있다. 다행히도 조율핀 근처에서 현이 끊어졌기 때문에 "갈고리핀hitch-pin에서 몇 센티미터를 빌려서 원래의 현을 살릴 수 있었습니다. 다행히도 소리가 제대로 나더군요." 그가 말했다. "농담이 아니라 현을 잇자

---

* 그렇다! 나도 브론토사우르스와 곰, 두 괴물들의 전투를 보고 싶다! 클래식 음악 기자들은 별명 붙이는 걸 정말로 좋아한다.

마자 피아니스트가 걸어오는 겁니다. '피아노 상태는 어때요?'라고 묻길래 '더할 나위 없이 좋다'고 거짓말을 했죠. '현이 끊어졌는데요, 어떻게든 버텼으면 좋겠네요. 괜찮길 빌어야죠.' 같은 소리를 할 수는 없잖습니까. 중요한 건 자신만만하게 보여야 하는 겁니다." 프런트맨 앞에서 이처럼 당당한 태도를 유지하는 것은 스텀프와 플랭크가 공유하는 특성 중 하나다. 플랭크는 항상 평정심을 유지해야 하며 톰 요크 앞에서는 절대로 당황하거나 동요해서는 안 된다고 말했다. 수천 명의 관객 앞에서 연주를 해야 하는 그를 걱정시켜서는 안 되기 때문이다. 스텀프는 말했다. "배운 게 아닙니다. 본능적으로 아는 거죠. 내가 불안해하는 걸 보면 연주자들은 피아노에 선입견을 갖게 될 테니까요."

25년간 꾸준히 일에 매진한 덕분에 스텀프의 자신감과 기술력은 충분한 보상을 받고 있다. 그의 말에 따르면 미국 최고의 피아노 기술자는 연간 약 15만 달러를 번다고 한다. 카네기 대학과 PSO, 그리고 몇몇 개인 고객들(교향악단원의 가정용 피아노를 돌보는 것을 포함해)로부터 얻는 그의 수입은 최소한 경제적인 기준에 의하면 스텀프의 기술과 능력이 POS의 다른 음악가들(기본 보수가 10만 달러를 조금 넘는)과 동등한 수준이라는 그의 믿음을 뒷받침한다. 인비저블이 그들의 일을 통해 깊은 성취감은 물론 충분한 보수를 얻는다는 사실은 장인들, 특히 손으로 일하는 사람들의 귀중함을 극찬한 매튜 크로포드Mattehw Crawford의 2010년 저작『모터사이클 필로소피Shop Class as Soulcraft』의 주장과도 일치한다. 만약 우리 사회가 특히 대중의 눈에 보이지 않는 일을 하는 기술직이나 장인보다 사무직을 더 높이 평가하는 잘못된 편견을 극복할 수만 있다면, 일부 (그렇지 않은) 행복하지도 않고 보수도 적게 받는 중간 관리자들도 더 나은 삶을 즐길 수 있지 않을까? (그렇다고 《뉴요커》의 사실 검증 전문가 피터 칸비처럼 사무실에서 성취감을 느끼는 인비저블이 없다고 말하는 것은 아니다. 다만 작은 도시에 거주하는 유능한 장인이나 숙련공들도 뛰어날 수 있다는 얘기다.)

스텀프가 하는 일이 아무리 하나같이 중요하다 한들, 피아노의 음이 제대로 조율되어 있지 않으면 말짱 도루묵일 것이다. 피아노의 음정이야말로 그의 일에서 가장 명백한 결과물이며, 가장 중요하다. 놀랍게도 그는 피아노 음을 조율할 때 소리굽쇠 하나만을 사용한다. 가온 다^{middle C} 위 A(라)음을 기준으로 초당 440회 진동하는 이른바 'A 440'은 일반적으로 전 세계 교향악단에서 사용되는 기준음고(基準音高)다. 일단 소리굽쇠를 사용해 A음을 440hz에 맞추고 나면 나머지 음높이는 거기에 맞춰 설정할 수 있다. "측량사가 하는 일과 비슷하지요." 그는 말한다. "이를테면 A440은 측량사가 처음에 땅에 떡 하니 말뚝을 박은 다음 '여기서부터 시작한다!'고 선언하는 것과 같습니다. 그런 다음 그걸 기준으로 다른 모든 걸 측량하는 겁니다."

나는 12현 기타를 사랑하지만 그것들은 조율하기가 정말 까다롭다. 원래 있는 6개 현 말고도 그에 맞춰 나머지 6현도 같이 조율해 줘야 하기 때문이다. 그런 점에서 피아노는 12현 기타와는 비교할 수 없을 정도로 끔찍하다. 88개 건반 가운데 75개가 현을 각각 세 개씩 갖고 있기 때문이다. (나머지 건반 다섯 개는 현 두 개, 여덟 개는 현 하나를 이용한다.) 각 건반에 연결된 현들은 서로 음높이가 일치해야 하는데, 그러기 위해서는 서로간에 귀에 들리는 울림, 으왕으왕으왕 하고 울리는 진동음을 제거해야 한다. (현의 음높이가 일치하지 않고 약간 어긋나면 일종의 '코러스' 효과가 발생하는데, 가끔 기타 연주자들이 코러스 페달*을 사용해 일부러 만드는 효과이다.) 각 건반에 연결된 세 현의 음높이를 완벽하게 맞추는 것은 조율의 한 단계일 뿐이다. 진짜 어려운 부분은 건반의 각 음을 다른 음과 맞춰 조율할 때다. "스도쿠 게임이랑 흡사하죠." 스텀프가 말한다. 음 하나를 낮추려면 다른 모든 음을 같이 낮춰야 한다.

서양 음악에서 한 옥타브는 12음으로 구성된다. 음과 음 사이의 거리는 '음정(音程)'이라 부른다. 3도 간격일 때에는 3도 음정, 5도 간격이라면 5도 음정이다. '평균율'(시간이 지나면서 실용성 때문에 기준 음계가 된)에서 음정은 피아노 전체에서 동일하기 때문에 한 옥타브에서 5도 차이라면 다른 옥타브에서도 5도 차이가 나야 한다.

피아노의 음은 단순히 하나의 음이 아니다. 가온다 음을 뚱땅거릴 때 당신은 바탕음이라고도 불리는 C의 기음(基音)과 배음(倍音)을 함께 듣게 된다. 배음이란 바탕음에 대해 일정 배수의 진동음을 가지는 상음(上音: 진동수가 최소인 바탕음을 제외한 나머지 음들 — 옮긴이)을 가리킨다. 주의깊게 귀를 기울이면 피아노 건반을 누를 때 음이 진동한다는 사실을

---

* 앞 장에서 언급한, 커트 코베인이 너바나의 「십 대 정신 같은 냄새」에서 사용한 기법처럼.

알 수 있다. 피아노 음은 절대로 일정한 한 톤으로 구성되어 있지 않다. 따라서 피아노 음조율의 핵심은 서로 다른 두 음의 울림, 즉 진동을 듣고 공통된 배음에 맞춰 동조시키는 것이다.

"가끔 리허설 전에 연주자들이 손가락을 풀고 있을 때 한 10분이나 15분 정도 음악을 들으면서 앉아 있는 걸 좋아합니다. 가령 오보에를 들으면서 그 악기의 선율만 주욱 따라가는 거죠." 스텀프가 핀 하나를 살짝 돌리면서 말했다. 조율 렌치는 그가 손수 맞춤 제작한 도구 중 하나다. 비록 이것은 다른 기술공에게 만들어 달라고 부탁한 것이지만 말이다. 조율 렌치는 대개 자루와 손잡이 부분이 나무로 되어 있고 안에 가느다란 금속 심이 박혀 있는 것이 보통이지만 스텀프가 사용하는 렌치는 몸 전체가 금속이며 표준보다 약간 두껍다. "이건 휘어지지 않아요." 그는 차력사처럼 렌치의 양쪽 끝을 붙잡고 부러뜨리기라도 할 양 양껏 힘을 주며 말한다. "NFL 선수도 이건 못 구부러뜨릴 겁니다." 평범한 렌치는 오랫동안 지속적으로 압력을 가하면 휘어질 수 있다. 신축성이 부족한 만큼 그는 뛰어난 손놀림으로 이를 보완해야 하는데, 특히 높은 음의 조율핀을 점검할 때 조심해야 한다. 아주 미세한 힘의 차이만으로도 음높이가 달라질 수 있기 때문이다.

. 스텀프가 두 음의 건반을 누른다. "내가 이 3도 음정을 제대로 조율하면 당신은 두 음의 맥놀이^{beat}를 듣게 됩니다. 이 두 음은 여기서 같은 배음을 갖고 있죠." 그가 들어보라는 듯이 낮은 음 두 개의 배음인 높

은 음을 낮은 음 두 개의 맥놀이를 함께 들을 수 있는 속도로 여러 번 반복해서 눌렀다. "자, 보세요. 각 음에는 배음열이 있고, 여기서 만나는 데……." 그가 다시 높은 음을 친다. "그러니까 나는 음의 나머지 부분은 흘려 버리고 이 배음만을 듣는 겁니다. 불협화음 속에서 오보에 소리만을 구분하는 것처럼요."

잠깐. 여기서 더 나갔다간 머릿속이 뒤죽박죽 난장판이 될 판이니 잠시만 멈춰 보자.

당신은 피아노가 평균율에 맞춰 모든 음이 완벽하게 동일한 간격으로 배열되어 있다고 생각할 것이다. 하지만 수학에 뭔가 이해할 수 없는 일이 일어나서 두 음 사이의 거리가 3도나 5도가 살짝 넘는데도 두 음의 음높이가 일치할 때가 있다. 이게 바로 자연적으로 발생한 옥타브의 '스트레칭'이다. 이 같은 현상은 피아노의 비화성도(非和聲度: inharmonicity) 때문에 발생하는데, 각각의 현에서 발생한 배음 또는 부분음이 수학적으로 완벽하게 일치하지 않을 때 일어나는 일이다. 예를 들어 A440의 한 옥타브 위 음은 이상적으로는 880hz여야 하지만 그렇지 않다. 피아노에 따라 881.223이 될 수도 있다. 하지만 조율사는 맥놀이를 듣기 때문에 정확한 음높이를 알 필요가 없다. 엄밀히 말해 두 대의 피아노를 완벽하게 일치하게 조율할 수는 없다. 비화성도와 옥타브 스트레치 현상 때문이다.

이것만으로도 헷갈려 죽겠는데, 스텀프는 비전통적인 조율 방식을 도입하기까지 했다. 곰과 그가 연주할 라흐마니노프가 교향악단의 연주

사이에서 두드러지게 하기 위해서다. 그러한 선택과, 그것을 실행할 방법을 결정한 것은 그의 주관적인 판단이었다. 피터 스텀프의 천재성이 적나라하게 드러나는 순간이다.

먼저 그의 두 가지 결정 중에서 이해하기 쉬운 쪽부터 시작해 보자. 알다시피 옥타브는 12개 음으로 구성되어 있다. 이 12음은 다시 1,200센트로 나뉜다. 자, 앞에서 교향악단의 모든 악기들이 A440에 맞춰져 있다고 한 것이 기억나는가? 스텀프는 피아니스트를 포함해 아무에게도 밝히지 않고 피아노 전체의 음을 1센트 더 높게(대략 440.264hz) 조율했다. 스텀프의 설명에 따르면 미세하게 가볍고 높은 소리는 인간의 귀에 밝고 경쾌하게 들린다고 한다. 반면에 살짝 낮은 소리는 밋밋하고 불쾌하게 느껴진다. 스텀프가 설명했다. "단 1센트라도 음을 아주 미세하게 높이면 피아노 소리를 일종의 '연단' 위에 올려놓는 것과 같은 효과를 낼 수 있습니다. 지휘단에 선 지휘자가 눈에 잘 띄는 것과 유사하죠. 모든 악기 소리 중에서 피아노가 가장 우위에 서게 되는 겁니다."

스텀프가 피아노 소리를 돋보이게 하기 위해 발휘한, 그보다 더 복잡하고 눈에 띄지 않는 두 번째 기교는 평균율 옥타브를 앞에서 설명한 스트레치보다 더 길게 늘린 것이다.

경고

일단 여기서 더 나아가기 전에 우리가 아주 깊고 어두운 물 밑을 파헤치고 있다는 점부터 경고해야겠다. 이제까지 내가 설명한 내용이 이해되지 않는다면 1) 다음 섹션은 안 읽고 넘어가도 된다. 2) 그렇다고 너무 아쉬워하지는 마라. 나는 이 책의 어떤 장보다도 긴 시간을 들여 평균율과 배음, 상음, 음정 등의 개념을 이해하려고 안간힘을 썼다. 여기 포함된 수학적 개념은 가증스러울 정도로 복잡하고(피타고라스 이야기가 잔뜩 나온다.), 고등학교 수학 시절로 돌아간 듯한 기분까지 든다. 나는 원래 수학에는 젬병인데다 '아하!'의 순간에 도달하기 전까지 머리를 싸매고 좌절하기 부지기수였다. 하지만 피아노 조율과 관련해 가장 큰 문제점은 그 깨달음의 순간이 절대로 오지 않았다는 점이다. '아하!'의 순간을 느끼기 위해 노력할수록, 그리고 관련 지식을 탐구할수록——무수한 글과 설명을 읽고, 수많은 음악 이론가들과 대화를 나누고, 스텀프와 긴 이메일을 주고받았지만——깨달음의 순간은 점점 더 요원해 보였다. 하지만 나는 내가 이해하지 못하는 것에 대해서는 쓰고 싶지 않았다. 설사 내용에 틀린 부분이 없더라도 말이다. 꼭 사기를 치는 것 같은 기분이기 때문이다. 그래서 나는 끝없이 추락하는 악순환에 빠졌다. 배울수록 깨달음과는 멀어졌고, 그럴수록 더더욱 조사에 매달렸다. 나를 끝없는 악순환 속으로 끌어들인 강박증에도 불구하고 나는 마침내 조율법이 나를 짓뭉개고 승리를 거뒀음을 고백하는 바이다. 나는 결국 '아하!'의 순간을 경험하지 못한 채 두 손을 들고 말았다. 하지만 그 과정에서 배운 것도 있다. 뛰어난 피아노 조율 전문가가 되고 싶다면 스텀프처럼 당신 내부에 살고 있는 예술가의 목소리를 따라 안전하고 관습적인 방식에서 벗어날 줄 알아야 한다. 바로 그것이 고수들만이 지닌 기술이다.

"옥타브를 확장하면 더 선명하고 풍부한 음색을 낼 수 있습니다. 오케스트라와 같이 연주할 때 최상의 결과를 끄집어낼 수 있죠." 스텀프가 설명했다. "중요한 것은 피아노 전체의 옥타브를 확장해야 한다는 겁니다. 그렇지 않으면 내가 일을 제대로 하지 못한 것 같은 소리가 날 테니까요. 하지만 내가 잘만 하면 연주자가 더 다채로운 소리를 낼 수 있어요." 1옥타브가 1,200센트로 구성되어 있다는 사실을 기억하는가? 여기서 스텀프가 하는 일은 모든 음정의 간격을 조금씩 벌려 1옥타브를 가령 1,202센트로 늘리는 것이다. 예를 들어 옥타브가 동그란 피자 한 판이고 크기와 형태가 똑같은 열두 조각으로 나뉘어 있다고 치자. 피자의 지름이 조금 증가하면 각각의 조각들도 약간씩 커지게 된다. 평균율 옥타브를 하나 선택해 조율한 다음 그것을 조율의 기준으로 삼는다. 그러면 이제 스텀프는 피아노의 모든 5도 음정을 '깔끔하게' 만들 수 있다. "3도 음정은 원래 맥놀이가 가장 빠른 음정이지만 이제 그보다도 더 빨라지고, 피아노 독주 때 선명한 소리와 경쾌한 활력, 그리고 박력을 더해줍니다."

그는 계속해서 설명한다. "나는 보통 F3부터 F4까지를 기준으로 사용합니다. 그러니까 F3에서 F4까지의 옥타브를 2센트 더 넓게 조정하면 (F4는 원래의 순수음보다 2센트 높아진다.) 피아노의 모든 옥타브를 똑같이 2센트씩 늘려야 합니다. 건반의 한쪽 끝에서 반대쪽 끝까지 전부 말이죠. 여기서 조심해야 해요. 가령 F4는 이제 F3보다 2센트가 넓습니다. F5도 F4보다 2센트 넓을 테고, F5는 거기서 또 2센트가 넓어지겠죠. 이해

가 가죠? 그럼 F1과 F7은 상당한 차이가 나게 되는 겁니다." 그렇지만 스
텀프는 이렇게 조율하면 피아노 독주를 더 돋보이게 할 수 있다고 믿는
다. "많은 경우에 연주자는 내가 뭘 어떻게 했는지 정확히 알아내지 못
합니다. 식당에서 식사를 하는 것과 비슷하죠. 음식이 참 맛있는데, 그
풍미가 뭔지는 정확하게 짚어 내지 못한달까요."

스텀프의 흑마술을 이해해 보려고 나는 그가 한 일을 그림으로 그려
보았다. 다음은 내가 네 번째로 시도한 그림으로 예1)은 평균율 확장이
라는 원리를 대충 정리한 것이고, 예2)는 피아노 전체를 2센트 높게 조
율한 그림이다.

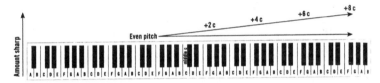

예1) 각각의 옥타브는 1202센트이며, 건반을 따라 올라갈수록 음높이가 높아진다.

예2) 모든 음이 원음보다 2센트씩 높아졌다. 각 옥타브는 1200센트이며, 피아노 전체의 음이
2센트 높다.

스텀프는 라흐마니노프나 거쉰Gershwin, 프로코피예프Prokofiev, 그리고 다
른 '강렬하고 활기찬' 작곡가들의 음악에 평균율 확장을 사용한다. 이런

방식은 합주에도 적합한데, 왜냐하면 음악의 규모가 커지면 저절로 오케스트라의 음높이가 상승하게 되어 있고, 그러면 피아노 음도 처지지 않고 '따라갈' 수 있기 때문이다. (음높이 상승은 도플러 효과와 관련이 있다. 음량이 커질수록 — 특히 관악기는 — 음높이가 조금씩, 약 몇 센트씩 상승한다.)

물론 '스트레치'의 반대도 가능하다. 이를테면 한 옥타브를 1,200센트가 아니라 1,999센트로 압축하는 것이나. 음높이를 이용해서 브람스의 왈츠나 쇼팽의 「야상곡Nocturne」에 알맞게 음색을 '달콤하게' 조율할 수도 있다. 스텀프는 설명한다. "간단히 말해 옥타브를 확장하는 것은 피아노에 카페인을 먹이는 것과 같습니다. 반대로 압축하는 것은 맥주를 먹이는 거죠. 이런 건 워낙 신중하고 미묘한 작업이라 교향악 단원들도 잘 모릅니다." (스텀프와 얘기를 나누며 느낀 아이러니는 그의 이름이 독일어로 번역하면 대충 '우둔하다'라는 뜻이라는 점이다. 하지만 일에 대한 열정과 그가 사용하는 다양한 은유, 그리고 철저한 처신을 보건대 그는 우둔함과는 가장 거리가 먼 사람이다.)

목요일

리허설이 진행되는 동안 나는 백스테이지에 있었다. 교향악단은 보이지 않는다. 무대 배경막인 움직이는 벽이 우리 사이를 갈라놓고 있기 때문이다. 오케스트라는 무소륵스키를 연주하고 있고, 우렁찬 소리가 내 귀를 때린다. 팀파니가 우레 같은 소리로 울려 퍼진다. 의기양양하게 폭발하는 관악기, 빠른 속도로 휘몰아치는 현악기. 전자음이 지배하는 세계에 살고 있는──전화기, 지하철 경고 방송, MS 윈도 시작음은 물론 우리가 듣는 거의 모든 음악은 전자 악기로 만든 것이며 앰프를 통해 증폭된다.──우리는 '진짜' 생음악이 얼마나 굉장하고 특별한지 잊어버렸다. 교향악단의 모습이 보이지 않으니 나는 소리에 집중할 수밖에 없다. 이럴 수가, 누가 알았겠는가. 연주회장에서 제일 좋은 자리가 시야가 가로막힌 이곳이라는 사실을. (대부분의 사람들처럼) 한평생 록 음악 팬으로 살아왔건만, 즉석에서 흘러나오는 이 장엄한 교향곡의 향연에는 넋을 잃고 빠져들 수밖에 없다.

복사되거나 스피커를 거친 것이 아닌, 무대에서 흘러나오는 클래식 악기들의 묵직하고 생생한 음향은 그 무엇과도 비할 수가 없다. 오케스트라는 거의 공감각적인 경험을 선사한다. 입체적이고 살아 움직이며, 각 파트의 악기들이 공중을 떠다니며 활보한다. 오케스트라의 위엄과 장대함은 오직 라이브로만 온전하게 감상할 수 있다. 나는 이제껏 훌륭한 록 음악을 낮은 음량이나 새끼손가락 손톱만 한 이어폰으로 듣는 것은 범죄라고 생각해 왔다. 하지만 진짜 범죄는 따로 있었다., 클래식 음악을 치과 대기실이나 엘리베이터, 쇼핑몰, 그리고 모토 스피커에 음폭 조절도 안 되는 노인용 라디오(오늘 아침 내가 묵고 있는 호텔 식당에서 들은 것처럼)로 추방하여 이른바 공공장소의 생색내기용으로 격하시킨 것은 정말로 끔찍한 범죄 행위다! 음악에 대한 심각한 모독이다! 클래식을 작게 듣는 것은 그 아름다운 소리를 거세하는 것이다. 전자 기기로 재생산하는 것은 언급할 필요조차 없으리라! 「더 후The Who」가 당신의 고막을 터트린다고? 그건 아무것도 아니다. 이 '음악'은 반드시 라이브로 들어야 한다. 그것도 엄청나게 큰 소리로! 클래식 음악을 부활시키고 젊은 팬들을 끌어들일(세계 어딜 가나 클래식 연주회장의 관객석은 대부분 백발의 향연이다.) 가장 간단한 해결책은 현장 수업에 참가하는 학생들을 포함해 조금이라도 클래식을 들을 의향이 있는 사람이라면 누구든 이 자리에 데려와 직접 들려주는 것이다. 바로 이 자리, 교향악단이 리허설을 하는 이 임시 커튼 뒤에서 한번이라도 귀를 기울인다면 평생 그 소리를 잊지 못할 거다.

점심 시간에 단원들이 잠시 휴식을 취하는 사이 스텀프와 나는 피아노를 보러 갔다. 협주용 피아노는 이제 무대 뒤쪽이 아니라 무대 위에 자리잡고 있었다. 그리고 연주회 기간 내내 여기 머물러 있을 것이다. 스텀프가 마지막으로 피아노를 점검했다. 잠시 후면 마추예프가 오케스트라와 함께 리허설을 하러 온다. 오후 1시가 되자 연주자 몇 명이 점심을 먹고 돌아와 야구 선수들이 시합 전에 연습 삼아 공을 던지듯 악기를 집어 들고 가볍게 연주를 해 본다. 전에 일하던 PSO 조율사는 그런 것에 넌더리를 냈다. "누군가 연습을 시작하면 즉시 그 사람한테 가서 '저기요, 나 막 마무리를 지으려던 참이었거든요?'라고 했을 겁니다. 그러면 그 연주자는 백스테이지나 다른 곳에 가서 워밍업을 했죠." 스텀프가 말한다. "하지만 또 한 사람이 오고, 그다음 사람이 오고 곧이어 열 명, 스무 명, 육십 명이 무대 위에 올라오면 더 이상 항의를 할 수가 없죠. 그러

인비저블

면 짜증을 부리고 화를 냈어요. 빗자루로 파도와 싸우는 형상이랄까요."
벌써 며칠 동안 피아노를 붙들고 있었으니 스텀프의 일도 끝날 때가 됐
으련만 아직도 부족한 모양이다. 게다가 그는 굳이 주변 환경이 조용하
지 않더라도 일을 완수할 수 있는 능력을 보유하고 있다. "내 일이 다른
사람들 일보다 더 중요하다고는 생각하지 않습니다. 우리 모두가 중요한
일을 하고 있죠." 그가 말한다. "여기서 이 사람들과 함께 어울릴 수 있
다는 것 자체가 굉장한 특권이에요."

벌써 많은 시간이 흘렀건만 교향악단에 대한 찬탄과 자신도 그들의
일부라는 데서 오는 그의 자부심은 여전히 변함이 없다. 스텀프는 자신
이 하는 일에 대해 확고한 자긍심을 느끼면서도 좀 더 큰 집단 앞의 일
원으로서는 겸허함을 유지한다. 무대 위에 서서 거대한 연주회장과 끝없
이 줄지어 늘어선 벨벳 좌석, 그리고 금박 장식이 입혀진 천장을 둘러보
고 있노라니 잠시 후에 열릴 연주회에 대한 기대감으로 뱃속이 퍼덕거린
다. 스텀프가 피아노로 몇 개 음을 쳐 본다. 무대 위에서 들으니 피아노
의 잔향이 얼마나 아름다운지 새삼 깨닫는다. "여기 있으면 묘하게 마음
이 조급해져요." 그가 말한다. 연주자처럼 중앙 무대에 올라와 있으니 그
런가 보다고 짐작했지만 곧 다른 이유 때문임을 깨달았다. "여기, 그것도
혼자 올라와 있으면 머리 위에 조명을 빼곤 홀 전체가 까맣게 보이거든
요." 스텀프가 말한다. "난 피아노 소리가 좋아요. 그리고 피아노 소리를
듣기에 가장 좋은 곳은 바로 연주홀이죠. 여기가 바로 피아노가 있어야
할 자립니다. 경주용 차가 경주 트랙에 있어야 하는 것처럼요." 어제 백

스테이지에서 피아노를 조율하면서 스텀프는 그가 하는 일의 섬세함에 대해 말했다. 물론 이야기의 중심은 피아노였지만 우리의 대화에는 어딘가 과학적이고 이론적인 데가 있었다. 주변은 우중충했으며 백스테이지에는 온갖 밧줄과 도르래, 별별 장비들이 널려 있었다. 하지만 연주홀 무대 위에서, 피아노가 온몸으로 숨 쉬며 비상하는 이 장소에서, 스텀프의 일은 새로운 타당성을 발휘하고 나아가 숭고함을 발산한다.

"이런 기분은 말로 형용하기도 힘들죠." 그가 말했다. "난 이 일이 진심으로 좋습니다. 한 소절만 들어도……." 그가 서정적인 멜로디를 짧게 두드리자 맑고 풍부한 소리가 흘러나온다. "마음이 찡해지죠. 정말 좋아요. 메마른 초원에 떨어지는 빗방울처럼요. 난 늘 다음 일거리가 생기길 고대합니다." 나는 스텀프에게 피아노 연주자가 될 생각은 없었느냐고 물었다. "이젠 그냥 꿈이죠. 어쨌든 나한테는 이 일이 더 잘 맞고." 그의 대답이다. "난 피아노 소리를 마추예프보다도 더 자유자재로 조절할 수 있어요. 보이지 않는 예술가가 된다는 건 멋진 일이죠."

내가 심리학자이자 『나는 왜 나를 사랑하는가*The Narcissism Epidemic*』의 공저자인 진 트웬지에게 인비저블은 남들의 인정을 받는 일에는 시큰둥하지만 놀랍게도 관심을 갈망하는 많은 이들보다도 더 큰 충족감과 성취감을 얻는다고 설명했을 때, 그녀는 이렇게 대답했다. "나도 동의해요. 내적 행복과 타인과의 연결성으로 동기를 부여받는 사람들은 부나 명성, 이미지에 끌려 다니는 사람들보다 더 행복하고 더 건전한 정신 건강을 유지하는 경향이 있죠. 자아도취자들을 예로 들어볼까요. 그들은 젊었을 때에는 대부분 행복하고 타인의 관심을 얻으면서 만족감을 느낍니다. 그렇지만 나이가 들면 눈에 띄게 불행해지죠. 자신이 받아 마땅한 관심과 인정을 더 이상 받지 못한다고 생각하거든요."

당신도 스텀프처럼 일에 대한 확신과 자부심을 갖게 된다면 진실하고 장기적인 내적 보상을 맛볼 수 있다. 그런 점에서 자부심 — 성경에서 죄악이라고 가르치는 '자만심'을 가리키는 것이 아니다. 자부심은 자기 자신과 자신이 하는 일, 그리고 자신의 노력을 존중하는 것이다. — 은 외부의 인정이나 관심이 아니라 일 자체로부터 성취감을 얻는 인비저블 특성의 확장 버전이라 할 수 있다.

'몰입'의 개념을 발전시킨 칙센트미하이는 '자기목적성'에 관한 저서로도 유명하다. 자기목적성을 가진 이들은 돈이나 명성 같은 외적 동기보다 내적 동기에 더 큰 자극을 받는다. 자기목적성을 뜻하는 'autotelics'라는 단어는 그리스어에서 기인한 것으로 '자신'을 뜻하는 'auto'와 '목적'을 뜻하는 'telos'가 결합된 것이다. 다음은 칙센트미하이의 글이다.

자기목적적 사람은 물질적 욕구가 거의 없고 쾌락이나 안락함, 권력, 명성을 원하지도 않는다. 왜냐하면 그들이 하는 일 자체가 그들에게는 이미 보상이기 때문이다……. 그들은 남들과 달리 반복된 일상을 유지하도록 부추기는 외적 보상에 의존하지 않는다. 그들은 주체적이고 자율적이다. 외부의 보상이나 협박에 쉽게 조정되거나 굴복하지 않는다. 동시에 주변인들과도 더욱 깊은 관계를 맺는데, 삶의 파도에 온전히 몸을 담그고 있기 때문이다.

자기목적성은 앞서 언급한 바 있는 자기결정성 이론에 의해 강화된다. 퀘벡 대학 경영학부 연구자이자 자기결정성 이론 학자인 클로드 퍼네Claud Fernet는 "직무 긴장"에 관한 공동연구를 통해 "자율적 동기를 가진 직원들은 그렇지 않은 동료들보다 직무에서 심리적 압박감에 덜 시달린다."는 사실을 발견했다. 인비저블에 관해 주고받은 이메일에서 퍼네는 내게 이렇게 썼다. "자율적 동기를 지닌 인비저블은 특별히, 혹은 의도적으로 '인비저블'이 된 것이 아닙니다. 그저 일을 통해 완전한 충족감을 얻고자 하는 욕구(와 능력) 때문에 아침에 일어나 일에 전념했을 따름이죠. 만약 성공해서 명성과 인기(남의 눈에 띄는 것)를 누린다고 해도 그걸 궁극적 보상으로 여기지 않고 그보다는 개인적 발전이나 성장 추구, 또는 그들의 핵심 가치와 일치하는 당연한 귀결로 여길 겁니다."

팀 캐서Tim Kasser는 녹스 대학Knox College의 심리학 교수로 그의 연구 중 상당 부분이 자기결정성 이론에 기반을 두고 있다. 그는 인간의 행복과 가치관이 어떤 관계에 있는지 분석하는데, 그 분야에서 연구하는 목표 유형 중에 이른바 '외재적' 목표라는 것이 있다. "외재적 목표란 외적 보상과 타인의 칭찬에 초점을 맞추는 목표입니다." 캐서가 설명했다. 1996년 미국 국립정신보건원National Institute of Mental Health의 지원을 받은 한 분석 연구에서 그는 "그런 가치관이 사람의 정신적 안녕과 부정적 상관관계에 있음을" 보여 준다. 반대로 인간의 내재적 열망—내적 호기심의 충족, 학습, 또는 외적 보상이 없어도 목표를 실현하려는 동기와 욕구—은 "높은 행복 수준과 낮은 정신적 피로"와 높은 상관관계를 지닌다. 그는

인비저블

"많은 실험에서 이 같은 사실이 반복적으로 나타났다."고 지적했다.

이 주제를 더욱 깊이 파고든 캐서는 "지위/인기", 다시 말해 남들의 주목을 받고자 하는 외재적 목표에 집중했다. (이 연구의 기준 중 하나는 "내 이름이 많은 사람들에게 알려질 것이다."라는 문장에 대한 실험 참가자의 반응이다.) 캐서는 그것이 "낮은 자아실현과 활력, 긍정적 감정의 저조한 보고, 높은 자기도취성과 비교적 높은 상관관계를 지닌다."는 사실을 발견했다. 다시 말해 관객들이(심지어는 연주자들까지도) 스텀프가 하는 일이 연주회에 어떤 영향을 끼치는지 모른다 해도 그가 무대 뒤에서 일하는 데 만족하고 어려운 도전과 일 자체의 가치로부터 성취감을 얻는다는 사실은 이러한 연구 내용으로도 뒷받침된다.

스텀프가 협주용 피아노뿐만 아니라 그보다 덜 중요한 오케스트라용 피아노나 다른 악기에 대해서도 사려 깊은 노력과 관심을 기울인다는 점은 그의 두터운 책임 의식을 확연히 드러낸다. 팝록pop-rock 피아니스트인 벤 폴즈Ben Folds가 피츠버그 교향악단과 연주회를 하게 되었을 때, 그는 협주용 피아노의 사용 허가를 받지 못했다. 대신에 그는 오케스트라용 피아노 외의 다른 피아노를 사용할 수 있는 자격을 요구했고 그래서 PSO는 콘서트 스타인웨이를 한 대 임대했다. 그날 오후 두 대의 피아노를 비교한 폴즈는 스텀프가 관리하는 25년 된 오케스트라용 피아노를 선택했다.

드디어 마추예프가 도착했다. 올챙이배에 베이지색 스웨터를 입었는데, 테 없는 안경을 벗으면서 피아노 앞에 앉는다. 몸집이 크긴 해도 상상했던 것만큼 인상이 험악하지는 않다. 무서운 야생 곰이라기보다는 커다란 곰 인형에 가깝다. 그는 편안하고 절제된 태도로 어렵고 복잡한 악구들을 유려하게 흘려보낸다. 최상급 테니스 선수들이 경기를 앞두고 서로 무서운 속도로, 그렇지만 평소보다 줄인 힘으로 공을 주고받는 것과 비슷하다. 마추예프가 손가락을 멈추더니 높은 음 하나를 몇 번이고 눌러 본다. 스텀프와 그는 서로 쳐다보지도 않지만 둘 다 뭔가 잘못됐다는 것을 알고 있다.

나는 스텀프와 함께 그가 제일 좋아하는 발코니석에 앉아 마추예프의 피아노 소리를 듣고 있다. 나는 스텀프에게 문제가 뭐냐고 속삭였다. "좀 울리네요. 쇳소리가 났어요. 내려가서 방법이 있나 찾아봐야겠습니다. 해머를 다져서 좀 푹신하게 해야 할 것 같기도 하고요." 그가 대답했다. 이윽고 몸이 풀어졌는지 곰이 재킷을 벗고 안에 입은 검은색 티셔츠를 드러낸다. 그리고는 특이하게도 휴대 전화를 의자 위에 내려놓는 게 아니라 그랜드피아노 안에 집어넣었다.

선율은 사랑스럽고 섬세하다. 그렇지만 간혹 폭발적으로 울리기도 한다. 마추예프의 머리는 때때로 격정적으로 흔들리는가 하면, 유독 저돌적인 부분에서는 엉덩이가 의자 위로 들썩거린다. 첫 악장의 끝이 다가오자 화려한 악구들이 춤을 춘다. 건반 위를 날던 손가락이 뜨거운 팬에 데기라도 한 양 화들짝 물러났다.

스텀프와 나는 발코니에서 내려가, 텅 비고 화려한 로비를 지나 조용

인비저블

한 홀로 내려갔다. 스텀프가 마추예프에게 다가간다. 두 사람은 친근하지만 짧은 인사를 주고받았다. "아주 민감하네요. 미국다워요." 시베리아 곰이 웃으면서 말한다. 스텀프가 내게 일반인의 언어로 번역해 주었다. "민감하다는 건 다루기가 좋다는 겁니다. 소리가 또렷하고요." 표현은 우아했지만 곰이 라흐마니노프를 두들기기 시작하자 피아노의 안위가 걱정된다. 연습이 끝나고 단원들이 속속들이 빠져나가자 스텀프가 쳇소리를 해결하려고 피아노 의자에 앉았다.

잠시 후 무대 담당자가 지나다가 스텀프에게 말을 건다.

"뭐 남아난 거라도 있어요?"

"내일은 더할 거요." 스텀프가 맞받아쳤다. "리허설 때는 나름 자제하는 편이니까."

"접착제라도 챙겨 놔요!"

스텀프가 고개를 절레절레 젓더니 다시 피아노로 시선을 돌린다. 지난번에 피츠버그를 방문했을 때 마추예프는 차이코프스키 피아노 협주곡 1번을 연주했다. 스텀프가 해머를 다지며 말한다. "이 부분 알죠?" 음 몇 개를 흥얼거리더니 별안간 '빵! 빵! 빵!' "하지만 현은 모두 무사했답니다." 스텀프가 마치 스스로를 안심시키려는 듯 말한다. "하지만 위층에 있는 오래된 피아노로 연습할 때에는 여기 있는 일주일 동안 현을 아홉 개나 끊어먹었어요."

피터 스텀프는 이 책에 등장한 인비저블 중에서 이 책의 전신이라 할 수 있는 《애틀랜틱》 기사를 준비할 때 미리 짧게나마 면담했던 유일한 인물이다. 그 인터뷰에서 그가 한 말은 아주 솔직하면서도 허세가 심해서 미쳤거나 아니면 병적으로 잘난 척 하는 사람처럼 보였다. 그러나 목소리는 진지했고, 그의 발언 또한 진실이었다. "매니 액스[유명한 피아니스트]가 피아노를 연주할 때 내 눈에 보이는 건 그 사람과 내 피아노입니다. 엄청나게 뿌듯한 기분이 들죠. 내 자식이 그런 유명한 음악가와 함께 연주하는 걸 보면 아마 그런 기분일 겁니다. 나는 내가 하는 일에 자부심을 느껴요. 내 이름은 프로그램에 올라가지도 않지만…… 그렇지만 객석에서 엠마뉴엘 액스의 연주를 들을 때면…… 꼭 우리가 이중주를 하고 있는 것 같은 기분이 됩니다. 저기 있는 건 내 피아노니까요…… 사람들이 알아 주는 게 피아니스트 혼자뿐이라도 상관없어요. 어쨌든 피아니스트가 내 피아노를 연주한 것에 다들 열광하는 거니까." 스텀프가 그가 한 일의 결실, 즉 피아노와 유대감을 느끼고 '피아노와 이중주를 하고 있는 것처럼 느끼는' 데에는 어딘가 아름답고 감동적인 구석이 있었다. 그래서 나는 그를 만나고 싶었고, 그가 일하는 모습을 직접 봐야 했다. 그가 진짜로 미친 게 아니라는 걸 확인하기 위해서라도 말이다.

금요일

빈 좌석 하나 없이 관객들이 꽉 찬 연주회장에 불이 꺼진다. 스텀프는 내게서 몇 좌석 떨어진 곳에 앉아 있다. (사무실에서 연속된 표를 두 장 구할 수가 없었기 때문이다.) 지휘자는 관객들에게 피아니스트를 소개하기에

인비저블

앞서 그날 일찍 러시아 외곽 지역에 유성우가 내려 민간인 몇 명이 부상을 입었다는 우울한 소식을 전한다. 그러더니 이번에는 러시아 유성우가 피츠버그를 습격할 것이라고 농을 던진다. 홀 가득 고요한 정적이 흐른다. 이상하게 온몸이 긴장된다. 지난 며칠간 스텀프와 너무 오래 지낸 탓에 나도 그처럼 피아노와 유대감을 느끼고 있나 보다. 마추예프가 피아노 안에 작은 천 조각을 집어넣는다. 잠시 연주를 쉴 때 손을 닦을 손수건이다.

라흐마니노프 2악장은 피아노를 돋보이게 하는 데 안성맞춤이다. 카덴차(피아노 독주)가 몇 부분 있고, 그때마다 나는 온몸으로 선율을 음미한다. 그중 한 부분에서 마추예프는 그야말로 혼신을 쏟아 부었다. 손가락이 과열된 엔진 피스톤처럼 쉴 새 없이 건반을 찍어 누른다. 스텀프 만세! 음 몇 개를 강조하며 거세게 내리치자 홀 전체에 강렬한 소리가 울려 퍼진다. 촘촘하게 짜인 나무 상자 안에서 울 해머가 현을 두드려 발생한 음파가 웅장한 연주홀 가득 반향하며 반대편 벽에 둘러진 금빛 장식을 어루만진다. '이것'이 진정한 피아노의 위력이다. 라흐마니노프는 난해하다. 신들린 듯한 격정의 순간도 있지만 은은하고 우아한 부분도 있다. 하지만 마무리는 폭풍우 같다. 마추예프는 악기가 버틸 수 있는 한계까지 몰아붙인다.

프로그램이 끝나고 앙코르를 받으면 초청 연주자는 반주 없이 짧은 곡을 연주하는 게 관례다. 강직한 파워로 이름 높은 마추예프는 모두의 예상을 벗어나 달콤하고 낭만적인, 고음역대에서만 머무르는 자장가 비숫한 곡을 들고 왔다. (나중에 알게 된 바로는 「음악적 코담배갑—Musical Snuffbox」
이라는 곡이라고 한다. 19세기 작품으로 한때 코담배갑 안에 넣어 다니던 뮤직
박스의 가볍고 꿈결 같은 음악을 흉내 낸 것이다.) 격정적으로 몰아치던 라
흐마니노프 뒤에 이 달콤한 곡을 곁들이기로 한 것은 감동적인 선택이
었다. 16온스짜리 두터운 스테이크를 먹은 뒤에 디저트로 달콤한 딸기조
림을 음미하는 듯한 느낌. 나는 리허설 때 마추예프가 확인 차, 그리고
스텀프에게 뭔가 잘못되었음을 알려 주며 반복적으로 두드리던 음을 떠
올렸다. 라흐마니노프를 연주하던 건반 학대에 가까운 그의 격동적인 움
직임은 피아노의 어떤 현이든 망가뜨릴 수 있었다. 그리고 이제 말없는
관객들의 머리 위로 작고 솔직한, 귀여운 음정이 떠다니고 있다. 만약 그
사이에 날카로운 쇳소리가 하나라도 섞여 있다면 이 곡은 엉망이 될 터
다. 이것은 스텀프에 대한, 그리고 피아노에 대한 잔인한 시험이었다.

하지만 쇳소리는 나지 않았다. 모든 음정들은 물 흐르듯 자연스럽게
어울리며 완벽한 선율을 구성했다. 이것은 피아니스트가 조율사에게 보
내는 무언의 대답이었다. 연주회 전날 스텀프는 직접 제작한 도구를 사
용해 해머의 울을 넉넉히 부드럽게 만들었던 것이다. 건반 가장자리에서
마지막 음이 경쾌하게 울리자 관객석에서도 그에 화답하듯 소리가 터져
나왔다. 낮고 조용한 웃음소리와 한숨의 중간쯤 되는 소리였다. 피터 스
텀프와 피아노는 시베리아 곰을 견뎌 냈다. 스텀프는 안도했다. 그는 앞
으로도 계속 보이지 않는 인물로 남아 승리감을 만끽할 수 있을 것이다.

나는 스텀프를 쳐다봤다. 그의 얼굴은 평온했다. 어쩌면 마지막 선율

인비저블

이 공기 중에 사라지고 청중들이 스프링처럼 튀어 오르며 박수갈채를 던질 때 그의 얼굴에 희미한 미소가 피어오르는 것을 본 듯도 했다.

인비저블이 모습을 드러낼 때

완벽함은 보이지 않는다. 인비저블이 실수를 저지를 때,
조직과 사회는 위기를 맞는다.

'완벽함은 보이지 않는다.' 많은 인비저블이 이 공식을 준수한다. 대부분의 사람들이 주어진 일을 완벽하게 해낼 때 인정과 주목을 받는다면 인비저블들은 그 반대다. 일을 잘할수록 그들은 보이지 않는다. 그들이 무슨 일을 하는지 사람들이 알게 되는 것은 그들이 뭔가를 잘못했다는 뜻이다. 이 장에서는 인비저블이 평소에 얼마나 중요한 일을 하고 있는지 보여 주는 몇 가지 인상적인 사례들을 살펴본다. 그들이 하는 일이 잘못된 순간, 그동안 아무도 몰랐던 것들이 순식간에 수면 위로 떠올라 모두의 관심사가 된다.

2000년 11월 7일, 플로리다 보인튼 비치Boynton Beach에 거주하는 70세

할머니이자 홀로코스트의 생존자인 플로렌스 졸토스키^{Florence Zoltowsky}는 대통령 선거 용지를 받아들었을 때, 그녀의 표현에 따르면 자신과는 같은 식탁에 "앉지도 않을" **반유대주의자** 패트릭 뷰캐넌^{Patrick Buchanan}을 선택했다. "모든 분석 결과가 뷰캐넌의 득표수가 거대하고 명백한 이례적 현상임을 가리키고 있다." "우리는 뷰캐넌의 득표수 3,407표 가운데 2,058표가 팜비치 유권자들의 인구적 특성과 일치하지 않는다고 99.9퍼센트 확신한다." 선거가 올바로 치러졌을 경우 뷰캐넌이 "3,457표를 얻을 확률은 2만 5000분의 1"이었다. 위의 발언들은 선거 후 팜비치 카운티에서 뷰캐넌에게 나타난 비정상적인 높은 득표율에 대한 일부 선거 분석가들의 반응이다. 뷰캐넌의 득표율이 얼마나 충격적이었는지 심지어 뷰캐넌의 플로리다 선거구 조직위원장인 짐 맥코넬^{Jiom McConnell}조차 이렇게 말할 정도였다. "나더러 사람들이 실수로 팻 뷰캐넌에게 표를 던졌다고 믿느냐고요? 네, 실은 그렇습니다." 뷰캐넌 본인도 NBC 「투데이쇼^{Today Show}」에서 시인했다. "내 생각에 이번에 화제가 된 3,000표는…… 아마 원래 나한테 던지려던 게 아니었을 겁니다." 그뿐만 아니라 팜비치 카운티에서 한 명 이상의 후보를 선택해 자동적으로 무효 처리된 투표수는 자그마치 1만 9235표나 된다.

도대체 플로리다에서는 어쩌다 이런 소동이 일어나게 된 것일까? 왜 그렇게 많은 사람들이 자신의 의도와는 달리 뷰캐넌을 선택하거나 한 명 이상의 후보를 찍었을까?

미국의 정치 운동가와 정치 이론가, 일반 시민들은 2000년 대통령 선거에서 앨 고어Al Gore가 어떤 손해를 봤는지에 관해서라면 죽을 때까지도 논쟁을 벌일 수 있을 것이다. 미국 대선처럼 절차가 복잡하고 까다로운 사안에 헤아릴 수 없이 다양한 요인들이 결과에 영향을 끼쳤으리라는 사실은 부인할 수 없다. **하지만 어느 당을 지지하는 사람이든** 악명 높은 '나비형 투표 용지butterfly ballot'의 디자인이 유권자들의 선택에 현저한 영향을 미쳤으며 고어의 승리로 기울 수 있었던 저울의 균형을 무너뜨렸다는 사실에는 이견이 없으리라.

대관절 팜비치 카운티의 투표 용지는 뭐가 잘못되었던 걸까? 먼저 그것은 펀치 카드 투표 용지였다. 펀치 카드 투표 용지는 유권자가 선택한 후보 이름 옆에 '펀치'로 구멍을 뚫어야 하는데, 구멍이 깔끔하게 뚫리지 않아 그 자리에 계속 작은 '쪼가리chad(구멍 가운데 남은 종잇조각. 말하자면 도넛을 만들고 남은 반죽으로 만든 먼치킨 같은 것.)'가 붙어 나풀대는 경우가 잦았다. 테크놀로지 컨설턴트이자 선 마이크로시스템Sun Microsystem과 애플Apple의 전직 엔지니어 겸 디자이너였던 브루스 토냐치니Bruce Tognazzini는 인간과 컴퓨터의 상호작용에 관해 다방면에서 집필 활동을 하고 있는데,『나비형 투표 용지: 대참사를 해부하다The Butterfly Ballot: Anatomy of a Disaster』에서 이렇게 쓴 바 있다. "1998년에 미국 표준기술연구원National Institute of Standards and Technology: NIST은 바로 이런 이유 때문에 보토매틱형[펀치 카드] 투표 용지의 사용을 중단할 것을 강력하게 권고했다." 하지만 이런 방식의 투표 용지는 그 후에도 계속해서 사용되었다.

한편 펀치 카드 투표 용지는 구조적 약점 외에도 디자인 자체에 문제

인비저블

가 있었다. 서체와 후보 나열 방식, 두 페이지로 구성된 구조는 유권자들에게 혼동을 불러일으켰고 의도치 않게 잘못된 후보를 선택하게 만들었다. 토냐치니는 이렇게 설명을 잇는다. "쪼가리 문제만으로는 2000년 대선 결과를 뒤바꿀 수 없었다……. 정말로 사태를 엉망으로 만든 것은 극악한 디자인이었다."

"투표 용지에 따라 정리한 선거구 및 부재자 투표 지도는 유독 팜비치 카운티에서만 급증한 뷰캐넌의 지지율이 나비형 투표 용지 디자인 때문이라는 주장을 뒷받침한다. 뷰캐넌의 지지도가 비교적 높은 지역은 팜비치 경계선 안에만 머무를 뿐 경계선 밖으로 나가는 법이 없다. 또 부재자 투표 지도는 카운티마다 차이는 있지만 카운티 경계선을 기점으로 그만큼 갑작스러운 변화가 발생하지는 않는다." UC 버클리의 정치학과 보고서는 이렇게 결론짓는다. 그래픽 디자인 회사 AIGA의 전무 이사인 리처드 그리페Richard Grefé와 민주주의를 위한 디자인Design for Democracy 프로그램 책임자인 제시카 프리드먼 휴잇Jessica Friedman Hewitt은 《뉴욕 타임스》 기사에서 이렇게 썼다. "플로리다 팜비치 카운티에서 사용한 펀치 카드용 '나비형 투표 용지'의 혼동스러운 디자인은 앨 고어를 찍으려 했던 사람들이 실수로 개혁당Pat Buchanan의 팻 뷰캐넌에게 표를 주게 만들었다. 이 사건은 투표 용지 디자인에 관한 전국적인 관심과 흥미를 불러일으켰다."

2000년 전까지만 해도 투표 용지 디자인이란 전적으로 선거와 관련된 공무원들의 영역이었으며, 보이지 않는 일거리였다. 그러나 대선 직후 국민 대다수가 그들 사이에서만 통하던 '쪼가리' 같은 단어를 일상대화

속에서 주고받게 되면서 모든 것이 변했다. "우리 일은 때때로 사람들 눈에 띌 때는 있어도 그다지 중요하게 취급되지는 않죠." 그래픽 디자이너인 마크 레빗은 투표 용지 사건에 대해 이렇게 말한다. "그런데 디자인 업계에 청천벽력이 내리친 겁니다. 갑자기 온 세상 사람들이 디자인이 얼마나 중요한지 인식하게 됐으니까요."

그렇다면 이제부터 그 실패한 디자인을 자세히 살펴보도록 하자.

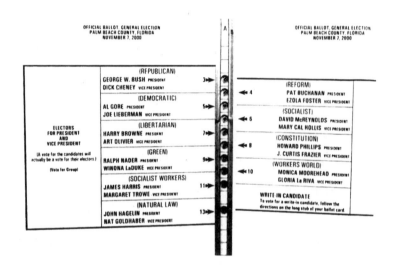

"두 번째 구멍이 두 번째 후보를 가리키는 것처럼 보이기 때문에 4,000명의 유권자들이 두 번째 구멍을 뚫는 실수를 저질렀을 뿐만 아니라, 1만 9000명 이상의 유권자들이 구멍을 하나 이상 뚫는 실수를 저질렀다. 왜냐하면 그들이 선출하고자 하는 후보 옆에 두 개의 구멍이 있었

인비저블

기 때문이다." 토그나치의 설명이다. 디자이너는 "투표 용지를 2열 6행의 표처럼 만든 다음, 그 사이에 표기 구멍을 일렬로 나열했다. 유권자들의 이해를 돕기 위한 목적으로 작은 화살표도 기재했지만 막상 유권자들의 견해는 달랐다."

팜비치의 투표 용지를 만든 사람을 '디자이너'라고 부르는 것은 굉장히 관대하고 너그러운 처사일 것이다. 2000년 이전에 투표 용지는 대개 선거관리위원회가 "디자인 담당 내부 직원들을 거느린 인쇄 업자들"의 도움을 받아 제작했다." "하지만 그들의 일은 다른 종류의 디자인이며 그래픽 디자인, 특히 정보 디자인 전문가들이 하는 일과는 전혀 다르다."고 시카고 디자인 회사인 스튜디오/랩Studio/Lab의 사장이자 시카고 예술 디자인 대학 교수인 마샤 로센Marcia Lausen은 말한다. 선거가 끝난 후 로센은 AIGA의 민주주의를 위한 디자인 프로그램의 선봉에 섰다. 팸플릿에 따르면 그 프로그램은 투표 용지의 디자인을 개선해 "모든 미국 국민이 더 쉽고 정확하게 투표를 할 수 있게 돕는" 것을 목적으로 한다.

로센과 AIGA, 그리고 시카고 대학 동료들은 유용한 투표 용지 디자인 목록을 작성하여 전국의 선거관리위원회에 배포했다. 그들이 권고한 디자인을 가장 먼저 도입한 곳 중 하나는 로센의 본거지인 일리노이 주의 쿡 카운티Cook County였다. 쿡 카운티 서기는 로센의 팀과 직접 손잡고 새로운 형태의 투표 용지를 개발했다. 참으로 힘든 과정이었다. 미국의 선거는 카운티 단위로 관리되며 때로는 시 단위로도 이뤄진다. 쿡 카운티의 선거 조례는 난해한 법률 용어로 적혀 있었는데, 온갖 황당한 조건들이 난무했다. 가령 모든 문자는 대문자로 인쇄되어야 한다거나 글자 크기를 지정하는 이상한 기준이 있는 등 정보 디자인의 관점에서 보자면 터무니없었다. 따라서 새로운 투표 용지 디자인을 사용하려면 무엇보다 먼저 지역 정치가들을 설득해 법규를 수정하는 복잡다단한 절차를 거쳐야 했다. 하지만 그들은 결국 목적을 달성할 수 있었다. (참고로 첫 번째 지침은 이것이다. "소문자를 사용하라…… 소문자는 식별이 더 쉽기 때문이다.")

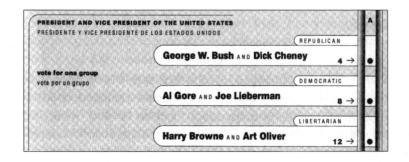

위는 로센과 그의 동료들이 제안한 쿡 카운티 투표 용지의 일부분이다. 대문자와 소문자를 적절히 섞어 쓴 것에 주목하라. 또한 후보자의 이름과 소속 정당을 한데 묶는 '그래픽 도안'도 있다. 이런 장치들은 "후보자의 이름과 일치하는 화살표 및 펀치 구멍에 유권자의 시선이 집중되도록 돕는다"고 로센과 AIGA의 지침서인 『민주주의를 위한 디자인: 투표 용지+선거 디자인』*Design for Democracy: Ballot + Election Design*』은 설명한다.

"우리 전문가들은《뉴욕 타임스》표지를 '투표 용지 디자인'이 장식한

인비저블

순간, 변화를 창조할 기회가 왔음을 깨달았습니다." 선거 후 로센은 언론 매체와의 인터뷰에서 이렇게 말했다. 민주주의를 위한 디자인은 어떤 형태의 투표 용지에도 적용 가능한 디자인을 제시하고 있지만, 오늘날 펀치 카드 투표 용지는 대체로 한물간 구식으로 여겨진다. 그와 더불어 민주주의를 위한 디자인은 광학 판독과 터치 스크린을 비롯해 다양한 유형의 투표 용지 지침을 개발했으며, 그중 상당수가 현재 활용되고 있다. 아직은 많은 지역의 디자인이 미흡하지만 적어도 이제는 뛰어난 정보 디자인의 중요성과 그 여파가 대중의 머릿속에 각인된 상태다. 그보다 더 중요한 것은 선거관리위원회 역시 지대한 관심을 기울이게 되었다는 점이다. 팜비치 카운티의 선거관리위원장이자 문제의 투표 용지를 디자인한 테레사 르포어Theresa LePore는 선거 후 산더미 같은 항의 투서를 받았고, 경호 조치를 받았으며, 심지어 살해 위협에까지 시달렸다. 10년이 지난 지금도 그때의 악명은 여전히 그녀의 뒤를 따라다닌다. 2013년《보카 레이튼Boca Raton》과의 인터뷰에서 그녀는 이렇게 말했다. "나는 항상 팁을 잘 줘야 한다고 우스갯소리를 하죠. 다들 내가 누군지 너무 잘 알고 있으니까요. 이제 다시는 그전으로 돌아갈 수 없을 거예요." 아이러니컬한 (그리고 불행한) 일이지만, 르포어는 투표 용지를 두 쪽으로 만들면 지면이 넓어지기 때문에 나이 든 유권자에게 도움이 될 것이라고 생각했다. 의도는 좋았지만 전문 디자이너가 옆에 있었으면 그녀에게 잘못된 생각이라고 충고했을 것이다.

인비저블이 사람들 앞에 나타나게 된 계기 가운데 가장 유명하고도 끔찍한 대참사는 보이지 않는 세계에서 정보 수집을 맡고 있는 온갖 다양한 알파벳 정부 기관들이 데이터의 '연관성을 포착하지 못해' 예측에 실패한 9/11일 것이다. 근사한 암호명으로 활약하는 첩보 요원들이 오랫동안 할리우드 블록버스터나 싸구려 소설을 통해 우리의 상상력을 사로잡아 왔다면, 그런 화려한 인비저블 뒤에 존재하는 인비저블 — 후방에서 일하는 분석 요원이나 정보 조사원 — 이 갑자기 모두의 관심사로 떠오르는 경우는 이처럼 끔찍한 참사가 발생했을 때뿐이다. 오늘날에는 정부의 프리즘PRISM 감시 프로그램이 폭로되면서 보이지 않는 곳에서 일하는 정보 분석관의 존재가 만인의 주목을 받고 있다. 나는 그런 인비저블을 묵과하자는 것도 아니고 그들을 지휘하는 좀 더 큰 정책들을 비난하자는 것도 아니다. 다만 그러한 현실이 우리 사회에 어떤 영향을 끼쳤는지에만 집중해 보자.

9/11의 정보 분석 참패에 대해 시끄러운 논쟁을 반복하기보다는 '인비저블 뒤에 존재하는 인비저블' 중 한 명과 인터뷰한 내용을 여기에 짤막하게 소개한다. 그녀는 인비저블이 지닌 세 가지 특성의 화신(化身)과도 같았다.

니나*는 모두에게 잘 알려진 연방 정부 산하 정보 기관 중 한 곳의 워싱턴 DC 지부에서 정보 분석 요원으로 일한다. 그녀의 주요 업무는 '각양각색의 무수한 사건들을 분석하여 큰 그림과 동향, 패턴을 가늠하는

---

* 그녀의 요청에 따라 가명을 사용했으며, 그녀가 어떤 기관을 위해 일하는지도 밝힐 수 없다.

것'이다.

그녀는 하루 종일 데이터를 엄격하게 거르고 체계화한다. 이를테면 국내 테러리즘과 관련된 용의자나 특정 집단의 일 년치 전화 기록을 수집해 데이터를 추려 내어 스프레드 시트에 옮겨 패턴을 뽑아 낸다. 이런 분석은 보통 '쉬운 것에서부터 시작하는데, 예를 들어 자주 연락하는 전화번호를 출발점 삼아' 다른 용의자들과 일치하는 시간대나 장소 등을 교차 검색해 '연관성을 파악한다.' "전 A유형 인간이에요." 니나는 순순히 시인했다. "일처리를 엄청나게 꼼꼼하게 하는 사람이요." 그렇게 중요한 일을 수행하고 있으니 스트레스도 심하게 받지 않느냐고 묻자 그녀가 대답했다. "난 이런 중책을 맡는 게 좋아요. 어쨌든 기본적으로는 내가 할 일을 하고 있는 것뿐이니까요." 그녀는 할당된 임무를 완수할 때마다 막대한 성취감을 느끼지만 "대단히 힘들죠. 피드백 평가를 받는 일이 거의 없으니까요."라고 한탄한다. "내가 전체 사건의 윤곽을 파악해 상사에게 넘기면, 그들은 내용을 다시 분석한 다음 다른 요원의 평가서와 종합해 정보가 필요한 현장 요원이나 다른 요원들에게 전달합니다. 나중에 내가 한 일이 어떻게 되었는지 소식을 들을 수 있는 경우도 거의 없고요." 그녀는 또 이렇게 지적했다. "다른 사람들에게 내가 무슨 일을 하는지 얘기할 수도 없죠. 평범한 사람들은 내가 날마다 무슨 일을 하는지 몰라요. 아니 그보다는 '알 수가 없죠.' 나 같은 분석 요원은 주어진 일을 할 뿐이에요. 그게 다죠. 남들에게 인정받는 건 있을 수도 없는 일이고." 은밀한 곳에서 하루하루 데이터를 꼼꼼하게 분석하고 분류해 고위

층 인사에게 전달한다. 그럼으로써 니나가 받는 보상은 조국을 위해 일하고 있다는 자부심뿐이다. 그렇게 할 수 있는 원동력이 무엇이냐고 묻자 그녀는 짧게 대답한다. "이 일이 좋으니까요."

근래 들어, 특히 파키스탄에 은둔 중이던 오사마 빈 라덴의 소탕 작전이 성공한 이후 일부 특수 부대는 그전까지만 해도 CIA(혹은 그들의 영국인 쌍둥이인 제임스 본드)의 전유물이었던 대중의 낭만적 환상을 한몸에 받게 되었다. 하지만 그들 모두가 새로 얻은 대중의 관심을 반기거나 기꺼워하는 것은 아니다. 실제로 일부 인비저블은 이름 없이 일하는 것을 선호하기 때문에 대중의 찬사를 꺼려하는 경향이 있다. 내가 면담한 전직 네이비 실Navy SEAL 요원 역시 (그의 입장을 생각하면 당연히) 익명으로 남길 바랐는데, 빈 라덴 소탕 작전과 다른 유명한 작전 때문에 "네이비 실에 대해 쓸데없는 관심이 쏠리는 것 같다."며 투덜거렸다. "내가 말할 수 있는 건 1990년대에 인터넷이 생기기 전까지만 해도, 그리고 정치가들이 우리를 무슨 정치적 자본으로 이용하기 전까지만 해도 우리가 무슨 일을 어디서 어떻게 하는지 아는 사람이 거의 없었다는 겁니다." 그는 그때가 훨씬 좋았다고 말한다.

2013년 초반 《뉴욕 타임스 매거진The New York Times Magazine》이 제이슨 에버맨Jason Everman에 대해 흥미로운 특집 기사를 실었다. 시애틀 출신의 뮤지션인 그는 사운드가든Soundgarden과 너바나 멤버로서 록 음악계를 한 번도 아니라 두 번씩이나 뒤흔들었고 나중에는 군에 입대하여 육군의 최정예 특수 부대인 레인저Rangers 대원이 되었다. 그 기사에서 클레이 타버Clay

Tarver는 이렇게 쓰고 있다. "나는 모조리 자세히 알고 싶었지만 그는 많이 이야기하지 않았다. 아니면 얘기를 못하는 것이었을 수도 있다. 특수 부대에는 암묵적인 규칙이 있다. 무슨 일을 하는지 이야기하지 않는다. 아마도 에버맨은 그 점에 이끌렸을 것이다. 유명한 록 스타였던 그는 평범한 익명의 병사가 아니다. 그는 이제 '기밀'에 속한다." 중년의 나이에 컬럼비아 대학의 학생으로 지내는 삶은 어떠냐는 질문에 에버맨은 이렇게 대답했다. "나를 아는 사람이 없습니다. 내가 바랐던 대로요."

이라크전에 앞서 저널리스트인 주디스 밀러Judith Miller는 《뉴욕 타임스》에 연재한 일련의 대규모 기획 기사에서 수많은 익명 제보자의 말을 빌려 이라크에 대규모 살상 무기가 존재한다고 주장했다. 하지만 후에 그런 정보들은 모두 거짓이었음이 밝혀졌다. 밀러는 간혹 "사이드 씨의 주장을 독자적으로 입증할 방법은 없다." 같은 표현으로 사실이 아닐 가능성을 교묘히 피해 갔지만 기획 기사의 취지와 이 기사가 1면에 게재되었다는 사실은 그 같은 경고를 압도하기에 충분했다. 사실 검증 전문가로서 훈련받던 시절 나는 인용 문구의 출처를 확인하는 것만으로는 충분하지 않다고 배웠다. 사실 검증가는 내용의 사실 여부까지도 반드시 검토해야 한다.

그 후로 몇 년간 비록 생화학 무기는 아닐망정 《뉴욕 타임스》를 뒤덮은 자욱한 먹구름은 유독한 영향을 끼쳤고, 대중(혹은 최소한 언론을 감시하는 소비자들)에게 보도가 정확했더라면 결코 부상하지 않았을 사실 검증이라는 행위를 인식하게 만들었다. 이 문제가 발생하기 전까지만 해도 사실 검증은 커튼 뒤에 가려진 보이지 않는 업무에 속했다. 2004년에 《뉴욕 타임스》는 '사과문'을 게시했다. "기자들에게 의문을 제기하고 늘 회의적인 태도를 주문해야 하는 각 단계 편집자들이 특종을 건지는 데 너무 급급했던 것인지도 모른다." 당시 《뉴욕 타임스》의 편집장이었던 빌 켈러Bill Keller는 추후에 그 사건에 대해 이렇게 평했다. "많은 사람들, 특히 많은 좌파들이 《뉴욕 타임스》에 환멸을 느꼈습니다. 우리가 전쟁을 부추기는 모습을 목격했으니까요." 신문들은 편집 과정에서 사실 검증을 거치긴 하지만 긴박한 마감 시한과 막대한 비용 때문에 미국 최고의 유명 잡지들과는 달리 사실 검증을 크게 중시하지는 않는다. 투표 용지 논란이 보여 주듯이 때로는 인비저블의 실수가 아니라 그들의 '부재'가 — 이 경우에는 사실 검증 전문가의 부재 — 대중의 시선을 집중시키기도 한다.

밀러의 재앙이 발생한 지 10년 후, 작가 및 필자들과 그들의 작품을 출간하는 업계에 또 다른 사실 검증 스캔들(밀러의 경우보다는 덜 심각하지만)이 덮쳐와 파란을 일으켰다. 생화학 무기에 대한 잘못된 보도가 낳은 그나마 긍정적 결과가 있다면 아마 사실 검증의 중요성에 대한 대중의 각성이 일어났다는 것일 터다. 그 한쪽 끝에 팍스콘Foxconn 스캔들이 있었다. 작가 겸 공연가인 마이크 데이지Mike Daisey는 인기 라디오 프로그램 「이런 미국의 삶This American Life」에서 전국의 청취자들(과 88만 명 이상의 포드캐스트 청취자들)에게 중국 애플 공장에서 일하는 노동자들의 실태에 대한 날조된 이야기를 퍼트렸다. 밀러가《뉴욕 타임스》의 신뢰도에 악영향을 끼쳤듯이 데이지의 방송도 공영 라디오와 나아가 뉴스 전반에 대한 대중의 신뢰에 막대한 손상을 입혔다. 데이지가 묘사한 그림의 상당 부분이 꽤 정확했음에도 불구하고 내막이 밝혀지고 얼마 후에 맥스 피셔Max Fisher는《애틀랜틱》에 "이제 그 이야기의 쟁점은 중국 노동자들의 착취가 아니다. 문제는 이제까지 데이지가 다룬 모든 것을 오염시킨 그의 부정직함이다."라고 지적했다.

좀 더 무게가 가벼운 쪽으로는 2012년에 발생한 조나 레러Jonah Lehrer 스캔들이 있다. 크게 성공한 이 베스트셀러 작가는 예전에 다른 곳에 발표했던 글을《뉴요커》블로그에 재활용해 '자기표절'을 한 것이 탄로 났다. 물론 작가가 오래전 자신의 글을 다시 사용하는 것은 윤리적으로 그렇게까지 크게 지탄받을 일은 아니다. (꺼림칙한 행동이긴 하지만 어쨌든 진짜 표절만큼 나쁜 일은 아니지 않은가.) 하지만 그 행위는 많은 이들, 특히 저널리즘 세계에 있는 사람들에게 각별히 엄밀한 주의를 기울이게 하기에 충분했고, 결국 나중에 레러가 또다시 그의 책『이매진Imagine』에서 밥 딜런Bob Dylan의 말을 지어 냈다는 사실을 밝혀 냈다. 그것은 그의 추락을 의미했다. 거센 비난의 물결이 터져 나왔다. 대부분은 동료 작가들의 비난이었다. 레러는《뉴요커》의 일자리를 잃었고 출판사는 그의 책을 수거했으며,《와이어드》는 그가 쓴 모든 기사를 검증하고 부정확한 사실들을 무수히 발견하자 그와의 관계를 가차 없이 끊었다.

전쟁을 지지하는 잘못된 보도든 대중 작가가 저지른 병적인 실수든,

원래대로라면 인비저블의 영역에 머물러야 할 사실 검증의 존재가 우리의 일상생활 속으로 점차 파고들고 있다. 참고로 이에 관해 내가 과거에 《애틀랜틱》에 쓴 기사의 일부를 인용하자면 "《워싱턴 포스트Washington Post》의 사실 검증 칼럼과 팩트체크FactCheck.org 같은 사이트는 매달 수천 명의 독특한 방문객들을 끌어들이고 있다." 그러나 《뉴요커》의 피터 칸비는 사실 검증이 매우 중요한 일임에도 불구하고 (올바로 해낸다면) 여전히 독자들로부터 간과될 것임을 안다.

레이 헐Ray Hull은 파트너인 프랭키 케천스Frankie Ketchens와 거의 40시간 동안 운전을 했다. 두 사람은 네브래스카에서 텍사스까지 갔다가 다시 돌아오는 길이었다. 워낙 길고 힘든 길이었기 때문에 그는 일을 시작하기 전에 조금 쉴 수 있으리라 생각했다. 하지만 일터로 돌아가니 도급업자가 고용한 사람이 벌써 와 있어서 그는 즉시 일을 시작해야 한다는 압박감을 느꼈다. 헐은 첨탑처럼 생긴 이동통신 기지국을 타고 올라가기 시작했다. 그는 지난 수년간 수없이 많은 기지국을 타고 올라 장비를 업그레이드해 왔다. 하지만 바로 그때, 끔찍한 일이 벌어졌다. "케천스가 권상기를 잘못 다루는 바람에 커다란 강철 부품이 헐을 매단 채 75미터 위에서 추락한 것이다." 다행히도 안전띠가 중간에 끊어진 덕분에 헐은 목숨을 건졌지만 심각하고 영구적인 부상을 입었다.

우리는 하루 종일 아이폰을 만지작거리면서도 전화기가 작동하려면 물리적 기반 시설이 필요하다는 생각은 조금도 떠올리지 않는다. 우리는 이동통신 네트워크가 그냥 "퍼져 있다."고 막연히 생각하며 기지국은 물론 그 높은 탑을 타는 일꾼들에 대해서는 상상조차 하지 않는다. 만약 그들이 새로운 기지국을 세우거나 사용 중인 장비를 갱신하지 않는다면 당신은 전화기로 전화를 걸거나 이메일을 보내거나 날씨 앱을 확인하지도 못할 것이다. 기지국을 오르는 헐과 그의 동료들은 지난 수십 년간 소비자들의 시야가 닿지 않는 곳에서 일해 왔다. 그러던 2000년대 초반, 이동통신 기업들이 폭발적으로 증가한 수요를 충족시키기 위해 기지국을 신설하고 업그레이드하는 데 혈안이 되면서 헐의 직업은 위험한 국면에 처하게 된다. 미국 직업안전위생관리국Occupational Safety and Health Administration, OSHA 국장이 건설 노동자보다 사망률이 열 배나 높은 기지국 설치 및 수리원에 대해 "미국에서 가장 위험한 직업"이라고 칭한 적도 있다. 사망자 수가 급증하자 언론도 들썩이기 시작했다. 《프런트라인Frontline》과 《데일리코스DailyKos》의 폭로 기사, 뒤이어 《마더 존스Mother Jones》와 《아웃사이드Outside》를 비롯한 유명 잡지들이 그동안 투명 인간으로 취급하던 노동자들을 집중 조명하는 데 속속들이 합류했다.

이 장의 첫머리에 제시된 공식으로 다시 돌아가 보자. '완벽함은 보이지 않는다.' 이것은 가장 어렵고, 어쩌면 불가능한 기준인지도 모른다. 우리가 아는 수많은 참사들은 인비저블이 세 가지 특성을 구현하는 데 실패했을 때 — 그들의 실수 때문이든 시스템의 미흡함 때문이든 — 어떤 일이 발생하는지 명백하게 보여 준다.

기지국 수리공들이 전면에 드러나게 된 것은 기업들이 더 이상 헐 같은 베테랑 직원을 고용하지 않았기 때문이다. (헐은 삼대째 가업을 잇고 있다. 그의 부친과 조부는 TV와 라디오 기지국을 타던 노동자였다.) 그들은 복잡하고 섬세한 작업을 보다 빠르고 값싸게 하기 위해 시급 10달러짜리 미숙한 일꾼들을 고용했고, 이들 새 기술자들의 사망률이 늘어난 것은 적절한 훈련을 받은 숙련된 기술공과는 달리 경험과 집중력이 부족했기 때문이다. 레이 헐은 말했다. "자기가 사용하는 장비가 과연 안전한지 제대로 알려면 오랫동안 훈련을 받아야 합니다. 그런데 지금도 저 밖에는 수많은 사람들이 고작 몇 달간의 훈련만 받고는 곧장 일에 뛰어들고 있어요. 그건 미친 짓이죠!" 사업 확장에만 정신이 팔린 이동통신 산업은 인비저블의 두 번째 특성, 즉 꼼꼼하고 치밀한 노력을 무시했다. 숙련된 수리공들과 달리 새로운 직원들은 안전 장비를 채우지 않거나 탑을 무모하게 오르는 경우가 잦았다. 그뿐만 아니라 그들을 고용한 하청 업체 역시 비용 압박 때문에 안전 장비를 꼼꼼하게 점검하지 않았다.

그의 사고에 대중의 관심이 쏠리기 전까지 헐은 전형적인 인비저블이었다. 물론 그는 생계를 유지하기 위해 일을 했지만, 일에 대한 애정과 자부심은 그에게 만족감을 가져다주었다. "세상에 나만큼 자기 일을 좋아하는 사람도 없을 겁니다." 그의 말이다. 다른 기지국 수리공인 월리 리어든Wally Reardon도 같은 생각이다. **"난 모험을 하는 게 좋아요.** 급여는 두 번째 문제죠." 내가 이 책에서 조명한 인비저블은 모두 각각의 분야에서 뛰어난 엘리트이며 높은 보수를 받지만 그들이 일에 대해 갖고 있는 공통적인 태도는 모든 직장인들에게도 적용될 수 있다. 통신 기지국을 타는 수리공들은 학력도 높지 않고 이 책에 묘사된 다른 이들 같은 사회적 지위도 누리지 않지만, 노련한 일꾼들은 탁월한 능력과 기술을 갖추고 있을 뿐만 아니라 앞에서 확인했듯이 다른 인비저블과 공통된 특성을 지닌다. 국가적 대재앙에서 대중을 각성시킨 한 개인의 비극에 이르기까지, 인비저블이 하는 일은 오로지 잘못되었을 때에만 모습이 드러난다. 나의 바람은 이 책을 읽은 여러분이 굳이 대형 사건 사고가 일어나지 않더라도 그들의 일에 관심을 보여 주는 것이다. 다음에 문자 메시지를 보낼 때면 잠시 엄지손가락을 멈추고 지금 이 순간에도 누군가 당신의 메시지를 전달하기 위해 하늘 높이 솟은 철탑 위를 오르고 있음을 떠올리기 바란다.

10

여러 문화권에서 보는 인비저블

사람들은 자신이 속한 문화에서 무엇이 중요한지 배우고,
그러한 성향을 내재화한다.

"내가 수필을 쓰게 되자 어머니는 제발 한 번만이라도 당신 얘기를 들으라면서 나를 다그치고 있죠. '한국 사람들은 더러운 세탁물을 그냥 말리지 않는다고!'" 소설과 수필을 쓰는 프리랜서 작가인 데이비드 유David Yoo가 말했다. 코네티컷에서 나고 자란 그는 한국계 미국인 1세대다. 이민자 출신인 그의 부모님은 아직도 옛 조국의 가치관을 간직하고 있다. 그로서는 낙담스러운 일이다. 그가 유독 청소년기 시절을 자주 소재로 다루는 걸 보면—성 정체성에 대한 자각, 신체적 문제, 경직된 가족관계 등등—그의 어머니가 좀 가엾기도 하다.

각 국가마다 사회적 특성으로 간주되는 독특한 성격 유형이나 형태가 존재하는 것은 사실이지만, 심리학과 역사, 그리고 사회학 연구는 여

러 국가와 지역에 일종의 공통적인 문화적 기준이 폭넓게 존재함을 보여 준다. 예를 들어 데이비드 유의 모친이 가족 일은 남들에게 말하는 것이 아니라고 여기는 성향은 한국과 중국, 베트남, 일본을 비롯한 일부 아시아 국가, 즉 이른바 유교 문화권에서 흔히 접할 수 있는 겸양과 신중함을 높이 평가하는 문화와 일치한다. 이처럼 다양한 문화적 규범은 타인의 인정에 대한 인식에 어떤 영향을 끼칠까? 자신이 속한 문화권에서, 그리고 회사 내에서 사람들은 자신이 어떤 위치에 있다고 여기는가? 이 장에서는 몇몇 지역들을 선택해 이 질문에 대한 대답을 탐색해 본다. 어렵고 복잡한 연구 조사도 아니고 특정 문화나 지역에 대해 평가하는 것도 아니다. 그저 속한 문화권에 따라 인비저블의 가치와 특성에 대해 어떤 시각차가 존재하는지 보여 주고 싶다.

서구인은 자전적 소설의 주인공이다.

아시아인은 자신의 존재를 다루는 영화의 등장인물이다.*

사회적 특성을 비교, 구분하는 것은 대단히 복잡하고도 애매모호한 일이다. 이와 관련해 학계에서 자주 활용하는 몇몇 기준들 가운데 가장

---

* 이는 미시건 대학의 심리학자 리처드 니스벳(Richard Nisbett)의 표현으로, 그는 서양인과 동아시아인이 자아에 대해 인식하는 사고 과정의 차이점을 연구한 바 있다.

잘 확립된 한 가지 도구는 바로 집단주의 대 개인주의라는 개념이다. 집단주의 문화에 속한 이들은 가족이나 부족 같은 '집단'에 충실한 경향이 있고 개인적 목표보다 집단의 목표에 치중한다. 반면에 개인주의 문화는 '개인이 자신과 직계 가족만을 돌보는 느슨한 사회 구조'를 지니는 경향이 있다. (별로 놀랍지는 않겠지만 미국은 지구상에서 개인주의 성향이 가장 높은 국가다.) 바로 이 렌즈를 통해 미국과 다른 개인주의 사회, 그리고 중국을 비롯한 아시아 집단주의 사회에서 인비저블이 어떤 평가를 받고 있는지 그려 보자.

나는 아주 멋지고 똑똑하다. 농담도 잘하고 웃긴다. 나는 친절하고 상냥하다. 코넬 대학에 갈 수 있을 정도로 성적도 좋다. 나는 다른 사람들과 협동도 잘한다.

...

나는 인간이다. 나는 어린아이다. 나는 카드 놀이를 좋아한다. 나는 엄마 아빠의 자식이고 할머니 할아버지의 손자다. 나는 열심히 노력하는 착한 아이다.

위의 두 글은 각각 여섯 살짜리 아동이 자기 자신에 대해 묘사한 것이다. 전자는 유럽계 미국 아동의 글이며, 후자는 중국 아동이 쓴 것이다. 첫 번째 글이 "아동 자신의 긍정적 특성과 기질에 집중한 반면 두 번째 글은 아동의 사회적 역할과 관계에 편중해 있다는 데 주목하라." 코넬 대학 심리학자인 퀴 왕Qi Wang이 자기 인식 발달에 관한 논문에 쓴 대목이다. 중국과 미국에서 대학 시절을 보낸 왕은 하버드 대학에서 박사 학위를 수여받았다. 다문화적 관점을 연구에 도입한 그녀는 현대 서구 문화에서 "타인의 인정/명성을 추구"하는 현상이 "자신을 내적 자질과 속성에 따라 정의되는 독특하고 특별한 주체로 보는 개념"과 연관되어 있다고 말했다. "그건 아시아에서 이상적으로 생각하는 겸손하고 상대적인 자아와는 상반되죠."

스탠퍼드 대학의 심리학자로 사회심리학 분야의 선도자인 헤이젤 마커스Hazel Markus는 아시아인과 미국인의 자기 인식을 탐구한 공동 논문에서 이렇게 썼다. "다른 문화권에 속한 사람들은 자신과 타인, 그리고 그 두 주체의 상호 의존 관계에 대해 눈에 띄게 다른 인식을 가지고 있다." 논문은 계속해서 설명한다. 미국 문화에서 "개인은 그들 자신의 독특한 내적 기질을 외부로 표현함으로써…… 타인으로부터 독립성을 유지하려고 한다."

이 같은 맥락에서 위의 중국 아동이 자기가 하는 일에 대해 인정받는 것의 가치를 미국 아동과 어떻게 다르게 받아들일지 짐작하기는 어렵지 않다. 아무리 어린아이라 해도 자신을 독립적 개체가 아닌 보다 큰 시스템의 일부 혹은 거기에 속박된 존재로 인식한다면, 우리는 사적인 인정이나 칭찬을 덜 기대하게 된다. 왜냐하면 나 자신의 행동을 집단적인 노력의 일부로 여기기 때문이다.

이런 집단주의적 태도는 우리가 아는 인비저블 사이에서도 여러 번 확인할 수 있다. 오스카 수상자인 촬영 감독 로버트 엘스윗은 촬영장에서 많은 크루들을 지휘하지만 협동적 분위기를 강조하고 자신은 감독의 비전을 뒷받침할 뿐이라고 생각한다. 라디오헤드의 베테랑 테크니션인 플랭크는 쉴 새 없이 일할 뿐만 아니라 굳이 손댈 필요조차 없는 장비 운반을 나서서 돕는데, 그것은 그가 맡은 일뿐만 아니라 공연 자체가 성공하기를 바라기 때문이다. 또한 앞에서도 지적했듯이 많은 인비저블들이 — 세계 최고의 초고층 건물들을 여럿 건설한 구조 공학자 데니스 푼처럼 — 일에 대한 질문을 받을 때면 '나'보다 '우리'라는 단어를 사용한다. 이렇게 원만하고 조용한 사람들이 어떻게 그렇게 크게 성공할 수 있었던 걸까? 수전 케인의 『콰이어트』가 좋은 힌트를 줄 수 있을 것이다. 그녀는 대만 출신으로 현재 캘리포니아에서 외향성에 대한 강의를 하고 있는 프레스톤 니Preston Ni의 말을 인용한다. "아시아 문화권에서는 세심하고 미묘한 방식을 통해 원하는 것을 얻어 냅니다. 그런 방식은 반드시 적극적인 건 아니지만 매우 단호하고 노련할 수 있지요. 그리고 결국에는 많은 것을 얻어 낼 수 있습니다. 적극적이고 공격적인 힘은 상대방을 지치게 합니다. 반면에 상냥하고 부드러운 힘은 상대방이 스스로 넘어오게 하지요." 성공적인 인비저블이 되는 것은 소극적으로 몸을 낮춘 채최선의 결과가 나오기만을 바라는 것이 아니다. 심지어 인비저블이 되기위해 내향적일 필요도 없다. 엘스윗과 길 찾기 전문가인 짐 하딩처럼 사교적이고 남들과 어울리기 좋아하는 이들도 목표를 달성할 때면 부드러운 힘을 활용한다.

당신은 어떤 가치가 있는가?

"미국에서는 개개인이 자기 가치를 정의하고 자기 표현과 주장을 통해 그것을 논리정연하게 표현합니다. 반면에 아시아에서 노골적인 자기 칭찬은 미성숙함을 의미하고 다른 사람들의 눈살을 찌푸리게 하죠. 우리는 자기 가치를 간접적인 방식으로, 소속된 집단을 통해 드러내도록 권장합니다." 한국 인하대학교 경영학과 교수로 다문화심리학을 연구하는 김의철의 말이다. 자아 가치라는 개념은 심지어 변덕스럽기까지 하다. 브리티시 컬럼비아 대학의 사회심리학자 스티븐 하이네^{Steven Haine}는 긍정적 자아 존중감의 필요에 대해 의문을 제기하는 공동 논문에서 이렇게 썼다. "인간은 긍정적 자아 존중감을 추구하는 것으로 알려져 있다." 그러나 저자들은 "인류학·사회학·심리학적 분석 결과 일본인이 긍정적 자아 존중감이 필요하다는 증거가 미흡하다는 사실"을 발견한다. 우리는 모든 미국인이 "긍정적 자기관을 보유, 향상, 유지하기"를 원한다고 추정하며, 이는 타인에게서 인정받고자 하는 욕구와 관련되어 있을 가능성이 크다. 그러나 우리가 내적 욕구라고 가정하는 긍정적 자기관이 부재한 일본에서는 외부의 칭찬에 대한 욕구를 그리 크게 느끼지 못한다.

"일본 속담 중에 '엔노 시타노 치카라모치'라는 말이 있습니다. 대충 번역하면 '무대 아래 장사(壯士)' 정도가 되겠지요. 인비저블은 그렇게 주연 배우를 빛내기 위해 무대를 지탱하는 장사들과 같습니다." 버지니아 대학 심리학 교수이며 인간의 문화와 행복을 연구하는 시게히로 오이시 ^{Shigerhiro Hoshi}는 이렇게 말하며 덧붙였다. "일본 회사들은 이처럼 조력자의 위치에서 열심히 일하는 사람들의 공을 인정하고 치하하기 위해 노력하고 있지요." 어쩌면 남의 눈에 띄는 것을 꺼려하는 아시아인 특유의 성격이 그 지역 사람들만의 예외적 특성이라고 생각할지도 모른다. 하지만 좀 더 넓은 시각으로 보면 집단에서 튀고 싶어 하는 것이 오히려 예외의 경우일 수도 있다. "미국에서 자기중심적 개인주의를 높이 평가하는 것은 아시아나 아프리카, 그리고 다른 여러 사회와 비교할 때 매우 이례적이고 변칙적인 현상입니다." 미주리-생루이 대학University of Missouri-St. Louis에서 인류학과 일본학을 연구하는 로라 밀러Laura Miller의 말이다. "당신이 주목하는 세 가지 특성은 일본 문화에서는 매우 두드러진 위상을 갖고 있습니다." 밀러는 장인 정신이 일본 문화에서 매우 큰 비중을 차지하고 있다고 상세히 설명했다. "붓을 만드는 장인에서부터…… 만화와 애니메이션 같은 창작 산업에 이르기까지" 고도로 숙련된 기술자들은 "오랜 시간을 바쳐 일하지만 이름을 날리거나 금전적으로 큰 보상을 받지는 않습니다." 그녀는 말했다. "하지만 사회 내에서는 대단히 높은 평가를 받지요. 왜냐하면 일본에서는 예술이나 무술의 대가가 되기 위해, 또는 어떤 고도의 경지에 오르기 위해 평생을 바치는 행위 자체를 우러러보기 때문입니다."

일본에는 또 다른 오래된 속담이 있다. '데루쿠기와 우타레루.' "모난 돌이 정 맞는다." 이런 감성은 굳이 집단주의 문화뿐만 아니라 다른 많은 국가에서도 흔히 볼 수 있다. 미국에 이어 두 번째로 개인주의 성향이 강한 오스트레일리아에도 "높이 자란 양귀비는 잘린다."라는 격언이 있는가 하면, 전반적으로 개인주의 성향이 강한 스칸디나비아 국가에는 "얀테로벤Janteloven", 이른바 '얀테의 법칙'이 있다. 개인주의 사회가 이처럼 무난하고 눈에 띄지 않는 속성을 귀중하게 여기는 것은 다소 이상해 보인다. 어떤 이들은 인정받고자 하는 욕망의 바탕에 개인주의가 있다고 생각할지도 모르고, 실제로도 그 역할이 클지도 모른다. 그러나 개인주의 대 집단주의가 여러 측면에서 매우 유용한 도구긴 해도 어떤 문화도 그런 이분적인 기준으로 단정지을 수는 없다. 네덜란드 학자로서 이 주제를 더욱 깊게 탐구한 이 분야의 선구자인 **헤르트 홉스테드**Geert Hofstede 는 개인주의/집단주의를 다섯 개의 평가 범주 중 한 가지로 간주한다. 또 많은 연구진이 개인주의/ 전체주의 범주보다는 수평적-수직적으로 분류되는 문화지향성을 선호한다.

　일리노이 대학의 심리학자이며 문화 내적 및 국제적 소비자 행동을 전공하고 있는 미셸 넬슨Michelle Nelson은 미국과 덴마크의 개인주의와 성취 가치를 비교했다. "미국 같은 수직적 개인주의 문화에서는 성취 수준에 따라, 즉 과시를 하거나 부자가 되거나 유명해지면 차별적인 보상을 받습니다. 그래서 빈부 격차가 대단히 크게 나타나죠. 반대로 덴마크 같은 수평적 개인주의 문화에서는 동등한 보상을 받게 됩니다. (그들의 사회주의적 경제나 세금 체계가 그중 일부고요.) 그들은 계급이나 서열이 두드러지게 나타나는 것을 원치 않지요." 그녀가 설명했다. "스웨덴과 덴마크에서…… 겸손함은 아주 중요한 사회적 규범입니다." 그뿐만 아니라 그녀는 "스칸디나비아 문화에서는 뽐내거나 인정받는 것이 '적절하지 않을 수 있다."고 말했다.

　개인주의와 집단주의의 중간에 위치한 아르헨티나를 제외하고 모든
라틴 아메리카 국가들은 대개 집단주의 문화를 지닌다. 라틴 문화권에
서 지위는 매우 중요한 요인이다. 그것은 "멕시코에서는 코스트코^{Costco}에
서 버버리 가방을 팔아요!"와 관련이 있다고 라틴 아메리카 전문 리더십
개발 코치인 로잔나 존스턴^{Rossana Johnston}은 말한다. 그녀는 라틴 아메리카
에서 비즈니스를 운영하는 다국적 기업들의 컨설턴트를 맡고 있다. "사
람들은 보통 라틴 아메리카 사람들이 집단의식이 강하니 팀 빌딩도 쉬
울 거라고 생각하죠. 하지만 오히려 반대로 라틴 아메리카에서　확고하
고 친밀한 팀을 구축하기란 아주 어렵습니다." 존스턴은 그 원인 중 하나
로 남들 사이에서 눈에 띄는 것을 '생존 기술'로 여기는 도피성 문화를
지적한다. 많은 라틴 아메리카 국가들이 헤르트 홉스테드의 평가 기준
중 하나인 '불확실성 회피 지수(불확실하거나 애매한 상황에서 불안감을 느
끼는)'에서 높은 점수를 기록한다. 다시 말해 우리의 남쪽 이웃 국가들은
타인의 인정을 갈구하면서도 그 욕구가 미국과 달리 개인적 감정이나 욕
구보다는 사회적 지위를 보호하고자 하는 바람에서 비롯되는 것이다.
　라틴 아메리카와 마찬가지로 러시아도 집단주의 성향이 두드러지며
심지어 불확실성 회피 지수에서는 라틴 아메리카를 능가한다. 더구나 러
시아는 홉스테스가 권력의 불균형에서 비롯된다고 여기는 지위에 대한
자각심도 높다. 흥미로운 점이 있다면 홉스테드의 다른 기준인 "남성성/

여성성" 지수는 상당히 낮다는 것이다. "가장 중요한 쟁점은 무엇이 동기를 부여하느냐는 것이다. 최고가 되기를 바라는가(남성성), 자신이 하는 일을 좋아하기를 바라는가(여성성)." 홉스테드 센터Hofstede Center의 설명이다. 그리고 바로 여기서 인비저블에 대한 우리의 질문이 끼어들게 된다. 홉스테드 센터는 설명한다. "러시아가 [남성성/여성성] 지수에서 비교적 낮은 36점을 기록했다는 점은 사회적 신분을 상징하는 상품이나 서비스를 선호하는 러시아인의 성향을 고려할 때 상당히 신기한 일이다. 그러나…… 좀 더 깊숙이 들여다보면 러시아인은 일터에서 또는 낯선 이를 만났을 때 개인적 성취나 이바지, 역량에 대해 과소평가하는 경향이 있음을 알 수 있다. 그들은 스스로를 낮춰 말하고, 특히 과학자나 학자, 의사들은 항상 겸허한 자세로 살아야 한다." 홉스테드 센터의 분석은 타티아나 퍼텔마이스터Tatyana Fertelmeyster의 주장을 뒷받침한다. 그녀는 어네스트 앤드 영Ernest & Young과 보잉Boeing을 비롯한 다국적 기업과 비영리 단체를 위해 다문화 및 커뮤니케이션 컨설턴트를 하고 있는데, 보잉에서 러시아 문화에 관한 컨설턴트를 한 적이 있다. 나는 홉스테드의 자료를 살펴보기 전에 그녀와 대화를 나눴다. "미국 주류 문화에서 자기 홍보와 자기 주장은 대단히 정상적인 행동이죠." 반면에 "러시아에서는 자기 홍보를 하지 않아요." 그녀는 미국 직원들은 정식 보고 때가 아니더라도 상사에게 자신이 무슨 일을 하고 있고 어떤 성과를 얻었는지 이야기할 수 있지만 러시아에서 그런 행동은 상식에 어긋난 것이라고 말한다.

"러시아에도 능력자들은 많지만 대부분 인비저블로 남습니다. 업계 동료들이야 그들이 얼마나 뛰어난지 알아도 대중은 모르죠." 그녀가 말했다. 러시아의 일부 복잡한 특성이나 보이지 않는 일에 대한 존중은 아마도 과거의 공산주의 체제와 지금까지도 유지되고 있는 그 영향력 덕분일 것이다. 사회주의 노동 영웅 훈장은 소련에서 농업, 산업, 과학 및 여러 분야에서 공을 세운 노동자들에게 수여하는 메달인데, 1991년 소련이 붕괴할 때까지 자그마치 2만 명이나 되는 평범한 노동자들이 그 메달을 받았다. 2013년에는 블라디미르 푸틴Vladimir Putin이 훈장을 부활시켰는데 이름에서 '사회주의'라는 단어만 지워 버렸을 뿐이다.

BASF 같은 다국적 회사를 위해 팀 빌딩과 혁신에 대해 컨설팅하는 한국 인하대학교의 김의철 교수는 미국은 가장 크게 성공하고 눈에 띄는 사람들을 칭송하는 일종의 영웅 숭배주의에 빠져 있다고 지적한다. 그는 조화와 팀워크를 성공 비결로 여기는 아시아 문화나 비즈니스 업계와는 달리 미국에서는 "리더십과 개별적인 멘토링을 강조합니다. 개인이야말로 튀는 존재니까요."라고 말한다. 그것은 '영웅 숭배' 문화에서 기인한 것이다. 세계에서 **스티브 잡스를 모르는 사람은 없지만** 삼성 CEO의 이름을 댈 수 있는 사람은 드물다. 영웅 숭배주의에 대한 김의철의 평가는 어째서 그토록 많은 미국인들이 인정과 명성을 원하는지를 설명해 준다.

"사람들은 자신이 속한 문화에서 무엇이 중요한지 배우고, 그러한 성향을 내재화합니다." 일리노이 대학의 샤론 샤비트Sharon Shavitt의 말이다.

인비저블

그녀는 여러 문화권의 가치판단에 대해 연구 중이다. "특히 사회적 기준에 신경써야 하는(다른 사람들이 무엇을 원하는가?) 집단주의 사회나 맥락 하에서는 더욱 그렇습니다." 우리 문화에서 인정받고자 하는 욕구를 느끼는 이유는 아마도 그러한 태도가 사회 규범의 일부로 작용하고 있기 때문일 것이다. (물론 집단주의 문화에서는 그 반대이므로 나는 두 가지 개념이 서로 조화롭게 맞물려야 한다고 주장하는 바이다.) 이는 인간의 주관적 행복에 끼치는 문화적 영향을 연구하는 일리노이 대학의 심리학자인 에드 디너[Ed Deiner]의 연구 결과와도 일치한다. 그는 내게 "사람들은 자신이 속한 문화에서 높은 평가를 받는 속성을 지녔을 때 더 만족하는 경향이 있다."고 말했다. 다시 말해 사람들은 소속 집단 속에 동화되길 바란다. 미국처럼 집단에 동화되는 것이 얼마나 개인주의적인지를 뜻하는 문화권에서조차 말이다. (우리의 광고 중 상당수가 이런 모순된 태도에 초점을 맞추고 있다. "이 상품을 사십시오. 자기가 개성적이라는 걸 보여 주고 싶은 수백만 명이 이 상품을 구입했답니다!") 미국인 인비저블(그리고 영국처럼 실질적으로 개인주의 사회 출신인 인비저블)은 일반적인 사회적 기준에서 벗어나 있기에 일에 대한 그들의 접근법과 높은 성취감은 그들을 더욱 돋보이게 만든다.

초고층 건물의 의미

과연 우리가 사는 세상은 명성과 인정받기를 갈망하는 미국식 개인주의로 빠르게 이동하고 있는가? 물론 이에 대해 확실한 대답을 아는 사람은 없다. 하지만 잠시 데니스 푼의 전문 분야인 초고층 건물로 돌아가 보면 꽤나 설득력 있는 관점을 얻을 수 있을지도 모르겠다. 미국, 그중에 서도 특히 뉴욕이 전 세계에 미치는 영향력이 거의 절정에 이르렀을 때 그곳의 건물들 역시 하늘 높은 줄 모르고 치솟았다. 울워스Woolworth, 크라 이슬러Chrysler, 엠파이어 스테이트 빌딩Empire State은 각각 1913년, 1930년, 1931년에 완공되었고, 나중의 두 건물은 제2차 세계 대전이 발발하기 직 전에 세워졌다. 미국이 세계 초강대국으로 우뚝 서게 된 계기가 된 전쟁 말이다. 이 높고 웅장한 건물들은 국가적 수준에서 외부의 인정과 선망 을 촉구하는 전형적인 상징물이다. 비록 미국이 아직도 신 세계 무역 센 터와 같은 초고층 건물들을 짓고 있긴 하지만 이제는 쿠알라룸푸르와 두바이, 상하이 같은 도시들이 급부상하는 경제력을 등에 업고 지구상 에서 가장 높은 건물들을 쌓아 올리고 있다. 그들은 세계 전역에 큰소리 로 외치고 있다. 날 봐 줘요! 우리도 여기 있어요! 그러나 아이러니컬하 게도 이런 고층 건물들이 과연 경제적 이득을 낳을 수 있을지는 상당히 의심스럽다. 비록 러트거스 대학의 경제학 교수이며 초고층 건물의 경제 학을 연구하는 제이슨 바Jason Barr의 논문에 의하면 이러한 건물들이 "경 제력을 과시하고 홍보하는" 지위의 상징으로 기능하고 있지만 말이다. 바는 현재 세계 각국에 건설 중인 초고층 건물들의 높이와 경제 상태를 보여 주는 최근의 연구 내용을 내게 알려 주었다. "아시아 국가들은 인구 와 경제력을 감안하면 평균적으로 예상보다 훨씬 높은 건물들을 건설하 고 있다. 이 같은 현상은 특히 아랍과 동남아시아에서 두드러지게 나타

인비저블

난다." 만약 인정을 갈망하는 우리의 문화적 태도가 어디로 향하고 있는지 알고 싶다면, 그리고 인정받는 것을 경시하던 전통적 가치를 잃은 아시아가 어디로 치닫고 있는지 알고 싶다면, 도시 한가운데 남근상처럼 우뚝 선 저 관심바라기가 좋은 단서가 되어 줄지도 모른다.

글로벌 시장조사 회사 민텔Mintel에서 중국 시장 전략가로 일했던 유명한 중국 문화 전문가 폴 프렌치Paul French는 중국이 분명히 그런 방향으로 나아가고 있다고 생각한다. "안타깝게도" 그는 "중국이 장인 정신과 근면함, 세심함, 그리고 뛰어난 기술을 숭앙하던 시절은 이제 가고 없다."고 말했다. 1949년 이전까지만 해도 "중국은 장인 길드와 협동조합, 그리고 새 세대가 기술을 익히고 전수하는 데 필수적인 연결 고리인 도제들의 땅이었다." 그러나 이제 중국은 "그러한 것들의 가치를 깨닫고 인정하는 데 있어 상당히 뒤처져 있다." 내가 데니스 푼과 상하이 타워에 대해 이야기를 꺼내자 프렌치는 "언론 매체를 포함해 대중의 찬사를 받는 것은 구조 공학자가 아니라 '스타 건축가'이며 이는 다른 분야도 마찬가지다."라는 데 의견을 함께했다. 그는 훈련과 도제 교육의 부재와 더불어 중국 문화의 변화가 "30년 동안 가장 저급하고 적나라한 형태의 소비주의"로 나타났다고 말한다. 프렌치는 얼마 전 공적 부패와 해이한 직업 의식 때문에 발생한 중국 고속 철도 사고를 다룬 에반 오스노스Evan Osnos의 《뉴요커》 기사를 예로 들었다. 1995년에 세계 사치품 소비 시장에서 중국이 차지한 비율은 고작 2퍼센트였지만 현재는 25퍼센트에 육박한다. 이처럼 폭발적인 소비의 급증과 인정에 대한 태도 변화를 연관 짓는 것은 그리 기이한 일이 아니리라. 지위와 신분, 그리고 겉치레에 집착하는 것은 자기 자신과 직업에 더 많은 이목이 쏠리기를 바라는 것과 같다.

실제로 세계적인 추세가 외재적 가치를 강조하는 미국적 사고방식 — 남들의 칭찬과 보상, 다시 말해 개인의 안녕과 부정적 상관관계를 가진 가치에 초점을 맞추는 — 으로 기울고 있다면 개인적 성취감의 추구에서 우려되는 일이라고 할 수 있다. 물질주의와 가치를 연구하는 녹스 대학의 심리학자 팀 캐서는 2007년에 공동 집필한 논문에서 "두 연구 모두 미국식 기업 자본주의를 충실하게 반영하는 사회에서…… 사람들이 외재적 가치와 공통점을 공유하는 보편적 가치에 초점을 맞추는 경향이 있음"을 "입증하는 증거를 제시한다."고 진술한다. 물론 중국(과 다른 국가들)은 미국과 다른 경제 정책을 펼치고 있지만, 그러한 유사성은 그들이 물질주의와 소비주의에 기반한 사회로 이동하고 있으며 여러 증거들을 통해 우리의 외재적 가치 구조를 모방하게 될지도 모른다는 점을 시사한다. 캐서는 말했다. "외재적 가치를 채택하고 내재적 가치가 설 자리를 잃었다는 점에서 그게 사실일지도 모르지요."

이제껏 내가 무슨 이야길 했든 간에 사실 남들의 관심을 얻는 것은 결코 나쁜 일이 아니다. 이 책의 첫머리에서도 밝혔듯이 그것은 미국이 성공을 거둘 수 있었던 가장 큰 비결이기도 하다. 다만 나는 그런 과시적인 성격과 겸손하고 절제 있는 태도 사이에 적절한 균형('아메리칸 스윙')이 필요하며, 최근 들어 그러한 균형이 무너지면서 우리가 아주 빠른

속도로 전자를 향해 기울고 있다고 말하는 것이다. 그리고 물론 불건전
하다 싶을 정도로 후자 쪽으로 기운 사회도 있다. 하지만 우리는 우리의
독특한 소음을 유지하는 동시에 그들로부터 보다 집단주의적 또는 수
평적인 성공 요소들을 뽑아 내 이용할 수도 있다. 만약 그렇게 할 수 있
다면 우리는 수면 위를 빠르고 고요하게 쏜살같이 미끄러질 수 있을 것
이요, 그렇지 못하다면 양 옆으로 거친 물보라를 튀기며 아무 곳도 가지
못하고 제자리에서 빙빙 돌기나 할 것이다.

일과 삶을 위하여

내면적 만족과 외면적 풍요를 조화시키는 삶,
일을 통해 지속적인 행복과 성취를 얻는 삶은 가능하다.

뉴욕 시. 20세기 중반. 밝고 애교 넘치는 젊은 여인이 자신의 우상인 당대 최고 여배우의 삶에 조금씩 침투하기 시작한다. 그리고 얼마 후 그 여배우의 대역 자리를 따낸다. 그러나 그것은 이브 해링턴이 꿈꾸는 궁극적 목표, 즉 주연 배우가 되기 위한 첫 번째 단계일 뿐이었다. "나는 많은 사람들이 「이브의 모든 것^{All About Eve}」을 보고 오해했다고 봐요." 브로드웨이 연극 무대에서 25년간 경력을 쌓아 온 디어드리 매디건^{Dierdre Madigan}의 말이다. "대역 배우는 다른 사람의 일자리를 노리는 게 아니에요. 우리 일은 늘 준비된 상태에서 자연스럽게 전체의 일부가 되는 거죠." 그런 다음 그녀는 덧붙였다. 하지만 "내가 아는 배우 중에 대역 배우가 '되고 싶어' 하는 사람은 없었어요. 나는 사람들의 주목을 받고 싶은 게 아니에요. 내 일은 스토리를 전달하는 거죠. 나는 배역을 이해하고, 발전시키고, 그것을 내 것으로 만들고 싶어요."

희한한 일이지만, 그 누구보다 인기와 명성을 탐욕스럽게 갈망하는 분야에서 일하고 있음에도 내가 만난 수많은 베테랑 배우들은 대역이라는 보이지 않는 역할을 맡을 때조차도 전체 스토리의 일부가 되는 데서 비롯되는 만족감에 대해 토로했다. 피트 브래드버리Pete Bradbury는 원래 '후보'가 꿈은 아니었지만, 수없이 브로드웨이 무대에 섰고 「보드워크 엠파이어 Boardwalk Empire」를 비롯해 다수의 TV 드라마에도 출연했다. 그는 "상황이 어떻든 훌륭한 작품에 몰두할 수 있다는 것은 매우 뿌듯한 일입니다. 예술가로서, 장인으로서 성장할 기회를 얻을 수 있으니까요."라고 말한다. 예일 드라마 스쿨 출신으로 브로드웨이에서 활약할 뿐만 아니라 NBC 드라마 「로 앤드 오더Law and Order」와 「스매시Smash」에 출연한 토니 워드Tony Ward는 "연극 배우들은 언어 지향적입니다. 언어와 사고가 지배하는 세계에 들어와 있다는 것, 그리고 뛰어난 텍스트 속에서 일한다는 것 자체에 흥분하죠."라고 말했다. 대역으로 일하는 것조차 "만족스럽다."는 것이다.

수상 경력이 있는 배우이자 감독인 레이 버타Ray Virta는 11개의 브로드웨이 오리지널 연극에 출연했고 뉴욕 연극 및 뮤지컬 아카데미American Musical and Dramatic Academy에서 학생들을 가르치고 있다. 우리는 대역이라는 독특한 역할에서 얻는 보상과 보람에 대해 이야기를 나눴다. "대역 배우는 학교에서 가르치는 것과는 전혀 다른 과정을 배워야 합니다." 그는 말했다. "기본적으로 자기를 엔지니어처럼 생각해야 하죠. 대역 배우가 하는 일은 아이팟^{iPod}을 거꾸로 되돌리는 것과 비슷합니다. 이미 존재하는 제품(원래 배우의 연기)을 낱낱이 분해해서 각각의 요소로 구분한 다음, 그럴듯한 모방품을 만들어 내는 거죠." 그는 계속해서 설명했다. "똑같은 제품(연기)을 만들고 싶지만 그럴 수는 없기 때문에, 반드시 그 과정을 즐길 줄 알아야 합니다. 그 과정의 일부가 바로 작품과 배역을 분석하는 거고요. 위대한 예술 작품들, 예를 들어 내가 출연했던 톰 스토파드$^{Tom\ Stoppard}$의 작품들은 각본에 대한 완전한 이해와 연기력을 요구합니다. 온 힘을 다해 작품에 몰입해야 하죠. 대역 배우들도 그런 보상을 얻을 수 있습니다. 혼자 다락방에 틀어박혀서 탈무드를 연구하는 학자를 생각하면 이해가 갈 겁니다." 대역을 맡게 되면 대본에 몰입하는 것 외에도 다른 사람으로부터 배울 기회를 얻게 된다. "예전에 프랭크 랑겔라$^{Frank\ Rangella}$(유명 연극 겸 영화배우)의 대역을 맡은 적이 있어요." 버타가 말했다. "그 사람의 파워와 위압감은 정말이지 단순히 보고 즐기는 걸 넘어 연구할 가치가 있죠."

예술적 보상과 더불어 항상 고민해야 하는 현실적인 문제도 있다. "지방 극단한테 출연 경력은 대단히 중요합니다." 토니가 말했다. "아무래도 뛰어난 배우를 쓰고 싶은 게 인지상정이니까요. 어쨌든 브로드웨이 무대에 선 경험이 있는 배우라면 더 좋죠." 다시 말해 어떤 작품이 첫 번째 선택은 아닐지라도 추후에 다른 기회로 이어질 수 있다는 얘기다. 어떤 분야에서건 더 많이 열심히 일한다면 혹여 그 역할이 보이지 않는 것이라 해도 기회의 문을 더 많이 열 수 있다.

인비저블

내가 면담한 몇몇 배우들은 보이지 않는 역할을 할 때에는 감정과 자존심을 다스릴 줄 알아야 한다고 말했다. 매디건은 언젠가 자신이 오디션을 봤다가 떨어졌던 주연 역할의 대역을 거절했다고 말했다. "서러운 감정"에 휘둘릴까 두려웠기 때문이다. 버타는 말했다. "좋은 대역 배우가 되려면 그에 맞는 성정을 갖춰야 합니다. 자신의 역할이 일종의 보험이고, 예기치 못한 일이 일어났을 때에나 관객들이 자신을 알아차리고 인정하리라는 것을 이해해야 하죠. 웬만큼 강한 사람이 아니면 못할 일이에요."

인비저블이 되려면 강인한 의지와 마음가짐이 필요하다. 그러나 일 자체에서 만족감을 얻고 그 과정에서 스스로의 성장을 만끽한다면 그런 강인함은 더 이상 필요하지 않다. 다른 인비저블들처럼 워드도 집단 의식을 통해 얻을 수 있는 보상을 높이 평가한다. "뛰어난 재능을 지닌 다양한 분야의 사람들과 훌륭한 작품을 할 때면 좀 더 큰일을 위해 자신을 굽히는 것만으로도 보람을 얻을 수 있습니다."

내가 이 장을 배우들로 시작한 것은 이들만큼 남들의 관심과 인정을 갈구하는 사람들도 없기 때문이다. 만약 '배우'들이 조명이 미치지 않는 곳에서 성취감을 얻을 수 있다면 우리들 역시 보이지 않는 곳에서 일하면서 만족감을 느낄 수 있지 않을까? 중요한 것은 인비저블이 되는 것이나 그런 분야에서 일하는 것이 아니다. 요는 남들이 나를 알아 주느냐 아니냐가 우리의 일 또는 자신의 가치를 측정하는 수단이나 기준이 아니라는 것이다. 당신의 능력이 아주 '탁월'하고 운이 좋지 않은 이상, 당신은 아마 브로드웨이의 베테랑 배우들처럼 경력의 대부분을 주연이 아닌 조연이나 엑스트라로 보내고 있을 것이다. 그러면서도 그런 노력의 일부가 되는 것만으로도 감사하거나 '즐거워'하고 있으리라. 주연급 배역을 맡는 것은 굉장한 일이지만 그것만이 당신의 유일한 행복이나 즐거움이 될 필요는 없다. "지금 나는 대역 배우의 천국에 와 있지요." 매디건이 말했다. "아주 훌륭하고 환상적인 작품의 연출 과정에서 필수적인 역할을 맡고 있거든요. 굉장히 운이 좋다고 할 수 있죠."

이제까지 우리는 일을 대하는 인비저블의 접근법이 가져올 수 있는 만족감에 대해 살펴보았다. 전문가들의 그런 특성이 그들의 성격과 관련이 있기에, 혹자들은 많은 인비저블이 태어나는 게 아니라 만들어진다는 사실을 실감하지 못할지도 모른다. 하지만 그래픽 디자이너 마크 레빗이 디자인 학교에서 거친 훈련을 떠올려 보라. 그는 선천적으로 꼼꼼한 성격이었던 것이 아니라 네 개의 글자를 한 학기 내내 반복적으로 훈련함으로써 세부적인 사항과 과정에 집중하는 특성을 개발했다. 데이비드 애펠은 수년 동안 연구실에서 과학 지식을 쌓았고 향료의 미묘한 속성들을 구분하고 분석하는 법을 배웠다. 나중에 조향사가 된 뒤에는 세심하고 치밀한 능력으로 향수를 조제하고 때로는 한 치의 어긋남도 없는 정확성을 발휘하여 수백 개의 재료들을 조합했다. 인비저블의 두 번째 특성인 꼼꼼함과 치밀함은 후천적으로 갈고 닦을 수 있는 능력이다.

그렇다면 기술이나 역량이 아닌 가치관적인 특성들은 어떨까. 책임감을 만끽하는 자세, 그리고 무엇보다 가장 중요한, 인정받는 데 연연하지 않거나 명성에 무심한 태도는? 그런 것도 후천적으로 배울 수 있는 것일까? 청동 시대의 호메로스와, 클레오스를 추구하던 옛 병사들도 특정 가치관이나 사고방식을 심는 수단으로 화자(가상 인물이든 실존 인물이든)의 이야기를 활용했다. 즉 우리가 다양한 인비저블의 이야기를 읽고 그들의 성공과 성취를 보는 것만으로도 그들의 가치를 내 것으로 만들고 그들의 특성을 구현할 수 있다. 나는 이것을 삼투압 현상이라고 부른다. 하지만 인비저블과 많은 시간을 보내고 그들을 연구하는 동안 나는 우리 사회의 이 색다른 전문가들이 세 가지 중요한 특성 외에 공통적인 한 가지 기질을 지님을 깨달았다. 어떤 면에서 그것은 다른 모든 특성들을 한마디로 요약한 것과도 같다. 행복하고 만족스러운 삶은 다음의 두 단어와 밀접하게 관계되어 있다. "왕성한 호기심."

자, 그럼 설명해 볼까.

솔직히 나는 손재주가 좋은 편이 아니다. 어렸을 때부터 한 번도 뭔가를 고치는 걸 좋아해 본 적이 없다. 그런 일에 워낙 서툰데다 겁이 났기 때문이다. 뭔가가 고장 났다고? 그러면 내 본능은 어서 빨리 갖다 버리라고 말했다. 그러던 중 20대 때, 30년 된 MGB를 덜컥 사 버린 적이 있다. 영국산 로드스터인 MGB는 미국에서는 더 이상 판매하지도 않는 기종이다. 멋지고 근사하긴 하지만 툭하면 여기저기서 고장이 나곤 했다. 그러다 보니 단골 정비사에게 돈을 갖다 바치고 싶지 않으면 어느 정도는 자동차를 수리할 줄 알아야 했다. 자동차 후드 아래에서는 거의 쓸모없는 인간이었음에도 불구하고, 조금씩 수리 기술을 익히고 배우다 보니 엄청난 만족감(물론 그 어렵고 복잡한 작업에 비하면 터무니없이 과한 양이긴 하지만)을 느끼게 되었다.

플랭크와 있을 때 나는 이펙트 페달과 무선 송신기를 자유자재로 변형하고 개조하는 그의 과감한 시도와 뛰어난 능력에 경탄을 금치 못했다. 그가 그 일을 왜 그렇게 좋아하는지도 이해할 수 있었다. 나는 플랭크처럼 타고난 손재주꾼은 아니지만 글을 쓰는 작가다 보니 뭐든 분석하고 분해하는 것을 즐긴다. 뭔가가 주어지면 그것의 작동 방식을 알고 싶고, 내가 이해할 수 있을 때까지 파헤치고 탐구한다. 내가 만난 모든 인비저블은 그들이 하는 일에 대해 이미 어마어마한 지식을 보유하고 있고 최고의 자리에 올라 있으면서도 끝없이 배움을 갈망했다. 이렇게 대단히 뛰어나면서도 외부에 알려지지 않는 사람들과 같이 있다 보면 세 가지 특성을 자극하고 지탱하는 것이 바로 호기심이라는 사실을 깨닫게 된다. 그들은 늘 '새로운 것을 배우고 싶어 한다.' 그럴 필요가 없어도 더 열심히 일하고 더 깊이 탐구한다. 왜냐하면 그것이 바로 그들이 지금 이 자리에 와 있는 비결이기 때문이다. 무엇이 어떻게 작동하는지 궁금하고, 그 과정을 탐구하며, 세부 사항까지 치밀하게 배우고 실천하고자 할 때 ─ 윌킨스 아리가 안보리 회의에 앞서 사전 지식을 쌓고, 피터 스텀프가 특정 악곡과 그것을 연주하는 피아니스트의 특색에 맞춰 그때그때 피아노를 알맞게 조율하고, 로버트 엘스윗이 걸어 다니는 백과사전과 같은 그의 지식 창고를 계속해서 넓혀 나가듯이 ─ 당신은 더 이상 일에 대한 보상에 연연하지 않게 된다. 왜냐하면 일 자체가 이미 당신이 받는 보상이기 때문이다. 이런 점에 있어 호기심은 자율권 및 권한과 직접적으로 연관되어 있다. (그리고 상식과 숱한 심리학 연구가 말해 주듯 권한은 만족감과 상관관계를 지닌다.)

고무적인 사실은 이처럼 호기심과 권한으로 옮겨 가는 경향이 불거지고 있다는 것이다. 근래에 인기를 얻고 있는 몇몇 신생 기업들, 가령 '일반'인들에게 컴퓨터 코드를 가르치는 코드 아카데미^{Code Academy}를 생각해 보라. 지금은 구직 기술을 강화하는 수단으로 자리매김하고 있지만 기본적으로 그들은 호기심과 권한의 역학을 자극한다. 우리는 하루 종일 온라인에서 시간을 보내지만 그런 사이트들이 어떻게 구성되고 형성되어 있는지 알지 못한다. 미디어 이론 학자인 더글러스 러시코프^{Douglas Rushkoff}는 그의 저서 『통제하거나 통제받거나^{Program or Be Programmed}』에서 이 같은 지식의 단절에 대해 논한 바 있다. CNN의 관련 기사에서 그는 이렇게 썼다. "일반 시민들이 읽고 쓸 수 있는 문자가 발명된 지 몇 세기가 지났다. …… [오늘날] 아이들에게 읽고 쓰는 법을 가르치는 것은 좋은 일이며 기본적인 독해력이 우리 또는 우리의 고용주에게 더 많은 가치 창출을 낳을 것이라는 의견에 반론을 제시하는 사람이 거의 없어지기까지……." 한때 우리 사회가 인쇄 기술에 의해 지배되었듯이 이제 그 중 상당수가 앱과 네트워크라는 온라인 세상의 지배를 받고 있지만 "그것이 어떻게 작동하는지 아는 사람은 극소수다."라고 그는 주장한다. 우리 모두가 전문 프로그래머가 되어야 한다는 것이 아니다. 그보다는 우리가 매일 같이 살고 있는 세상─이 경우에는 온라인 세상─이 어떻게 창조되었는지 조금이라도 배운다면, 혹은 그것이 어떻게 움직이고 있는지 일말의 관심이나 호기심을 가진다면 수동적인 참여자가 아니라 능동적 참여자가 될 수 있다는 의미다. 러시코프의 말처럼 사용되는 사람이 아니라 사용하는 사람이 되는 것이다. 인비저블은 높은 참여도로부터 성취감이 비롯된다는 사실을 직감적으로 알고 있다.

오래도록 인기를 유지해 온 리얼리티 쇼 「더러운 직업들Dirty Jobs」의 진행자 마이크 로Mike Rowe는 잘 알려지지 않은 힘들고 지저분한 '육체노동' 직업들을 소개한다. 그가 설립한 마이크로웍스 재단MikeRoewWorks Foundation은 기술직 교육과 훈련을 홍보하는데, 로는 전기공처럼 일부 잘 알려진 직업들을 제외하면 이런 보이지 않는 업종들은 ─ 로버트 엘스윗이 촬영장에서 하는 일과 데니스 푼이 건물 건축에서 하는 일을 포함해 ─ 촉망받는 직업으로 간주되지도 않고 사회적인 인지도나 지명도가 부족한 탓에 목표나 취지 또한 간단히 간과되고 있다고 주장한다. 로는 그 근본적인 원인이 고등학교 시절 그의 진로 지도 교사 사무실에 걸려 있던 포스터 문구에 있다고 생각한다. "열심히 일하지 말고 똑똑하게 일하라." 로는 기술직은 가치 없는 일이라고 조소하는 그 문구를 "열심히, 그리고 똑똑하게 일하라."로 고쳐야 한다고 믿는다. 이 나라에 숙련된 기술자가 필요한 300만 개 일자리가 비어 있음을 지적하며 경제적으로 얼마나 큰 기회가 기다리고 있는지 주창한다. 또 그는 고된 일과 창조 과정을 이해하는 데서 오는 보람과 만족감에 대해서도 강조한다. 마이크로웍스 재단의 홈페이지에는 이런 말이 적혀 있다. "무언가가 창조되는 과정은 그것 자체보다 더 흥미롭다." 결론적으로 인비저블이 되는 것은 당신이 하는 일이 대중의 눈에 띄는가 띄지 않는가, 혹은 양복을 입는가 작업복을 입는가와는 아무 상관이 없다. 그것은 당신의 마음가짐에 달려 있다. 자기 가치를 당신과 당신의 일에 대한 남들의 평가에 의존하는가? 그렇지 않다면 당신은 인정받고자 하는 욕구에서 자유로운 상태다.

그러나 더 많은 이들이 해방되기 전까지 개인 또는 직업적 보상으로써 인정받기를 추구하는 문화적 규범은 계속해서 우리 사회에 지배권을 행사할 것이다. 비교적 작은 집단이나 한정된 팬들 사이에서 '극도로 유명한' 사람을 일컫는 "마이크로 유명인"이라는 단어의 창시자인 뉴욕대학의 미디어 교수 테레사 센프트Theresa Senft는 마이크로 유명인에 관한 《와이어드》 기사에서 이렇게 말했다. "사람들은 매디슨 애비뉴에서 사용하는 수법을 개인적 삶에도 똑같이 적용하고 있다." 그러니 "마이크로 명성 이용하기: 인기를 이익으로 바꾸는 아이디어들"처럼 당신의 마이크로 명성을 상품화하는 방법에 대한 조언과 상담의 물결이 파도처럼 밀려오는 세태도 그다지 놀랍지 않을 터다. 이런 사고방식이 얼마나 흔히 퍼져 있는지 예를 들자면, 방금 앞 문장에서 언급한 제목은 페이스북 포스팅의 제목이다. 재계의 거물이나 컨설팅 회사의 페이스북도 아니고 다소 이상하게 생각되겠지만 온라인 기록 추적 회사의 포스팅이다. 존 D. 록펠러가 구두닦이 소년에게서 주워들은 풍문으로 주식 투자를 했다는 유명한 이야기를 생각하면 당연한 귀결일지도 모르겠다. 미국이여, 이제

볼륨을 다시 낮춰야 할 시간이다. 비록 선견지명이긴 했지만 앤디 워홀 Andy Warhol 의 "15분의 명성"(또는 요즘 버전으로는 **"누구나 열다섯 명에게는 유명하다."**)이 당신의 '존재 이유'가 되어서는 안 된다.

앞에서도 말했지만 우리는 화려하지는 않지만 중요한 직업을 소중하게 취급하지 않는 대가로 경제적 손해를 보고 있다. 심리학적으로도 삶을 상품화할 수 있는 브랜드로 볼수록 점점 더 진정한 자기 자신과 멀어지게 된다. 개인적으로나 사회문화적으로나 관심과 이목을 갈구하는 현대의 풍조에서 벗어나야 할 필요가 있다는 사실은 자명하다. 좋은 소식은 아직도 많은 이들이 보이지 않는 곳에서 조용히 할 일을 하고 있다는 것이다. 화려하지는 않아도 매우 중요한 일들을 말이다. 다른 사람들의 인정에 연연하지 않는 그들의 무심한 태도는 직업적 성공과 사적인 성취감으로 이어지고, 그러한 그들의 자세를 따른다면 이 또한 더욱 건실하고 견고하며 번영하는 삶을 살 수 있다. 그들은 바로 인비저블이다.

내가 인비저블을 사랑하는 이유는 쉽게 공감할 수 있을 뿐만 아니라 향상심을 심어 주기 때문이다. 우리 모두는, 적어도 삶의 어떤 면에 있어 아무리 힘겹게 일해도 인정받지 못한다는 점에서 인비저블과 동질감을 느끼기 쉽다. 그러나 인비저블은 우리가 본받아야 할 수많은 장점을 갖고 있고, 그들의 특성이 현대의 지배적인 풍조를 거스른다는 사실은 그들을 더욱 존경하게 만들 따름이다. 자기 계발서 독자든 그렇지 않은 사람이든 진정한 행복이 우리 내면에 있다는 진리를 모르는 사람은 없다. 그렇다면 남들의 인정이나 찬사가 아닌, 자신이 하는 일에서 만족감을 얻는 사람이야말로 그 철학을 가장 잘 실천하는 사람이 아니겠는가?

인비저블의 삶과 가치관은 우리의 경제, 사회적인 삶뿐만 아니라 개인적 삶까지도 개선할 수 있다. 책임지는 법을 배우는 것은 한편으로는 두려운 일이지만 궁극적으로는 권한을 얻는 것이다. 치열하게 일하고 자신이 좋아하고 소중하게 여기는 일에 세심한 노력을 기울이는 것은 '괜찮은 수준'에 만족하는 것과는 비교도 안 될 만큼 탁월하다. 남들에게서 인정받기보다 지금 하는 일에서 조용한 자긍심을 느낀다면 진정한 기쁨과 충족감을 얻는 곧고 탄탄한 길을 걸을 수 있을 것이다. 인비저블의 특성을 습득하려면 용기와 노력이 필요하고, 나는 매일같이 일에 전념하고 그 속에서 살아가는 사람들을 만나며 겸허해질 수 있었다.

포트폴리오^{Portfolio} 출판사가 이 책을 출간하자는 제의를 해 왔을 때, 나는 그 자리에서 뛰어오를 듯이 기뻤다. 나는 성인이 된 후 인생의 상당 부분을 창작 활동에 바쳤다. 일부는 성공을 거두기도 했으나 대부분은 고난의 연속이었다. 그런 내게 드디어 도약의 시기가 온 것이다! 이제껏 얼마나 자주 가족 친지들에게 전화를 걸어 이 기쁜 소식을 전하는 순간을 꿈꿔 왔던가. 지금 나는 그 순간을 살고 있고, 그들에게서 축하 인사를 받을 때마다 뿌듯함에 가슴이 벅차올랐다. 하지만 그 짧은 주문이 깨지고 나자 더 이상은 그런 기분을 느낄 수가 없었다. 나는 의아했다. 왜 이렇게 불안한 거지? 왜 더 행복해지지 않는 거야? 나는 야망과 두려움의 채찍질에 휘몰려 곧 일에 착수했다. 구체적인 기획서 덕분에 일을 시작할 기반은 탄탄했지만 여전히 거의 모든 시간을 개념과 범위를 결정하는 데 투자해야 했다. 참으로 힘겨운 과정이었다. 그즈음 나는 지인이나 새로운 사람들과 만날 때면 내가 얼마나 행운아인지 떠들어대곤 했다. 나는 그들의 경탄을 한껏 음미하고, 거기에 도취되었다. 그러다 한 5초가 지나면 다시 의아한 기분이 찾아왔다. 이상하다. 왜 더 행복한 느낌이 들지가 않지?

시간은 흘러갔고, 나는 집필에 몰두했다. 이제는 개념을 정리하는 단계에서 한 발짝 더 나아가 진짜로 '일을 하고' 있었다. 사람들을 만나고, 깊게 조사하고, 학자들과 의견을 주고받고, 핵심 아이디어를 가다듬고 등등. 그러자 서서히 전과는 다른 기분이 들기 시작했다. 아직도 다소 불안한 건 사실이었지만 작업을 마치고 기나긴 하루가 끝나면 뿌듯함이 느껴지거나 적어도 부정적인 감정들을 몰아 낼 수 있었다. 그러던 어느 날 오후, 마침내 어느 기나긴 인터뷰의 녹취록을 정리할 때가 왔다. 자그마치 90쪽에 2만 8000단어나 되는 분량이었다. 나는 덜덜 떨면서 작업에 임했다. 이 방대한 내용을 어떻게 정리해서 일관된 스토리로 짜임새 있게 만들 수 있을까? 나는 벌써부터 결과가 형편없으리라는 것을 알고 있었다. 그런데 이상한 일이 일어났다. 그날 하루 일을 마치고 집으로 돌아가던 중 쥐죽은 듯 고요한 세상에서, 들리는 것이라고는 보도 위에서 규칙적으로 울리는 내 발걸음 소리밖에 없던 그때…… 나는 문득 기분이 좋다는 것을 깨달았다. 그 사람의 세상에 푹 빠져, 그리고 내 일에 푹 빠져 그날 오후는 쏜살같이 흘러갔고 나는……. 그 순간 발을 멈쳤다. 엄청난 깨달음이 찾아온 것이다. 이봐! 내가 지금 쓰고 있는 책에서 말하는 게 지금 이 기분이잖아! 내가 출판사랑 계약을 했다고 남들한테 선망의 눈길을 받으며 덧없는 자부심을 뽐내 봤자, 일에 푹 빠져 있을 때 느끼는 이 기분이 훨씬 근사하다고! 찬사는 얻기 힘들고 손에 넣은 순간 발 빠르게 도망가지만 고된 일을 통해 얻은 자부심이나 몰입감을 앗아 갈 수 있는 것은 없다. 이 책에 소개된 인비저블들처럼 나는 남들의 칭찬이나 찬사가 아니라 내 일의 가치가 성취감을 느끼게 한다는 사실을 알았다. 물론 나는 사람들의 인정을 받고 싶고 성공하고도 싶다. 하지만 궁극적으로 나를 지탱해 주는 것, 어두운 불안감으로부터 나를 지켜 주는 것은 바로 내가 하는 일 그 자체이다.

이 책이 시작된 곳에서 마무리를 짓도록 하자. 레드 제플린. 다들 알다시피 이 전형적인 4인조 록 밴드는 전면에는 기타 겸 리드 싱어를, 그리고 뒤쪽에는 베이시스트와 드러머를 배치한다. 하지만 요즘에는 다들 로버트 플랜트Robert Plant와 지미 페이지가 되기를 바랄 뿐, 존 폴 존스John Paul Jones가 되기를 바라는 사람은 거의 없다. (클래식 록을 잘 모르는 사람들을 위해 한마디 덧붙이자면 존스는 레드 제플린의 베이시스트다.) 하지만 베이스와 드럼이 없다면 밴드는 만들어질 수 없고, 성공적인 사회 역시 — 문화적으로나 경제적으로나 — 그러한 토대는 반드시 필요하다. 프런트맨으로만 구성된 사회는 시끄러운 소음만이 가득할 것이다. (그리고 존 폴 존스는 대단히 멋지단 말이다!)

감사의 말

이 책 뒤에는 거대한 인비저블 군단이 포진해 있다. 그리고 그 군대를 이끄는 선봉장은 바로 WME의 내 에이전트 에릭 러퍼다. 에릭이 이 책이 빛을 보는 데 얼마나 중요한 역할을 했는지는 아무리 강조해도 지나치지 않을 터다. 그는 시작 단계에서부터 나와 이 책을 굳게 신뢰해 주었고 뛰어난 지성과 현명한 조언, 그리고 업계 물정에 밝은 지식을 발휘해 설득력 있는 기획서를 작성할 수 있게 도와주었으며, 집필 및 출간 과정에서도 발전을 거듭할 수 있게 도움을 주었다. 에릭, 당신의 지지와 후원에 영원토록 감사할 겁니다. WME의 빌 클레그는 처음 이 책에 관심을 보인 이후 나를 대신하여 여러 가지 일들을 처리해 주었다. 그의 열정은 이 프로젝트가 성사되는 데 가장 결정적인 역할을 한 불씨다.

자애로운 편집자 마리아 가글리아노에게는 아주 큰 빚을 졌다. 그녀의 사려 깊은 제안과 조언들은 이 책을 가다듬고 향상시키는 데 큰 도움이 되었다. 포트폴리오의 모든 팀원들, 특히 이 책의 성공을 믿어 의심치 않은 애드리언 잭하임을 비롯해 책의 탄생에 일조한 윌 와이저, 레이첼 무어, 브라이어 샌드포드, 저스틴 하겟, 캐시 데인먼, 브룩 캐리에게도 감사의 말을 전한다.

《애틀랜틱》의 J. J. 굴드와 엘리노어 바크혼에게 특별한 감사 인사를 보낸다. J. J는 내가 《애틀랜틱》에 처음으로 연락했던 인물로, 나를 엘리노어에게 소개해 준 장본인이기도 하다. 엘리노어는 그 뒤로 내 글의 담당 편집인이 되어 주었으며 그중에는 이 책의 시발점이 된 "사실 검증 전문가와 마취 전문의는 무슨 공통점을 지니고 있을까What Do Fact-Checkers and Anesthesiologists Have in Common"도 있다.

내가 작가로 성장해 온 오랜 시간 동안 내 책의 독자이자 편집자, 그리고 멘토였던 데이브 유에게 감사한다. 데이브, 글쓰기와 출판 산업 양쪽 모두에 관해 귀중한 조언을 해 주어 고마워. 감사의 말을 전하고 싶은 또 다른 데이브인 데이비드 레비선은 내가 출판의 바다를 항해할 수 있게 도움을 주었다.

브루클린 작가 공간의 친구들에게도 고맙다는 말을 전하고 싶다. 코리 미드와 마이클 셰인은 이 책을 쓰는 동안 사운딩 보드로서의 역할을 톡톡히 해 주었고, 라라 샤피로와 케이트 코티시는 늘 너그러운 피드백을 제공해 주었다.

시브 형제들에게도 각별한 감사 인사를! 아론, 대런, 마크, 맷, 제시. 멋진 우정 고맙네. 그리고 스콧 모션, 리사 제인 퍼스키, 파밀라 럭먼, 제이슨 콜리스, 브라이언 그레스코도 빠트릴 수 없을 것이다.

이 책의 주인공이 되어 준 인비저블들에게 내가 얼마나 고마움을 느끼고 있는지 전하려면 몇 쪽만으로는 한없이 부족할 것이다.

짐 하딩, 데이비드 애펠, 줄리아 윌킨스 아리, 데니스 푼, 로버트 엘스윗, 피트 클레멘츠, 피터 스텀프. 여러분의 세계에 들어갈 수 있게 관대하게 허락해 주어 감사합니다. 여러분 각자의 일에 대해 그토록 많은 것을 배우고 고취되고 나아가 즐겁고 재미있는 시간을 보내리라고는 상상도 못 했습니다. 만약에 더 많은 시간과 선택권이 있었다면 여러분 각자에 대해 한 권씩 책을 썼을 겁니다. 여러분을 알게 되어 큰 영광이었습니다.

당신이 이 책에서 만나 본 인비저블 뒤에는 그들보다도 더 보이지 않는 인비저블들이 숨어 있다. 하트필드 잭슨 공항의 조지 코테즈와 심라이즈 연구실의 신디, UN 통역 부서의 호삼 파르, 캐스린 영과 미리암, 손튼 토마세티의 제임스 켄트, 유나이티드 탤런트 에이전시의 그랜트 일스와 웨인 피터맨, ATC 매니지먼트의 브라이언

메시지와 줄리 칼랜드, 특별히 일정을 조절해 주고 높은 곳에서 근사한 풍경을 보여준 줄리 스텀프, 그리고 피츠버그 교향악단의 소냐 윈클러에게 사의를 표한다.

내 여동생 수전은 지난 세월 동안 내 모든 창작 활동에 열렬한 관심과 지지를 보내 주었고, 부모님인 앤과 배리는 자유롭게 살고 생각할 수 있는 수단을 줌으로써 내가 소중하고 의미 있는 길을 추구할 수 있게 해 주셨다.

참으로 많은 분들이 귀한 시간을 내어 내게 친절한 답변을 해 주거나 인터뷰를 통해 귀중한 정보와 인용문, 또는 이 책에 언급된 연구 자료들을 제공해 주었다.

사이먼 자고스키 토머스와 아론 리우 로젠바움은 초기 록 음악의 녹음 기술에 대해 참으로 풍부하고 상세하고 중요하고 과학적인 정보를 알려 주었다. 제스 바버, 줄리아 페인, 드보라 리베라, 제임스 갤브레이스, 프란체스카 비아노, 재스퍼 반 덴 브뢱, 소냐 류보머스키, 리로이 휘젱가, 엘렌 럽튼, 마틴 묄러, 배리 루이스, 매튜 셰퍼틴, 대니얼 페이스너, 스티븐 소서에게 감사한다. 콩드나스트 도서관의 신시아 캐스카트는 옛《보그》잡지들을 찾을 수 있게 도와주었고, 더크 베커링은 건축과 중국 문화에 대한 통찰력을 제공해 주었다. 겐슬러의 댄 위니와 모니카 샤퍼, RWDI의 데릭 켈리, 그리고 캐머런 앤더슨, 대니얼 사파릭, 롭 윌러, 롭 에이브럼스, 배리 올슨, 재닛 니콜, 마리아 테레사 바노 몰리나, 로버트 톰슨, 앨리스 마웍, 폴 루카스, 존 손, 피터 매고완, 진 트웬지, 조엘 켈러, 크리스 바라닉, 데이나 보이드, 더글러스 러시코프, 션 마운트, 애덤 그랜트, 일차적인 정보 제공자였던 여러분 모두의 답변에 감사드린다. 리처드 라이언, 마이클 모어, 실크 짐머만, 클로드 퍼네, 팀 캐서, 마샤 로센, 퀴 왕, 김의철, 시게히로 오이시, 로라 밀러, 미셸 넬슨, 로산나 존스턴, 타티아나 퍼텔마이스터, 샤론 샤비트, 에드 디너, 제이슨 바, 폴 프렌치, 토니 워드, 진중하고 사려 깊은 대화와 통찰력에 감사드린다. 그리고 그 점에서는 데어드리 매디건과

피트 브래드버리, 레이 버타도 빠트릴 수 없다.

　마지막으로 인비저블인 피터 칸비와 마크 레빗, 허버트 시빙크, 앨버트 스카마토, 조지프 멜처, 팸 부에게, 인터뷰에 이어 지속적인 교류와 답변을 해 준 데 대해 각별한 사의를 표한다.

　이 책의 이면에 존재하는 모든 인비저블 중에서 내 아내 도린만큼 중요한 역할을 한 사람은 없을 것이다. 그녀는 가장 먼저 내 책을 읽는 편집자이자 아이디어 뱅크이며, 무엇보다 내 삶과 일을 지탱해 주는 기둥이다. 이 책에 UN 동시통역사와 조향사를 포함시키자는 아이디어를 낸 것도 도린이었다. 내가 마감에 치여 헤아릴 수 없이 무수한 밤과 주말, 심지어 휴가 때 가족과 함께하지 못했을 때조차 그녀는 단 한 번도 불평을 하거나 내게 죄책감을 심어 주지 않았다. (물론 나 스스로 미안한 건 어쩔 수 없었지만.) 당신은 내가 수많은 도전과 장애물을 넘을 수 있게 도와주었지. 내 옆에 당신이 있어서 얼마나 고마운지! 내 아이들 제브와 엘리아나, 너희들이 자라 이 책을 읽게 될 즈음, 이 책이 격찬하는 가치들을 흡수하고 너희들에게 진정 의미 있는 일을 찾을 수 있기를 마음속 깊이 기원한다.

참고 자료

p10. 이 곡이 오래도록 변치 않는 인기를 누리는 호기심이 동해 이 노래에 대해 더 자세히 알고 싶은 사람들을 위해 첨언하자면 — 내 말은 정말로, 정말로 깊고 자세하게 알고 싶은 사람들 말이다. — 도표와 악보, 사운드 샘플을 포함해 거의 1만 단어에 달하는 리우 로젠바움의 분석 글은 혀를 내두를 정도로 상세하고 광범위하다.

1

p38. 자주 인용되는 유명한 시험을 예로 들자면 이 실험은 매우 다양하게 인용되는데 그중에서 가장 유명한 책은 아마도 다니엘 핑크의 『드라이브 (Drive)』일 것이다.

p40. 렌트카 안내 표지판 2003년 피터슨 국제 공항 건설 당시 휴먼 팩터스 노스(Human Factors North)와 엔트로 커뮤니케이션(Entro Communication)의 『길 찾기 연구』에서 발췌한 것이다.

p52. 노이라트는 ⋯⋯ "각자의 개성을 픽토그램의 역사를 다룬 이 단락은 다양한 출전에 기초하고 있으나 대부분은 다음 책을 참고했다. 『*Pictograms, Icons and Signs*』(Thames & Hudson, 2006)

2

p70. 심라이즈 같은 조향 회사 고백하자면 애펠을 소개한 것은 심라이즈에서 일하는 내 아내였다.

3

p107. 작은 주석에 불과한 이름 (이 경우에는 참고 자료지만!) 다양한 역량을 지닌 여러 공학자들이 다양한 단계에 참가했으나, 빔을 보강하는 공을 세운 것은 메츠거 리처드슨(Metzger-Richardson) 사(社)이다.

p129. 미국 경제에 대한 확신을 갖고 9/11이 발생하고 얼마 되지 않아 국회 양원 협동회의에서 부시 대통령이 한 말. 나중에 완곡하게 변형된 (흔히 부시 대통령의 말로 잘못 인용되는) "쇼핑을 가라."는 표현으로 유명하다.

5

p173. 서로의 확장 버전 이 개념에 대해서는 소셜 미디어 이론가이며 메릴랜드 대학 사회학자인 네이선 저젠슨(Nathan Jurgenson)이 폭넓게 다뤘다.

p173. 2009년 전국 대학생을 대상으로 한 설문조사 샌디에이고 주립 대학의 조교수 진 트웬지와 유스 펄스(Youth Pulse) LLC 전국 대학생 1,068명에게 실시한 설문조사

p177. 그의 사후에 출간된 이 섹션에서 인용된 데이비드 포스터 월리스의 말은 모두 데이비드 립스키의 『*Although of Course You End Up*

Becoming Yourself』에서 발췌한 것이다. p30, 74, 185, 186, 190, 102

p180. 외부 요인에서 자존감을 찾는 이 섹션에서 제니퍼 크로커의 연구와 연관된 모든 인용 문구는 "외적 요인에 기반한 자존감은 정신적 문제와 관련된 결과를 낳는다.(Self-Esteem That's Based on External Sources Has Mental Health Consequences, Study Says)"라는 《Monitor on Psychology, December 2002》 기사에 기반한 것이다.

7
p254. 그것은 마치 미시건, 코넬, 오벨린 대학을 비하하는 것이 절대로 아니다! 이 대학들은 모두 내가 합격했다면 영광으로 여겼을 최고의 교육 기관들이다. 하지만 내가 하고 싶은 말이 뭔지 다들 이해하리라 믿는다.

9
p307. 반유대주의자 나는 뷰캐넌이 반유대주의자 또는 반유대주의자가 아니라고 주장하는 것이 아니다. 다만 졸토스키와 같은 많은 유대인들이 그렇게 믿고 있거나 믿었으며 따라서 그녀가 투표를 잘못했다는 사실을 깨달았을 때 얼마나 큰 충격을 받았는지 전달하고 싶었다.

p308. 하지만 어느 당을 지지하는 사람이든 수많은 학계의 통계학자들(그중 일부는 위 목록에 제시)과《팜비치 포스트》의 분석 결과에 따르면 그렇다.

p322. 난 모험을 하는 게 좋아요. 레이 헐 사건에 관해서는 여러 자료를 참고했으며, 그중 가장

많이 인용한 출처는 위에 언급한《데일리코스》와《프런트라인》기사이다.

10
p331. 헤르트 홉스테드 자료 출처는 헤르트 홉스테드의 연구 및 업적을 잇고 있는 홉스테드 센터. 유명한 네덜란드 학자인 홉스테드는 개인주의와 집단주의 연구의 세계적 선구자다.

p334. 스티브 잡스를 모르는 사람은 없지만 어찌 보면 잡스는 다소 과장된 사례일지도 모른다. 넓은 시각으로 볼 때 적어도 그는 총괄 책임자로서 아이팟이나 아이폰처럼 우리 세대에서 가장 혁신적인 제품들을 창조하는 데 관여했기 때문이다. 반면에 삼성은 성공적인 기업이긴 하지만 대대적인 문화적 변화를 가져올 만한 제품을 출시하지는 않았다. 따라서 삼성의 수장이 그만큼 알려지지는 않은 것은 당연한 일인지도 모른다. 한편 1980년대의 소니 워크맨을 생각해 보라. 워크맨은 아이팟만큼이나 혁신적인 제품이었고 순식간에 전 세계로 퍼져 나갔지만 소니의 사장은 잡스만큼 신화를 창조하지는 않았다.

11
p350. 누구나 열다섯 명에게는 유명하다 이 말을 유행시킨 사람들로는 철학가 겸 작가인 데이비드 웨인버거(David Weinberger)와 뮤지션 모무스(Momus) 등을 들 수 있다.

옮긴이 | 박슬라

연세대학교 인문학부에서 영문학과 심리학을 전공했으며 현재 전문 번역가로 활동 중이다. 옮긴 책으로는 『스틱』(공역), 『위기는 왜 반복되는가』(공역), 『크라우드 소싱』, 『착한 소비자의 탄생』, 『부자 아빠의 금은 투자 가이드』 등이 있다.

인비저블

1판 1쇄 펴냄 2015년 2월 27일
1판 5쇄 펴냄 2023년 2월 9일

지은이 | 데이비드 즈와이그
옮긴이 | 박슬라
발행인 | 박근섭
펴낸곳 | ㈜민음인

출판등록 | 2009. 10. 8 (제2009-000273호)
주소 | 06027 서울 강남구 도산대로 1길 62 강남출판문화센터 5층
전화 | 영업부 515-2000 편집부 3446-8774 팩시밀리 515-2007
홈페이지 | minumin.minumsa.com

도서 파본 등의 이유로 반송이 필요할 경우에는 구매처에서 교환하시고
출판사 교환이 필요할 경우에는 아래 주소로 반송 사유를 적어 도서와 함께 보내주세요.
06027 서울 강남구 도산대로 1길 62 강남출판문화센터 6층 민음인 마케팅부

ISBN 978-89-6017-382-8 03320
㈜민음인은 민음사 출판 그룹의 자회사입니다.